JN095383

日本仏教を変えた親鸞の独自性

――『教行信証』と『選択集』の比較から見えてきた、念仏の真価――

根津　茂

はじめに――『教行信証』を読むにあたって

日本仏教を大きく変えた流れに、法然、親鸞の教えがある。しかも、二人がともに目指したものは、万人平等の救いであった。

比叡山で血のにじむような修行に励みながら挫折した親鸞は山を下りて法然のもとへ行き、「ただ念仏せよと説く専修念仏の教えにうなずき、雑行を棄てて本願に帰し、法然にだまされて念仏して地獄に堕ちても後悔しないとまで言い切った。親鸞は法然の主著『選択本願念仏集』（以下『選択集』と記す）について、「真宗の簡要、念仏の奥義」がここにあると記し、法然から書き写すことを許された感動を語る。

親鸞がこうも傾倒する法然の教えだが、そのラジカルさは、朝廷や従来の聖道門仏教を刺激して弾圧を受けた。親鸞は、弾圧された専修念仏の真実性を明らかにしたいと願い、この教えこそが、真実の仏教だと証明しようと決意した。

それこそ、親鸞が『教行信証』を著した真意である。

なぜ『教行信証』という題なのか。仏道は、「教行証」が土台である。仏の教えに従い（教）、行を実践し（行）、証果たるさとりに至り仏に成る（証）。こうした過程を経て仏道は成就するものである。

既存の仏教を否定し、「ただ念仏」に徹する法然の教えを、既存の仏教の土俵「教行証」で証明するということを親鸞は試みた。だから『教行信証』の正式な書名は『顕浄土真実教行証文類』である。それは浄土の真実を顕らかにする「教行証」の文類であることを明確に指し示している。

『選択集』は、親鸞が「真宗の簡要」と言うように簡潔な内容である。これを「教行証」で体系化して、法然に敵対する人たちにもわからせようとしたのではないか。その点を中心に『教行信証』を読み直し、私の考えるところを語ってみたい。これが本書を上梓した動機である。

執筆にあたっては、常に『選択集』を振り返りながら『教行信証』を読んでいくという方法をとったために、法然と親鸞の文が交差して紛らわしく感じる読者もおられようが、そこが本書のねらいの一つでもある。法然と親鸞を同時に学ぶことができ、『選択集』と『教行信証』が同時に味わえるからである。さらに『選択集』と『教行信証』を一緒に学ぶことによって、法然や親鸞に敵対した聖道門仏教の本質が自ずとわかるし、「一念義」「多念義」など法然門下の対立を、親鸞がどのように考えていたのかがわかるのである。加えて、法然と親鸞の微妙な差異も理解できよう。

まずは、法然の教えが、世界の宗教史において革命的ともいえる先鋭性があったことと、いかに平等精神に満ち溢れていたかを確認したい。それは弾圧者や批判者の視点を通してさらに明らかになっていく。法然の先鋭性を確認してから、『教行信証』を「教巻」から最後の「化身土巻」まで読んでいく。全体を通し回向の語を吟味する。浄土真宗は回向の仏道である。法然の選択本願を手がかりに、人間が行う回向ではなく、如来による「本願力回向」という親鸞の画期的な回向論を考えてみたい。

「教巻」では、釈尊の最も説きたかった教えは『無量寿経』（『大経』）であることが親鸞の文章で明らかになってくる。法然の経典観も交えて、真実の教えとは何か、誰のための、そして誰を救う教えなのかを学んでいきたい。

「行巻」では「南無阿弥陀仏」の名号の由来と、何を根拠に念仏するのかを考える。そして念仏の歴史をたどりその普遍性を考察する。法然は、善導の言葉で、「ただ念仏」にたどり着いた。しかし善導だけで果たして普遍性を証明できるのか。親鸞は、釈尊の教えを原点に、大乗仏教の祖師たちを振り返るとともに、念仏を生きる拠り所にした人たちを見つめる。そうした人たちを讃嘆しながら法然の教えにつながっていったことを述べる。既存の仏教を否定して「ただ念仏」を提唱した法然だが、親鸞は「ただ念仏」こそが国や民族を超えて伝わってきた真実の仏教だと粘り強く証明したのである。それとともに、師の法然が明らかにしようとしながらできなかったことについて、その志を受け継ぎ記述したことも多い。「信巻」以降が顕著である。

親鸞は煩悩具足のわれら凡夫がなぜ念仏を称えることができるのかを思索する。そこに真実の信心がある。真実の信心が「南無阿弥陀仏」と声になって現れたのが念仏である。だから「教行証」の過程では、「行」に含まれる「信」を「信巻」として立てる。

しかし、果たして私たちに真実の信心が起こり得るのか。親鸞は信心でさえ「如来よりたまわりたる信心」ととらえた。通常、信心とは人間が神仏を信じる心である。だからこれも世界で類を見ない信心であろう。阿弥陀如来が法蔵菩薩として、衆生救済のためにとてつもなく長い間思惟し修行された心こそ真実の信心であり、それを私たちに与えてくださったのだ。如来よりたまわる信心と聞けば何か他律的に聞こえるかもしれない。けれどもここが、親鸞の教えの核心である。人間の起こした信心であれば、みんな違うものであろう。信心深い人もおればそうでない人もいよう。そうしたことで傲慢になったり卑下したりする。如来よりたまわった信心であるがゆえに万人平等である。ここから御同朋（おんどうぼう）、御同行（おんどうぎょう）という僧俗を超えた僧伽（さんが）が形成され、真の仏弟子論が展開される。

　さて私たちは本願に出遇い、現世で往生が定まり、「現生正定聚（げんしょうしょうじょうじゅ）」として新しい生き方が始まるのであるから、往生浄土の仏道は現世で完結しているように見える。しかし、私たちは肉体を持つ限り、煩悩から離れられず、この世でさとりを得ることはできない。だからさとりを得るのはこの身が滅してからであり、そこに真実の「証（しょう）」があるのであろう。「証巻」はそういう意味で、浄土で得られるさとりを示す。浄土は、快楽に満ち溢れた世界ではなく、さとりの世界であり、このうえなき涅槃（ねはん）の状態である。法然が説く極楽往生を親鸞は、大乗仏教の思想をもとにこのように表現した。

　さらに浄土に往生した者は、その位置にとどまることなく、還相（げんそう）して再びこの世に還（かえ）り、苦悩する衆生を救うのである。浄土はこの世が苦しいから死後に往って楽しむところではない。浄土を拠り所にこの世の衆生を救うのであり、そのために私たちは往生するのである。

　ところで、往生浄土や、還相回向の語に対し、現世で成就するのか、死後のことなのか、このあたりは議論の絶えないところである。法然の説をも学びながら、親鸞独自の回向論を見つめ探究していきたいと思う。

さらに、親鸞は浄土がどのような世界であるかということを思索し、真の浄土と化（仮）の浄土があると考えた。だから「真仏土巻」と「化身土巻」を書いた。

そのうちの「化身土巻」は本巻・末巻から成り、最も長く、親鸞の仏教概論であるばかりか、すぐれた宗教論であり信仰批判でもある。もしかしたら、親鸞が特に理解を求めたかったことかもしれないし、『教行信証』の最後を飾るのにふさわしい。にもかかわらず従来あまり丁寧に学ばれなかったのではないか。特に後半の「化身土巻〈末巻〉」がそうである。

親鸞がここで強調していることは、神祇不拝であり、霊信仰や占いなど呪術に対する批判である。それが「魔」として人間の健全な歩みを妨げ、精神を欲望の奴隷として仏道を妨げると警告する。「化身土巻〈末巻〉」は単なる外教批判ではない。そうした信仰形態が仏教の名の下に行われているからである。

神祇を拝し、日の吉凶を占う、そのような当時の聖道門仏教が、ほんとうの仏道と言えるのかと厳しく問いかける。それは同時に、権力と結びつき、法然や親鸞たちを弾圧した当時の大寺院の姿である。

日本の宗教的特性として、神仏習合がある。しかし法然の教えには神祇信仰との接点がない。法然が説く「ただ念仏」ということを体系化した親鸞だが、専修念仏の「専修」を普遍化する中で神祇不拝を明らかにしたのであろう。神祇不拝とともに親鸞は国王不礼をも述べる。それは世俗の世界にどう向き合うかという大切な課題を与えてくれる。

二〇二四年は、『教行信証』の草稿ができた一二二四年（元仁元）から八百年にあたる。私たちが生きる今と親鸞の時代との共通性も少なくない。どちらも曲がり角で先が見えない底知れぬ不安がうずまく世である。こうした時代社会の中で、親鸞が発した声に耳を傾けてみたい。

私ごとき者が、宗祖親鸞聖人の主著を語るのはおこがましいように思ったりするが、この書物が湛える魅力と法然、親鸞二人の仏道を貫く精神にうながされて、書かずにはおられなくなった次第である。

日本仏教を変えた　親鸞の独自性　＊　目次

凡　例

一、本文、および引用文献の漢字は、一部の例外を除き、原則として常用体を使用した。

一、法然の主著『選択本願念仏集』の「選択」の語は、浄土宗では「せんちゃく」、浄土真宗では「せんじゃく」と読み方が異なるが、本書では「せんじゃく」の読みを採用した。

一、文中の年号は、西暦を基準にし、必要に応じて元号を併記した。

一、聖教の引用は、主に『真宗聖典』初版（東本願寺出版部、一九七八年）によった。本書を上梓する前に『真宗聖典』第二版が発行（二〇二四年四月）されたが、本書には著者の学びのもととなった初版を用いた。

一、次の引用文献は、以下のように略記する。

『選択本願念仏集』（大橋俊雄校注、岩波文庫）……『岩波・選択集』
『法然上人絵伝』（大橋俊雄校注、岩波文庫）………『岩波・法然絵伝』
『法然全集』（大橋俊雄編集、春秋社）………………『法然全集』
『真宗聖典』初版（東本願寺出版部）………………『真宗聖典』

日本仏教を変えた　親鸞の独自性

―『教行信証』と『選択集』の比較から見えてきた、念仏の真価―

第一章　法然の主著『選択集』と弾圧から見る『教行信証』

一、「後序」から見える『教行信証』著述の由来

1　専修念仏への弾圧

『教行信証』を読む前に、まず「後序」つまり「あとがき」を見てみたい。

親鸞は何のために『教行信証』を書いたのか。

本来、「総序」から入るべきかもしれないが、「後序」を読めば、その歴史的一端をうかがい知ることができる。だから、まず「後序」にふれることにする。ここに、『教行信証』を考える三つのキーワードが出てくる。「弾圧」「法然との出遇い」「選択集付属」ということである。

まず、法然を中心とする吉水の僧伽への「弾圧」が描かれている。「後序」の冒頭を見てみたい。

　竊かに以みれば、聖道の諸教は行証久しく廃れ、浄土の真宗は証道いま盛なり。しかるに諸寺の釈門、教に昏くして真仮の門戸を知らず、洛都の儒林、行に迷うて邪正の道路を弁うることなし。こ

こをもって興福寺の学徒、太上天皇諱尊成、今上諱為仁　聖暦・承元丁の卯の歳、仲春上旬の候に奏達す。

（『真宗聖典』三九八頁）

ここで親鸞は、法然の教えが「浄土の真宗」で、法然が明らかにした念仏の教えこそが、まさに真実を宗とした教えであると示している。この教えこそが、誰もが実践できるのみか、明らかにその救いも実感され、さとりに至る道（証道）として大いに広がっている。

それに対し、戒律を保ち、厳しい修行と学問に励むとされる当時の聖道門仏教は、誰も実践できないではないか。諸寺の僧たちも、教えに暗く、何が真実で何が仮の教えか全くわかっていない。都の学者も、何が真実で何が邪道か分別もできない。このような状況で「興福寺奏上」が出された。上記の聖道門仏教の宗派が共同で、法然たちの専修念仏を禁止して、その主だった者を処分せよと朝廷に申し入れたのだった。紆余曲折の末、朝廷はこれを受け入れた。親鸞はこう糾弾する。

主上臣下、法に背き義に違し、忿を成し怨を結ぶ。

（『真宗聖典』三九八頁）

天皇も臣下も真実の教えに背き、このような結果となった。親鸞は堂々と抗議して決して屈することがなかった。そのありさまは、主上つまり天皇や上皇さえ批判する、地上の権力をものともしない親鸞の面魂を感じるではないか。親鸞にとっての価値の基準は仏法のみである。そこをまず確認したい。親鸞の言葉は続く。

これに因って、真宗興隆の大祖源空法師、ならびに門徒数輩、罪科を考えず、猥りがわしく死罪に坐す。あるいは僧儀を改めて姓名を賜うて、遠流に処す。予はその一なり。しかればすでに僧にあらず俗にあらず。このゆえに「禿」の字をもって姓とす。空師ならびに弟子等、諸方の辺州に坐して五年の居諸を経たりき。

（『真宗聖典』三九八～三九九頁）

この文を見ると、親鸞の激しい思いが感じられる。

真実の仏法を広めたがゆえに弾圧され、法然の弟子、住蓮、安楽など四名が死刑にされた。師法然と私親鸞は、流罪となり、僧籍を剝奪され、俗人としての姓名をつけられた。だから自ら「僧にあらず」と言う。当時、僧侶というのは、「僧尼令」で国家より認められた身分であった。私親鸞は国家によって認められた僧ではない。だからといって俗世間の秩序を生きる者ではない。真の仏弟子とは何なのか。『教行信証』を読む大切な視点である。

2　法然との出遇いと『選択集』の付属

『教行信証』「後序」は、弾圧の次に法然の死を記している。法然の死の記述から、親鸞の長い回想と憶念が始まる。まず、法然との出遇いを書く。

しかるに愚禿釈の鸞、建仁辛の酉の暦、雑行を棄てて本願に帰す。

（『真宗聖典』三九九頁）

法然との出遇いの意味は、何よりも、「雑行を棄てて本願に帰す」ということである。雑行を棄てる、つまりあれもこれもという雑多な信仰と修行を捨てて、阿弥陀仏が一切衆生に対し平等に願いをかけてくださる「本願」に帰したのである。これは人生の大きな決断である。

「ただ念仏して、弥陀にたすけられまいらすべし」（『歎異抄』、『真宗聖典』六二七頁）と説いたと言われる法然の教えを受け入れたことは、「ただ念仏」、つまり「念仏のみ」に生きるという人生の選びである。親鸞のこの選びなしに浄土真宗はありえない。さらに大きなできごとが法然の主著『選択集』を書き写すことを許されたことである。これを『選択集』付属という。「付属」とは師匠が弟子に教えを授け、後世に伝えるように託すことである。

> 元久乙の丑の歳、恩恕を蒙りて『選択』を書しき。同じき年の初夏中旬第四日に、「選択本願念仏集」の内題の字、ならびに「南無阿弥陀仏　往生之業　念仏為本」と、「釈の綽空」の字と、空（源空）の真筆をもって、これを書かしめたまいき。同じき日、空の真影申し預かりて、図画し奉る。同じき二年閏七月下旬第九日、真影の銘に、真筆をもって「南無阿弥陀仏」と「若我成仏十方衆生　称我名号下至十声　若不生者不取正覚　彼仏今現在成仏　当知本誓重願不虚　衆生称念必得往生」の真文とを書かしめたまう。
>
> （『真宗聖典』三九九頁）

『選択集』は内容が極めて過激なので、法然は生前、公にすることをせず、信頼する六人の弟子に付属するのである。その一人が親鸞なのであるが、入門してわずか四年の親鸞に付属したのである。そして法然の直筆で、『選択集』の冒頭にある核心の言葉「南無阿弥陀仏　往生之業　念仏為本」を書いてもらい、さらに法然の肖像画を描くことを許され、「南無阿弥陀仏」の名号と、「若我成仏十方衆生　称我名号下至十声　若不生者不取正覚　彼仏今現在成仏　当知本誓重願不虚　衆生称念必得往生」と書いてもらっている。この言葉は、「偏依善導」とまで言って法然が私淑した善導の『往生礼讃』の大切な言葉である。その言葉を書き与えたのである。

このことの意味は、善導によって明らかになった称名念仏を、法然から確かに親鸞に付属するぞという法然から親鸞へのメッセージであろうと思うし、少なくとも親鸞はそう受け止めたにちがいない。『選択集』について、

> 真宗の簡要、念仏の奥義、これに摂在せり。見る者諭り易し。誠にこれ、希有最勝の華文、無上甚深の宝典なり。
> （『真宗聖典』四〇〇頁）

と述べているように、この書が真宗の要であり、念仏の奥義がここに表せられていると親鸞は痛感した。さらに「希有最勝の華文、無上甚深の宝典」と記していることからも、いかに、親鸞にとって『選択集』が重要なものであるかがわかる。親鸞の感激の言葉は続く。

> 年を渉り日を渉りて、その教誨を蒙るの人、千万といえども、親と云い疎と云い、この見写を獲るの徒、はなはだもって難し。しかるに既に製作を書写し、真影を図画せり。これ専念正業の徳なり、これ決定往生の徴なり。仍って悲喜の涙を抑えて由来の縁を註す。
> （『真宗聖典』四〇〇頁）

法然の教化を受けた者は限りなく多いけれども、『選択集』を書き写すことを許された者は数名である。さらに法然の肖像画まで画かせていただいた。親鸞はこの文を書きながら、当時の感動を思い出したであろう。「決定往生の徴」とまで言い切るほどの感動である。往生が定まるのは、本願を信じて念仏申す心の起こるときであるので、『選択集』付属とは無関係なはずであるが、こうも表現するところが、親鸞の感慨なのであろう。『教行信証』「後序」を書いているときと、『選択集』付属のときでは、何十年もの時間差があるが、親鸞にとっては、近日のような臨場感がある。

「悲喜の涙を抑えて由来の縁を註す」という感激である。

3　本願の仏教聖典『教行信証』

次の文が、親鸞が『教行信証』を書こうとした所以である。

深く如来の矜哀を知りて、良に師教の恩厚を仰ぐ。慶喜いよいよ至り、至孝いよいよ重し。これに因って、真宗の詮を鈔し、浄土の要を摭う。

（『真宗聖典』四〇〇頁）

私親鸞は、如来の深い慈悲を知り、師の教えの厚い御恩を思い、喜びの思いが絶えず、報恩の思いはいよいよ深まる。それゆえに、真実の仏教たる真宗の中枢を選び出し、浄土の教えの要を抜き出してまとめたのである。

「後序」により、親鸞が『教行信証』を著した心が読み取れる。「興福寺奏上」により、法然の教えが邪教だとされ、弾圧を受けた。親鸞は、『選択集』こそが、真宗の簡要すなわち真実の仏教の要であり、「希有最勝の華文、無上甚深の宝典」であることを証明しようと、多くの経典や、インド、中国、朝鮮、日本の祖師たちの文を選び出して証明するのである。法然の教え、特に『選択集』が真の仏教だと証明するには、真実でない仏教、偽りの仏教を明らかにさせなければならない。また、真か偽かだけではすませられないことも多い。親鸞は、方便ということをも明らかに述べる。方便は真実に入るために用意されたものであり、真、偽に対して仮という概念である。親鸞は、法然が明らかにした本願念仏を中心にして、仏教全体を再構築しようとしたのではないだろうか。仏教は八万四千の門と言われ、数千巻の経典があり、それを解釈した膨大な論釈がある。キリスト教の『バイブル』やイスラム教の『コーラン』のような『仏教聖典』は、近代になるまで編集されてこなかった。親鸞の営為には、阿弥陀仏の本願を真実とする『仏教聖典』をつくるような壮大さを感じる。親鸞は長期間をかけて『教行信証』制作に取り組み、書き換えとつぎはりを重ねた。その粘り強さは執念に近いものがある。

二、万人平等の仏道を明らかにしたよき師・法然の教え

1　既存の仏教を全否定した法然

親鸞は、『選択集』が真実の仏教であることを証明するために『教行信証』を書いたのであるから、まず、法然の教えがどのような教えであったのか、そこをおさえてから、『教行信証』を語ろうと思う。

法然は、日本はもとより、世界の宗教史上において、コペルニクス的転回というか、革命的な思想と役割を担った人である。現在の教団からみれば、そのようなことを思う人は少ないであろう。しかし、日本の歴史においてほとんど例のないようなことが法然に関して起こっている。一つは焚書である。『選択集』は、日本史上初の発禁処分となり版木ともども焼却された。もう一つは墳墓の破却である。いずれも嘉禄（かろく）の法難においてのできごとである。当時の朝廷や聖道門仏教が法然の教えに対して、いかに脅威を感じていたかがわかるであろう。

法然は、釈尊が説かれた膨大な教えの中から、口で「南無阿弥陀仏」と称える称名念仏のみの実践を勧

め、他の修行や善行を捨てることを主張した。

既存の仏教を全否定した法然の専修念仏。なぜ、法然は、かくもラジカルな教えを説いたのか。法然には、人間は平等であり、すべての人が一人ももれることなく救われなければならないとする強い信念があった。

そこには、当時の仏教が、民衆に開かれていないだけではなく、財力や身分などによる差別を正当化する手段となっていたことに対する鋭い批判精神がある。

念仏は、平等原理であり、衆生がともに生きる指針である。法然のほとばしるような説法は、戦乱と圧制、貧困と飢餓に苦しむ民衆にとっては、ひとすじの光であった。

法然の説法に接し、人生の方向性を見出した親鸞は言う。

> たとい、法然聖人にすかされまいらせて、念仏して地獄におちたりとも、さらに後悔すべからずそうろう。
>
> （『真宗聖典』六二七頁）

『歎異抄』第二章の言葉であるが、親鸞がここまで信頼した師匠の法然とはどんな人なのか。

学校で習う歴史の教科書では法然＝浄土宗、親鸞＝浄土真宗と記されている。これを見る限り別の宗派ということになる。しかし親鸞は、浄土宗とは別の宗派を立てたのではない。

『教行信証』「後序」で見てきたように、親鸞は法然の教えを「真宗」と仰ぎ、それを伝えることが自らの使命だと自覚していた。

『高僧和讃』で、親鸞は以下のように述べる。

智慧光のちからより
本師源空あらわれて
浄土真宗をひらきつつ
選択本願のべたまう
善導源信すすむとも
本師源空ひろめずは
片州濁世のともがらは
いかでか真宗をさとらまし

（『真宗聖典』四九八頁）

源空すなわち法然聖人が、末法の濁り切った世にアジアの片隅の日本に現れ、「浄土真宗（真宗）」を開いてくださったという。親鸞にとって「浄土真宗」は、法然が開宗した「浄土宗」と同意語であり、法然が明らかにした選択本願の教えなのである。

2　法然にとっての「浄土」

「南無阿弥陀仏」と念仏して、阿弥陀仏の極楽浄土へ往生したいと願って生きるのが浄土宗、浄土真宗である。

なぜ、阿弥陀仏なのか、多くの仏には、それぞれの浄土がある。たとえば、薬師如来には瑠璃光浄土があり、大日如来には密厳浄土がある。そのなかで、なぜ、阿弥陀如来の極楽浄土なのか。

『無量寿経』に説かれている。限りなく遠い昔、一人の国王が出家して法蔵と名のった。法蔵菩薩である。一切の衆生を救おうと、四十八の願を建て、限りなく長い間思惟と修行を重ね、それらの願をすべて成就して阿弥陀仏となられ、極楽浄土を建立されたという物語がある。

四十八願の中で、第一願は、「無三悪趣の願」と言われる。

> たとい我、仏を得んに、国に地獄・餓鬼・畜生あらば、正覚を取らじ。
> （『真宗聖典』一五頁）

自分の国に地獄・餓鬼・畜生があれば、仏にならないとの誓いである。その誓願が成就しているのだから、阿弥陀仏の浄土は、地獄・餓鬼・畜生の「三悪趣」がない。法然はこの願に注目した。ともすれば、「三悪趣」は、死後の世界と思われがちであるが、地獄は人間が人間をいたぶり、虐げる世界であろう、その最たるものが戦争である。餓鬼の世界は『餓鬼草紙』にその悲惨な姿が描かれているが、当時の貧困と飢餓の世界そのものである。畜生道とは、人間が人間を抑圧し、酷使し、人を手段として使う世界であろう。

法然の生きた時代は、源平合戦があり、その間に、養和の大飢饉があり、そうした状況の中で、民衆が酷使され、重税や労役にあえぎ、悲惨な光景を見てきたのであろう。だから、「無三悪趣の願」に惹かれたのであろう。

『選択集』より、その文を見てみよう。

第一に無三悪趣の願は、覩見するところの二百一十億の土の中において、或いは三悪趣あるの国土あり。或いは三悪趣なきの国土あり。即ちその有三悪趣の麁悪の国土を選捨して、その無三悪趣の善妙の国土を選取す。故に選択と云ふなり。

（『岩波・選択集』四五～四六頁）

ここに、「選択」という語が出てくる。「選択」の主語は法蔵菩薩つまり阿弥陀仏であり、法蔵は、二百一十億の諸仏の浄土を見て、そこに住む人や天人の悪を捨てて善を取り、住みにくい三悪趣の麁悪の国土を捨て、三悪趣がなく、あらゆる衆生がともに生きていける善妙の国土を選び取られたと法然は解釈するのである。

このように法然が考えるのは、法然の生い立ちにもよるのであろう。法然の伝記の代表的なものに『四十八巻伝』として親しまれる『法然上人行状絵図』がある（以下『四十八巻伝』と記す）。これによると、九歳のときに実父、漆間時国が殺された。時国は、

敵人をうらむる事なかれ〈中略〉もし遺恨をむすば、、そのあだ世々につきがたかるべし。

（『岩波・法然絵伝』〈上〉一六頁）

と遺言し、復讐を禁じ、仏の道に入って、敵も味方もともに救われる道を見つけることを願ったという。これが、法然の仏道の原点である。そして、戦争と差別、飢餓が続く現実を生き、深く悲しむ中で、平和な世界を願い続けた。だから、「無三悪趣の願」に感動し、阿弥陀仏の浄土に生まれたいと願ったのであろう。

つまり、極楽浄土は、戦争と貧困・飢餓、差別、抑圧のない「平和」と「平等」の国土であるからである。こうしてみると、二十一世紀の今にも通じる普遍性がある。

『選択集』には、阿弥陀仏の四十八願の中で、第一願から第四願と第十八願が記されている。次に、第

二願から第四願を見るのだが、法然の思想をつかむためあえて『無量寿経』原文ではなく、『選択集』で見ていきたい。

第二願について法然は語る。

第二に不更悪趣の願は、かの諸仏土の中において、或いはたとひ国の中に三悪道なしといへども、その国の人天、寿終つて後に、その国より去つて、また三悪趣に更るの土あり。或いは悪道に更らざるの土あり。即ちその悪道に更る麁悪の国土を選捨して、その悪道に更らざる善妙の国土を選取す。故に選択と云ふなり。

(『岩波・選択集』四六頁)

阿弥陀仏の浄土に三悪趣がないことは第一願でわかったが、浄土へ生まれたら再び三悪趣に戻ることはありうるのか。そういう諸仏の国もあるだろうが、阿弥陀仏はそうした麁悪の国土を選び捨てて、その悪道に更らない善妙の国土を選び取ってくださった。だから「選択」と言うのである。

法然は、諸仏の国を問題にしているように見えるが、その眼差しは現実の人の世にそそがれている。人間の歴史は戦いが止んでも、それは一時的であり、また戦争に突入する歴史である。飢餓が収まっても、また飢餓状態が訪れ、民衆が困窮する。極楽浄土に往生すると、そうした三悪趣に再び戻ることはないと、阿弥陀仏は誓われる。だから弥陀の浄土がすぐれていると法然は思ったのであろう。

第三願について法然は、以下のように述べる。

第三に悉皆金色の願は、かの諸仏の土の中において、或いは一土の中に黄白二類の人天あるの国土あり。或いは純ら黄金色の国土あり。即ち黄白二類の麁悪の国土を選捨して、黄金一色の善妙の国土

を選取す。故に選択と云ふなり。（『岩波・選択集』四六頁）

悉皆金色の願は、阿弥陀仏の浄土へ往生すると皆、身は金色になるという。第三願文を初めて読んだとき、私は金色にならなくてもよいではないかと思っていた。やがて、金色ということに意味があるのではないかと考えるようになった。それぞれの色が輝いている、だから経文は金色と表現したのではないか。そんなことを思う。

法然は黄白二類を、肌の色による差別ととらえた。『無量寿経』が説かれたインドではカースト制度による差別が人々を苦しめている。だから法然の解釈は釈尊の精神であると思う。阿弥陀仏はそうした肌の色による差別の世界を捨て、金色の身となる世界を明確にしている。それゆえ阿弥陀仏の浄土に往生したいと法然は願ったのであろう。私は、法然が「黄白二類」という表現を使い、肌の色による差別がない世界を願った点に注目する。それは、法然の母、秦氏が渡来人の系譜の人であり、法然がそうしたことに対する鮮明な問題意識を有していたからであろう。

このほか法然は、第四願について、

第四に無有好醜の願は、かの諸仏の土の中において、或いは人天の形色、好醜不同の国土あり。或いは形色一類にして、好醜あることなきの国土あり。即ち好醜不同の麁悪の国土を選捨して、好醜あることなき善妙の国土を選取す。故に選択と云ふなり。（『岩波・選択集』四六～四七頁）

と述べている。阿弥陀仏の浄土は、形や色、「きれい」「醜い」などの差異を超えた世界である。「黄白二類」と「好醜」をもってすべての差別を象徴し、そうした差別のない世界が極楽浄土であると法然はとらえたのではないだろうか。

このことから、阿弥陀仏の浄土は、平和と平等の世界である。極楽浄土は、阿弥陀仏が、麁悪の国土を選び捨てられ、善妙の国土を選び取られたという、阿弥陀仏ご自身の「選択」によって成り立っていることがわかる。「選択」の語は、法然を考えるキーワードである。

法然の浄土観は、それまでの平安浄土教と大きく違う。これまでイメージされた浄土は、宇治の平等院の阿弥陀信仰など、美的な浄土観である。この時代、貴族に流行した浄土教は、この世の延長として、豪華絢爛に現世を過ごした者が、死後もそのように過ごしたいと考え、浄土への往生を願った。

法然の浄土観には、そうした美的感覚がない。そして、第一願から第四願に見られるように、極めて平和と平等の理念性が強い。そしてこの理念は普遍的である。

3　仏教は誰のためのものか

阿弥陀仏の浄土が平和で平等な国であるならば、そこへ往く方法も平等でなければならない。それについて表したのが、第十八願である。四十八願の中で、法然が最も大切にしたのはこの願で、「本願の中の王」「王本願」と呼んでいる。まずは願文を記してみたい。

> たとい我、仏を得んに、十方衆生、心を至し信楽して我が国に生まれんと欲うて、乃至十念せん。もし生まれずは、正覚を取らじ。唯五逆と正法を誹謗せんをば除く。
>
> （『真宗聖典』一八頁）

すべての衆生が、浄土に生まれたいと思って、十回ほど念仏して、浄土に往生しないならば、法蔵菩薩は仏にならないと誓うのである。この願はいろいろな解釈があるが、法然はこのように読んだのである。この願には、父母を殺したり、仏の体に傷をつけたり、仏教の僧伽を破壊するなど「五逆」という重い罪を犯した者や、正しい仏法の教えを誹謗する者は除かれるという除外規定がある。『選択集』で法然がこの願文を引用するときは、大胆にも、この除外規定を削除している。すべての人が平等に往生できなければならないし、浄土はすべての人に開かれなければならないという、法然の信念からであろう。

第十八願の解釈であるが、ここに、法然が生涯をかけて最も言いたいことがある。なぜ、口に「南無阿弥陀仏」と称名念仏することだけが、阿弥陀仏の本願であるのか。『選択集』の名文に耳を傾けてみよう。

> 念仏は易きが故に一切に通ず。諸行は難きが故に諸機に通ぜず。しかれば則ち一切衆生をして平等に往生せしめむがために、難を捨て易を取りて、本願としたまふか。もしそれ造像起塔をもつて本願とせば、貧窮困乏の類は定んで往生の望を絶たむ。しかも富貴の者は少なく、貧賤の者は甚だ多し。もし智慧高才をもつて本願とせば、愚鈍下智の者は定んで往生の望を絶たむ。しかも智慧の者は少なく、愚痴の者は甚だ多し。もし多聞多見をもつて本願とせば、少聞少見の輩は定んで往生の望を絶たむ。しかも多聞の者は少なく、少聞の者は甚だ多し。もし持戒持律をもつて本願とせば、破戒無戒の人は定んで往生の望を絶たむ。しかも持戒の者は少なく、破戒の者は甚だ多し。自余の諸行、これに準じてまさに知るべし。
>
> まさに知るべし。上の諸行等をもつて本願とせば、往生を得る者は少なく、往生せざる者は多から

む。しかれば則ち、弥陀如来、法蔵比丘の昔、平等の慈悲に催されて、普く一切を摂せむがために、造像起塔等の諸行をもつて、往生の本願としたまはず。ただ称名念仏の一行をもつて、その本願としたまへるなり。

（『岩波・選択集』五二～五四頁）

世界の宗教書の中で最も好きな言葉は何かと聞かれれば、私は迷うことなく、この言葉を挙げるだろう。仏教は誰のためにあるのかという、その本質を見事に表している。

私たちにとって本質的なことであるので、ここは一文ずつ見ていきたい。

「念仏は易きが故に一切に通ず。諸行は難きが故に諸機に通ぜず」。念仏は易しいゆえに、誰にでもできる。あらゆる人に通じているのだ。諸行は念仏以外のさまざまな厳しい修行で、難しいゆえに、誰にでもできるものではない。

「しかれば則ち一切衆生をして平等に往生せしめむがために、難を捨て易を取りて、本願としたまふか」。あらゆる人々が平等に往生してほしいと阿弥陀仏は願われて、難を捨てて易を取る。難しいことは捨てて、易しい念仏を選んで本願にしてくださった。とても大事な点である。従来、難しいことは勝れた行だとされた。現在の私たちも、比叡山で千日回峰行をしたと聞けば、すごいことだと称讃するだろう。誰にでもできる念仏には価値を見出さない人がほとんどではないだろうか。法然は従来からの価値観をひっくり返したのである。易しいがゆえに誰にでもできるから勝れているのである。ほんの一握りの人しか実践できない厳しい修行は、ほんとうに意味があるのか。法然はこう考えたのである。

そして、そのことを具体的に記す。「もしそれ造像起塔をもつて本願とせば、貧窮困乏の類は定んで往生の望を絶たむ。しかも富貴の者は少なく、貧賤の者は甚だ多し」。造像起塔とは、仏像を造ることや、塔を建てることである。またそのために多額の布施や寄進をすることになる。それは当時、最高の功徳と言われた。法然は言う。そうしたことが本願であれば、貧しき者は往生の望みを絶たれる。しかも、富める者は少なく貧しき者は甚だ多い。

次は、智慧や学問について記す。「もし智慧高才をもつて本願とせば、愚鈍下智の者は定んで往生の望を絶たむ。しかも智慧の者は少なく、愚痴の者は甚だ多し。もし多聞多見をもつて本願とせば、少聞少見の輩は定んで往生の望を絶たむ。しかも多聞の者は少なく、少聞の者は甚だ多し」。智慧や学問が往生の条件だったら、そうでない人はどうなるのか。学問ができ経典が学べる人はどれくらいいるのか。法然の生きた時代は文字さえ読めない人がほとんどだった。朝から晩まで働いて生活する。ましてや学問のできる人などほとんどいない。そうした人々は救われなくてもよいのか。そんなはずはないと法然は思ったのであろう。

最後に、戒律のことが書かれている。「もし持戒持律をもつて本願とせば、破戒無戒の人は定んで往生の望を絶たむ。しかも持戒の者は少なく、破戒の者は甚だ多し」。当時の比叡山には二百五十ほどの戒律があり、南都仏教は四百六十もの戒律があったと言われる。それが往生のために必要なら、誰も浄土へは往けない。私たち仏教徒として一番大切な戒律とは、生き物を殺さないという不殺生戒である。もし、それが本願なら、生活のために海川で漁をする漁師、野山で狩りをする狩人、その人たちはどうなるのか、農民も田畑で虫を殺す。不殺生戒ですら、それが本願であると、私たちは往生できない。法然はどこまでも生活者の目線に立っている。

「自余の諸行、これに准じてまさに知るべし。まさに知るべし。上の諸行等をもつて本願とせば、往生を得る者は少なく、往生せざる者は多からむ」。『選択集』は法然の口述を弟子が書きとったものであると言われるが、「まさに知るべし」を二度も言っている。よほど興奮したのであろう。その興奮は、如来の本願に出遇った感動となる。そういう生活のためには不殺生戒を犯さざるを得ない人々のためにこそ、本願はあるのである。

「しかれば則ち、弥陀如来、法蔵比丘の昔、平等の慈悲に催されて、普く一切を摂せむがために、造像起塔等の諸行をもつて、往生の本願としたまはず。ただ称名念仏の一行をもつて、その本願としたまへるなり」。だから、阿弥陀仏は、一切の衆生、百人おれば百人、千人おれば千人、一人ももらさず往生させようと、「南無阿弥陀仏」と称えることのことだけを往生の本願として選ばれた。法然の感動と熱意が伝わってくるではないか。

法然は、どういう人々を救おうとして浄土宗を開宗したのか。宗教とは何を目指すのか。これほど鮮明な言葉はないと思う。

これで明らかになったように、法然の教えは、聖者の仏教ではなく、凡夫（ぼんぶ）のための仏教である。厳しい修行をして聖者になるのではない。造像起塔のために、布施や寄進にいそしむのではない。善行して功徳を積むのでもない。私たちは過ちをも犯すし、罪をもつくる。生活のためには何をしでかすかわからない。そうした凡夫のために仏の教えはあると、法然は思ったのであろう。

『四十八巻伝』には、法然の言葉として、

> われ浄土宗をたつる心は、凡夫の報土(ほうど)にむまるゝことをしめさむためなり。
>
> （『岩波・法然絵伝』〈上〉五八頁）

と記されている。法然の教えは、厳しい修行をして一歩一歩さとりを目指すものではなく、生活者の仏教であり、凡夫のための仏教である。大乗とは、彼岸に向けて多くの人々を運ぶ大きな乗り物を意味するとされる。大乗仏教は法然の出現をもって、文字通り例外なく一切の衆生を平等に救う原理を確立したと言ってよいであろう。

4 選択・廃立の専修念仏

法然の教えの特色は、一言でいえば、「ただ念仏」、つまり「南無阿弥陀仏」と口で称える称名念仏のみを選び、その他の修行は「捨てよ」と説く。だから専修念仏と呼ばれている。このことは下記の『歎異抄』第二章に書かれているように、法然は親鸞に「ただ念仏」して阿弥陀仏に助けられよ、と言ったという。

> 親鸞(しんらん)におきては、ただ念仏して、弥陀(みだ)にたすけられまいらすべしと、よきひとのおおせをかぶり(蒙)て、信ずるほかに別の子細(しさい)なきなり。
>
> （『真宗聖典』六二七頁）

なぜ「ただ念仏」なのか。念仏は阿弥陀仏がわれわれ衆生のために「選択」してくださった唯一の行であり、他の修行は阿弥陀仏が「選捨」、つまり捨てられた行である。『観無量寿経釈』で法然は、諸行を廃して念仏の一門に帰すべし。

(『法然全集』第一巻　二三六頁)

と記す。こうした法然の言葉を聞けば、多くの人が思うであろう。諸行も釈尊が説かれた大事な修行ではないか。なぜ、釈尊は諸行を説かれたのか。『選択集』には、

諸行は廃せむがために説き、念仏は立せむがために説く。

(『岩波・選択集』六九～七〇頁)

と書かれている。釈尊は捨てるために諸の行を説かれ、念仏は立せんがために説かれたと。私はこの言葉に初めてふれたとき、衝撃を覚えた。これが法然独特の「廃立」の思想である。『選択集』でさらに衝撃を覚えたのは、次の文である。

弥陀仏を除いての已外、一切の諸余の仏・菩薩等およびもろもろの世天等において讃歎供養するを、ことごとく讃歎供養雑行と名づく。この外また布施・持戒等の無量の行あり。皆雑行の言に摂尽すべし。

(『岩波・選択集』一二九頁)

阿弥陀仏以外の、仏、菩薩、神々を、拝み供養するのは雑行だと。日本人の信仰は、「あれもこれも」である。釈迦如来も、薬師如来も、地蔵菩薩も、毘沙門天も、さらに天照大神や八幡大神など神祇も、何でも拝む重層信仰である。法然は、それは雑行だと言う。

さらに続けて布施、持戒に言及し、これも雑行だと。仏教の聖典の中でこれほど過激な文を私は知らない。布施、持戒は釈尊以来の仏教の歴史において、宗派の別なく尊重されたことである。仏教の歴史そのものかもしれない。それすら否定する。

なぜ、こうも法然は、称名念仏以外の諸行を否定するのか。なぜ、諸行もできる人は実践したらよいと

言わないで、捨てなければならない、と法然は言ったのであろうか。

それは、民衆が実践できない諸行には価値がないと思ったのであろう。さとりを開くために厳しい修行をする。あるいは瞑想によって観仏を目指す。血のにじむような修行は、法然自身が実践したのである。戒律も完璧なくらい厳格に守ったのは、法然と明恵だと言われる。それを否定するのはなぜなのか。一パーセントの人が行えても、九十九パーセントの生活者ができない諸行には意味がない。深山にこもって修行することは尊いように見えるが、日々の暮らしに追われて朝から晩まで働いている人々にはできない。そうした修行は価値がないのである。

それに諸行は、人間の不平等を正当化する。布施を例に挙げてみよう。これに価値を置くと、布施が多いか少ないかによって、人間のランク付けがされる。そうした布施によって造像起塔、つまり仏像を造り、塔を建てることができる。

そうした行為が多いのは天皇や貴族である。その次は武士であろうか。そして少ないのが民衆である。当時の秩序はこうして成り立っていた。天皇や貴族の身分が高いのは、神仏に功徳を積んでいるからである。漁民、狩猟者は殺生を生業としており、農民も生産の過程で多くの生き物を殺す。仏教徒の最小限の戒律さえ保てない。だから、下位の階層に身を置くことは当然だというように、宗教的価値観によって、現実のヒエラルキー的身分制度が正当化されるのである。

さらに、当時の荘園制で、延暦寺、興福寺など大寺院は、多くの荘園を所有していたが、農民の納める年貢も、仏貢たる布施として取られるのである。そしてそれを多く納められたら、神仏の加護も大きいが、納められなかったら、現世の利益はないばかりか、死後は地獄行きとなる。これは農民を苦しめただけではなく、支配者の民衆に対する分断支配を容易にする。

そして、仏貢たる年貢によって大寺院は伽藍を建立するのである。

だから、法然の、「造像起塔等の諸行をもつて、往生の本願としたまはず。ただ称名念仏の一行をもつて、その本願としたまへるなり」という教えを聞いた農民たちは、喜びの涙を流したであろう。年貢を納められる者もそうでない者も等しく、救済されるのである。

法然が「ただ念仏」、つまり念仏のみだ、諸行は価値がない、捨てよ、と言うのは、徹底した平等精神に立っているからなのである。

ともすれば、法然の教えは、死後の救済であると受け取られやすい。もちろん、浄土へ往くのは未来のことであろうが、こうした宗教原理は、民衆に限りない喜びをもたらしたであろう。

同時に、当時の朝廷や聖道門仏教が、法然たちに脅威を感じたことはまちがいない。

法然が、造像起塔等の諸行を否定することは、伽藍仏教を否定することになる。法然は生涯、寺を建てていない。法然は質素な草庵で布教した。財力がなくて建てられなかったのではない。信者の中には、関白九条兼実のような上級貴族もいた。

法然は、造像起塔等の諸行を否定する教義のうえから、伽藍仏教から決別したのだ。寺を建てると、寄進の多い者と少ない者との差ができる。このことから考えても、諸行は人間の不平等を正当化することがわかるであろう。法然が亡くなる直前の話が、『四十八巻伝』に出てくる。

又法蓮房申さく、「古来の先徳、みなその遺跡（ゆいせき）あり。しかるにいま、精舎（しょうじゃ）一宇も建立なし。御入滅の後、いづくをもてか御遺跡とすべきや」と。上人答給はく、「あとを一廟（いちびょう）にしむれば遺法（ゆいほう）あまねからず、予が遺跡は諸州に遍満（へんまん）すべし。ゆへいかむとなれば、念仏の興行は愚老一期（いちご）の勧化（かんげ）なり。されば念仏を修せんところは、貴賤を論ぜず、海人漁人（あまますなどり）がとまやまでも、みなこれ予（わ）が遺跡なるべし」とぞおほせられける。

（『岩波・法然絵伝』〈下〉一三七～一三八頁）

法然の最古参の弟子法蓮房（信空）は言う。古来の名僧はみんな遺跡を決めている。これは最澄と空海にとっての比叡山、高野山を意識しているのであろう。しかし法然上人は、一ヶ寺も建立していない。どこを遺跡にしたらよいのかと。それに対する法然の答えが秀逸である。念仏をするところは、みな自分の遺跡である。身分や職業も関係ない。海川で魚を獲る漁師の粗末な家までも自分の遺跡だと言うのである。これも、法然らしい温かみのある言葉だ。それとともに、念仏が身分、僧俗、男女、土地を超えた平等原理であることが伝わってくる。

5　呪術の否定

宗教といえば、神仏に願いごとをしたり、僧侶や神官の祈禱を思い浮かべるだろうし、死者儀礼を考えたりするだろう。

しかし、法然は、「南無阿弥陀仏」と称える、そのことのみの実践を説き、礼拝の対象は阿弥陀仏のみとした。それは宗教のあり方を変えた。念仏は阿弥陀仏の本願による往生の行なのであるから、僧侶による死者儀礼は意味をもたなくなった。多くの神仏に祈り、自らの欲望を叶えさせる祈願も雑行として価値のないものと法然は考えた。

それでも、人々は現世利益を気にかける。現実の生活が不安と苦しみに満ち溢れているからである。そこで法然は語る。ここでは、『浄土宗略抄』から見てみたい。

弥陀の本願をふかく信じて、念仏して往生をねがふ人をば、弥陀仏よりはじめたてまつりて、十方の諸仏菩薩・観音・勢至、无数の菩薩、この人を囲繞して、行住坐臥、よる・ひるをもきらはず、かげのごとくにそいて、もろ〳〵の横悩をなす悪鬼・悪神のたよりをはらひのぞき給ひて、現世にはよこさまなるわづらひなく安穏にして、命終の時は極楽世界へむかへ給ふ也。

（『法然全集』第三巻　一〇二頁）

念仏する者に対して、阿弥陀仏だけではなく、十方の諸仏、観音・勢至をはじめ無数の菩薩が、いつでもどこでも、寄り添って守ってくださる。だから悪鬼・悪神などを恐れることはないのだ。礼拝の対象は阿弥陀仏一仏だが、あらゆる仏や菩薩に守られている。法然の言葉は続く。

されば念仏を信じて往生をねがふ人、ことさらに悪魔をはらはんために、よろづのほとけ・かみにいのりをもし、つゝしみをもする事は、なじかはあるべき。いはんや仏に帰し、法に帰し、僧に帰する人には、一切の神王、恒沙の鬼神を眷属として、つねにこの人をまほり給ふといへり。

（『法然全集』第三巻　一〇二〜一〇三頁）

これは、凄みのある言葉である。念仏者は悪魔、悪霊を祓うために、よろずの神仏に祈禱をする必要性はないと言う。はっきりと、お祓い、物忌みを否定している。さらに仏法僧の三宝に帰依する人は、一切の神々、死者たちから守られていると言っている。

人間と神々の関係が逆転するのである。人間が神々を恐れ、僧侶や神官が祈禱をする関係が切断されるのである。それでもなお心配なことは、病気になったらという不安であろう。法然は言う。

> 宿業かぎりありて、うくべからんやまひは、いかなるもろ〳〵のほとけ・かみにいのるとも、それによるまじき事也。いのるによりてやまひもやみ、いのちものぶる事あらば、たれかは一人としてやみしぬる人あらん。
>
> （『法然全集』第三巻　一〇三頁）

祈願によって病気が治るなら、誰一人として病気になる人も、病気で死ぬ人もいないではないかと、さらりと言うのである。

法然の一連の姿勢は、画期的である、加持祈禱など呪術を一切否定するのである。この法然の姿勢は、当時の寺社から見ると、その存在そのものが否定されたようなものである。専修念仏を語る際、忘れてはならない視点であるとともに、親鸞の「現世利益和讃」につながる思想である。『教行信証』「化身土巻〈末巻〉」を読むときの、大切な視座になることも留意しておきたい。

6　新しい仏教の宣言書『選択集』

> 南無阿弥陀仏〈往生の業には念仏を先とす〉
>
> （『岩波・選択集』九頁）

この言葉で『選択集』は始まる。岩波文庫『選択本願念仏集』では、「往生の業には念仏を先とす」であるが、「念仏を本とす」と記されている本もある。『教行信証』で親鸞が引用しているのも「念仏を本とす」である。この違いを論ずる必要はないと思う。法然が言おうとすることは、浄土往生への道は「ただ念仏」ということである。

さとりを得るために厳しい修行や瞑想に励む仏教二千年の歴史を、この書物は変えた。私は新しい仏教の宣言書として『選択集』があると思っている。自力でさとりを得るための仏教ではなく、阿弥陀仏が万人の救いを願い、救いの道を用意してくださった。ともに往生浄土への道を歩もう。

法然は、第十八願を根拠に「ただ念仏」、すなわち称名念仏のみの実践を行う専修念仏を主張した。それこそが、阿弥陀仏が平等の慈悲によって「選択」くださった「本願」だからであると、理論づけた。これこそが一切衆生に開かれたものであるのみならず、平等を創造する宗教原理である。

諸行は、今まで見てきたように、財力、学識、智慧、戒律などを条件に、人間の格差と差別を正当化するだけではなく、呪術によって、仏教を欲望達成の手段にしたり祟り(たた)や恐れを煽ったりする。神仏習合に根差した日本の宗教事情は、日本史全体を通してそうである。

だから法然は、専修念仏によって、仏教を民衆に開いたのみならず、専修念仏によって、従来の聖道門仏教の思想的基盤を崩壊させようとしたのではないだろうか。

なぜ、「ただ念仏」なのか、法然は以下のように述べる。

一は勝劣(しょうれつ)の義、二は難易(なんい)の義なり。初めの勝劣は、念仏はこれ勝、余行はこれ劣なり。

(『岩波・選択集』四九～五〇頁)

二番目に挙げている「難易の義」のほうはわかりやすい。誰でもいつでも実践できる易しい行。このことは、結構理解されている。しかしそれだけでは、「易行」は劣っていて、ほんとうは難行である聖道門がよいが、それができない者のために称名念仏があるというような、寓宗としての浄土教となる。

だから一番目に「勝劣の義」を挙げるのである。法然は念仏が「勝」つまり勝れている、諸行は「劣」、劣っていて捨てるべき雑行である、とする。布施や持戒といった従来の仏教の価値観を雑行に含めた法然であったが、菩提心も諸行として雑行に含めている。

菩提心等の諸行をもつて小利となし、ないし一念をもつて大利とするなり。

（『岩波・選択集』七五～七六頁）

と述べ、菩提心というさとりを求める心を、小利つまり小さな利益であり、念仏を一回称えることを大利つまり大きな利益として、聖道門の価値観をひっくり返してしまった。こうした法然の思想は、既存の仏教を全否定したに等しい。それは、今まで述べてきた当時の仏教が、衆生済度という基本に欠け、釈尊の平等精神に反していたからである。

既存の仏教を全否定した法然は、阿弥陀仏の本願を唯一無二の価値基準として仏教を再編成するという、壮大な構想で『選択集』を著したと思う。

阿弥陀仏が「選択」してくださった「本願」としての「念仏」、その教えを論理的に述べるのであるが、『選択集』の結論である「三選の文」において、法然は私たち一人ひとりに自らの選びを求める。

それ速やかに生死を離れむと欲はば、二種の勝法の中に、しばらく聖道門を閣いて、浄土門に選入すべし。浄土門に入らむと欲はば、正雑二行の中に、しばらくもろもろの雑行を抛てて、選じてまさに正行に帰すべし。正行を脩せむと欲はば、正助二業の中に、なほし助業を傍らにして、選じてまさに正定を専らにすべし。正定の業とは即ちこれ仏名を称するなり。み名を称すれば、必ず生ずることを得。仏の本願によるが故なり。

（『岩波・選択集』一七七〜一七八頁）

仏道とは生死を離れる道である。生死を離れようと思うなら、聖道門と浄土門の二つの仏道の中で、聖道門をさしおいて浄土門を選ぶべきだと言う。

浄土門に入ろうと思うならば、阿弥陀仏とは無関係の雑多な行である雑行をなげすてて、阿弥陀仏のみを拝する正行を実践すべきである。正行を実践しようと思うならば、「浄土三部経」の読誦や阿弥陀仏に対する讃嘆や供養などの助業を傍らに置いて、正定の業たる「南無阿弥陀仏」と口で称える称名念仏を専ら実践せよ。これこそが必ず往生できる道だ。それは仏の本願によるからなのである。

法然の言いたいことは、万人が平等に往生できる称名念仏のみを実践せよ、そして、その他の諸行は捨てよ、ということに尽きるのである。

親鸞は、先ほど述べた『教行信証』「後序」の中で、

『選択本願念仏集』は、禅定博陸月輪殿兼実・法名円照の教命に依って撰集せしむるところなり。真宗の簡要、念仏の奥義、これに摂在せり。見る者諭り易し。誠にこれ、希有最勝の華文、無上甚深の宝典なり。

（『真宗聖典』四〇〇頁）

と述べ、『選択集』に、真宗の簡要、念仏の奥義が摂在していることを記す。このことを再確認して『教

行信証』全体を見てみよう。『教行信証』は難しく感じられるかもしれないが、つまずけば『選択集』の精神にかえるのである。そこからまた新たな発見が生まれるのである。

『選択集』は、阿弥陀仏の本願を唯一無二の価値基準で仏教を再編成することを目指した書だが、法然のこの仕事を受け継ぎ、粘り強く成し遂げた人こそ親鸞であり、その結晶が『教行信証』である。

三、専修念仏に対する弾圧と明恵による批判

1 「興福寺奏上」と承元の法難

いよいよ、『教行信証』を述べようと筆をとりかけたが、その前に、専修念仏に対する弾圧と法然に対する批判者の見解を見ておきたい。『教行信証』を理解するためには不可欠だからである。これらの弾圧者や批判者は、法然の教義の本質を理解していた。だからこうも敵対したのである。

今まで、法然の教えを見てきたが、こういう先鋭的な教義であったら、朝廷や当時の宗教界が警戒するのは当然である。

念仏は各宗が行っていた。また、聖道門の修行ができない人のために念仏で救われるというのなら、弾圧されることはない。ところが、法然の教えは「ただ念仏」、念仏のみの実践なのである。そして「廃立の教義」で、弥陀が本願により諸行を捨てて念仏を選択してくださったという専修念仏である。そうすると、天台宗も真言宗も南都六宗も意味のない仏教となる。

これらの聖道門仏教は鎮護国家の仏教である。法然の教えは、浄土を真実とするので、鎮護国家とは無縁であり、天皇が統治する国も穢土に過ぎない。

こうした専修念仏の「専修」の思想は、国家権力にとって脅威を感じる教えなのである。

一二〇四年（元久元）、比叡山大講堂前に集結した延暦寺衆徒は専修念仏の停止を天台座主に要請、法然は「七箇条の制誡」を出して門弟たちに自重を求め、「起請文」を天台座主、真性に送る。事態は緊迫してきた。翌年には、興福寺から「興福寺奏上」が出される。これを書いたのは法相宗中興の祖、貞慶であるが、各宗が賛同し、八宗合同の朝廷への訴えになったのである。ちなみに、親鸞が法然から『選択集』の付属を受けたのはこの年である。こうした危機的な状況の中で、教えを託した法然と託された親鸞。二人の思いと時代背景をきっちりおさえて『教行信証』を学ぶべきである。

「興福寺奏上」は、次の九つの罪科を挙げ、それぞれ、具体的に詳しく記し、専修念仏を弾劾し、朝廷に弾圧を要請するのである。

九箇条の失の事

第一　新宗を立つる失。　第二　新像を図する失。　第三　釈尊を軽んずる失。
第四　万善を妨ぐる失。　第五　霊神に背く失。　第六　浄土に暗き失。
第七　念仏を誤る失。　第八　釈衆を損ずる失。　第九　国土を乱る失。

（岩波書店『日本思想大系15　鎌倉旧仏教』三二頁）

まず、法然の教えは師資相承がなく、勅許も得ていないと非難する。次に、弥陀一仏のみを礼拝し、釈尊を軽んじ、多くの善行を妨げ、日本の神々を拝まない。また浄土往生には上品上生から下品下生まで九品の区別があるのに、それを否定している。本来、念仏は、観想念仏などさまざまなバージョンがあるはずなのに、法然は口で南無阿弥陀仏と称える称名念仏に限定している。さらに念仏者が戒律や社会の規範を重視しない。天皇を中心とした国の安寧を祈る鎮護国家という宗教的義務も果たさない。こうした教えは邪教であり、禁止すべきであると言うのである。

そこへ、恰好の事件が起こった。後鳥羽上皇が熊野詣の留守中、上皇の寵愛を受けていた宮中の二人の女官、松虫、鈴虫が法然の弟子、住蓮、安楽の主催する六時礼讃の念仏法会に参加して、そのまま出家したのである。『四十八巻伝』によると、後鳥羽上皇の怒りを次のように記している。

> おほきに逆鱗ありて、翌年建永二年二月九日、住蓮・安楽を庭上にめされて、罪科せらるゝとき、安楽、
>
> 修行することあるを見ては瞋毒を起こし
> 方便破壊して競いては怨みを生ず
> かくのごときは生盲闡提の輩なり
> 頓教を毀滅して永く沈淪す
> 大地微塵劫を超過すとも
> いまだ三途の身を離るるを得べからず
>
> の文を誦しけるに、逆鱗いよいよさかりにして、官人秀能におほせて、六条川原にして安楽を死罪に

（『岩波・法然絵伝』〈下〉九九～一〇〇頁）

おこなはる、時、

上皇が直々に詮議することから、事件の重さがうなずけるのである。それに対し、安楽は、善導の『法事讃』の言葉を発して上皇に抗議するのである。教えを破壊する罪を犯すがゆえに、永遠に迷いの世界に沈むであろう。「大地微塵劫」という気の遠くなるほどの長い年月を経過しても、地獄・餓鬼・畜生の「三悪道」から浮かび上がることはない、と言ったのだった。

後鳥羽上皇は怒り狂い、役人に命じて、安楽を六条河原に連行して処刑させた。住蓮は近江の国、真淵で処刑された。法然と親鸞は流罪となる。承元（じょうげん）の法難である。

ここに、法然から受けた教えの本質が感じられる。仏法の下では、天皇や上皇の権威を認めず一人の人間として堂々とふるまう。支配する側にすれば、これほど恐ろしいことはないのだ。これが徹底した専修念仏の平等原理である。この原理が、当時絶対とされた身分の壁をも打ち破り、不正や不条理を告発するのである。

親鸞は、このときまだ京都にいた。もしかしたら、安楽が処刑される現場を見たのではないか。あるいは、少なくとも耳にして、その様子を想像したであろう。「主上臣下、法に背き義に違し、忿を成し怨を結ぶ」。この親鸞の憤りからそう感じるのである。親鸞は、生きた安楽として行動したのであろう。流罪によりもう会うことができない師法然と、処刑された法友安楽の志を継ぐにはどうしたらよいのか。それは師が果たすことのできなかった、いなかの人々への布教と、法然の教え専修念仏が、弾圧した側が言うような邪教ではなく真実の教えであり、そのことを証明する著述活動である。

2　延暦寺による専修念仏の停止要請と嘉禄の法難

専修念仏に対する弾圧は、このときだけではない。一二二四年（貞応三、元仁元）、延暦寺衆徒は、専修念仏の停止要請を出し、専修念仏を禁止するよう朝廷に求めた。ここではその表題部分を記してみたい。

一向専修停止事（山門奏状 宣下等）

延暦寺三千大衆法師等誠惶誠恐謹言

天裁を蒙り、一向専修の濫行を停止せられんことを請ふ子細の状

一　弥陀念仏を以て別して宗を建つべからざる事

一　一向専修の党類、神明に向背する不当の事

一　一向専修、倭漢の例、不快の事

一　諸教の修行を捨てて弥陀仏を専念す、広行流布の時節、未だ至らざる事

一　一向専修の輩、経に背き師に逆ふ事

一　一向専修の濫悪を停止し、護国の諸宗を興隆せらるべき事

（東本願寺出版部『親鸞聖人行実』九四～一〇八頁）

これらの文が、当時の専修念仏の本質を的確におさえている。この六箇条のうち四箇条が、「一向専修」に対する非難である。「一向専修」の言葉がない文には、「弥陀念仏を以て別して宗を建つ」とか、「諸教の修行を捨てて」と記されているが、そうしたことに対する延暦寺側の非難である。『選択集』に見られるように、専修念仏の思想は、既存の仏教を全否定しているからである。

「神明に向背する不当の事」「倭漢の例、不快の事」との延暦寺の批判も、法然の思想は阿弥陀仏一仏のみの礼拝なので、他の仏・菩薩への礼拝は「雑行」として斥けられる。ましてや、日本の神々への礼拝は、教義上ありえない。すべての衆生が平等に往生する平等思想を鮮明にしているので、朝廷や貴族の身分秩序と相容れないし、上下の関係を重んじる儒教にも反するので「倭漢の例、不快の事」という非難もその通りである。「経に背き師に逆ふ事」ということも、法然は、聖道門、諸行の価値を認めないのだから、延暦寺の立場から見れば、このように非難することは無理からざることである。そして、「一向専修の濫悪を停止し、護国の諸宗を興隆せらるべき事」に延暦寺の意向が集約されている。体制にとって危険極まりない「一向専修」を即刻やめさせ、「護国の諸宗」つまり、天皇中心の国の安寧を祈る宗派を盛んにしなければならないと。この言葉も意味深い。

逆に言うと、当時は、天台宗も真言宗も南都六宗も、権力の下請けで、宗教そのものが、律令体制の補完に過ぎないことを自ら認めたようなものだ。そして、そうした宗教体制に公然と異を唱えたのが法然であることが、理解できよう。

延暦寺による専修念仏の停止要請に応じ、同年、後堀河天皇によって専修念仏を禁じる宣旨が出された。そういう動きの中で、三年後、嘉禄の法難があり、『選択集』の発禁処分と焼却、法然の墳墓の破却、そして、親鸞の兄弟子で『一念多念分別事』の著者隆寛たちの配流が行われた。

承元の法難に次ぐ大きな弾圧が行われた発端が、一二二四年（貞応三、元仁元）の延暦寺による専修念仏の停止要請なのである。

この年のことを『教行信証』には、「我が元仁元年」と記され、『教行信証』の草稿が完成した年とも言われる。

『教行信証』を学ぶ際は、こうした時代背景を見なければならないと思う。

3 明恵による法然批判

「興福寺奏上」などと並んで法然を批判したのは、明恵である。明恵は栂尾の高山寺で修行した聖僧で、後に華厳宗中興の祖と言われた。初めは法然の民衆教化に共感していたようだが、『選択集』を読んであまりの過激さに激怒し、『選択集』は「邪輪」だと批判し、それを「破摧」するため『摧邪輪』を書いた。戒律を徹底的に守り、聖道の修行を真摯に行う、このひたむきな明恵にとって、法然の説く、誰でもが「ただ念仏」ということは許しがたかったのだろう。

『摧邪輪』を読むと、法然に対してこみ上げた怒りが伝わってくる。その批判は以下の二つに集約される。

一は、菩提心を撥去する過失。〈この過は、処処に言を吐けり。教義倶に分明なり。〉

二は、聖道門を以て群賊に譬ふる過失。〈この過は、一の言陣の下の意許を勘へてこれを出す。〉

（岩波書店『日本思想大系15　鎌倉旧仏教』四六頁）

一番目については、法然は菩提心という仏道を求める心そのものも「諸行」として「選捨」の側に入れるのであるが、通常の考え方だと菩提心を離れて仏教は成り立たないものである。

二番目の、聖道門を群賊にたとえることは、『選択集』に引用された「二河白道の譬喩（ひゆ）」に関連して、そのように言っている。

ひたむきな明恵が怒るのも当然であろう。ではなぜ、こうも法然は明恵の怒りを喚ぶほどに聖道門を批判しなければならないのか。それは第二節「万人平等の仏道を明らかにしたよき師・法然の教え」で述べた論点に戻って考えていただければと思うが、また一方、この法然と明恵の相克は『教行信証』を学ぶ重要な視点にもなると思われる。

『摧邪輪』は一二一二年（建暦二）、法然が逝去した年に書かれた。ちなみに明恵と親鸞は同い年である。親鸞は、明恵のことを何も書いていない。しかし、師法然を批判する理論書『摧邪輪』を読んでいないはずはない。

『教行信証』を読み進むと、ところどころに明恵を意識した文が見られ、考えさせられるのである。そういう点で、『教行信証』を学ぶうえの貴重な史料として『摧邪輪』がある。

第二章　釈尊が最も説きたかった教えはどの経典か——「教巻」

一、法然の「選択本願」と親鸞の「本願力回向」

それでは、『教行信証』を読んでいこう。まず「総序」という全体の前書きがある。とても格調高い名文であるが、初めて浄土真宗の教えにふれられる方は、難解な仏教用語に困惑されるだろうし、阿闍世、提婆達多、韋提希などの人物とそれぞれのつながり、歴史的背景を理解しなければわかりづらい。だから「総序」そのものはここでは記さないが、『教行信証』を語る中でふれられたらと思っている。本書を読み終わられた時点で、確認いただければ幸いである。

『教行信証』の「教巻」から話を進めたい。

親鸞は「教巻」の初めに、

謹んで浄土真宗を案ずるに、二種の回向あり。一つには往相、二つには還相なり。往相の回向について、真実の教行信証あり。

（『真宗聖典』一五二頁）

と述べて、浄土真宗は回向（えこう）の仏道であると言う。

回向とは何か。通常の用語で言うと、自らが積んだ善行や功徳を他者に「回し向け」るから回向である。日本ではほとんどの宗派において、いわゆる「先祖供養」に、「回向」という語が一番よく使われる。この場合、宗派によって儀式の内容も違うが、経典読誦や念仏、陀羅尼（だらに）などを唱える行為を自らの善行として死者に回し向ける行為を言う。神仏に向ける祈りも回向と言えるであろう。これも自分の経典読誦などの善行を、他者たる神仏に回し向けるからである。こうして考えるならば、世界のほとんどの宗教が「人間の回向」によって成り立っている。

ところが、親鸞は、人間の回向というのは、真実の心ではないと見抜くのである。「雑毒（ぞうどく）の善」つまり毒まじりの善であり、「虚仮（こけ）の行」でしかない。私たちは、どの宗教であれ、神仏など礼拝の対象が何であるにしろ、敬虔な祈りも、実際は自らの利益になることしか祈らないのが現実ではないか。また「先祖供養」といっても、自分や家の安泰のためであり、自分に都合が悪くなると、「先祖の祟（たた）り」などと言っているのが人間のありのままの姿ではないだろうか。

親鸞は、そのような、「雑毒の善」を回向しても、自らの浄土往生はもちろん、他者を成仏させることはできないと言うのである。

親鸞にとって「回向」の主語は、阿弥陀如来である。これは世界の宗教史上において、かつてない大きな意味がある。親鸞が説く前は回向と言えば衆生からの回向であるが、親鸞は如来から衆生への回向だと方向を変えてしまったのだ。

如来の作願をたずぬれば
苦悩の有情をすてずして
回向を首としたまいて
大悲心をば成就せり

（『真宗聖典』五〇三頁）

と、『正像末和讃』に記されているように、阿弥陀如来の起こされた願いは、どこまでも、苦悩するわれら衆生を、一人として見捨てることなく、如来が衆生に回向してくださるのである。本願力により衆生に回向してくださるから、「本願力回向」が正式な呼び方である。

第一章で述べたように、法然にとって念仏は、阿弥陀仏が本願によって「選択」されたもので、自力の念仏ではなく、本願念仏であると説く。法然の「ただ念仏」の根拠は、阿弥陀仏が衆生のために選んでくださったのであり、人間の側には根拠がないのである。このように、仏のほうから、衆生のために「選択」してくださった「本願」すなわち「選択本願」の思想が、親鸞の「本願力回向」の思想の背景にあるであろう。このことは、特に強調しておきたい。

親鸞は、二種の回向があると言う。往相回向と還相回向である。往相とは、この世から浄土へ往く相（すがた）であり、還相とは、浄土往生を遂げた者が、衆生済度のため、再びこの世に還る相である。具体的に何を意味するか、議論が絶えないのであるが、ここではまずこう定義したい。往相する、そして還相するのは、私たち衆生であるが、そうさせていただくのは、阿弥陀如来が衆生に対して回向してくださっているからである。

そして親鸞は、往相の回向について、真実の教行信証があることを述べる。阿弥陀仏が衆生に対してなされる回向に、「教」「行」「信」「証」があると言う。

二、出世本懐経たる『大無量寿経』

まず、「教」から見ていこう。何を根拠に浄土真宗があるのか。釈尊の教えは八万四千の法門と言われ、数千巻にもおよぶ経典がある。その中で親鸞は、『無量寿経』に大の字を付け、『大無量寿経』と呼び、これこそが、釈尊が最も説きたかった真実の「教」であると述べる。この経典は略称として『大経』と言う。ちなみに『観無量寿経』の略称が『観経』である。本書では、『無量寿経』を『大経』、『観無量寿経』を『観経』と略称を用いることにする。まずは親鸞の言葉を聴こう。

それ、真実の教を顕さば、すなわち『大無量寿経』これなり。この経の大意は、弥陀、誓いを超発して、広く法蔵を開きて、凡小を哀れみて、選びて功徳の宝を施することをいたす。釈迦、世に出興して、道教を光闡して、群萌を拯い、恵むに真実の利をもってせんと欲してなり。ここをもって、如来の本願を説きて、経の宗致とす。すなわち、仏の名号をもって、経の体とするなり。

（『真宗聖典』一五二頁）

なぜ、この経が真実なのか。阿弥陀仏が一切の衆生を救うという誓いを起こされ、特に愚かな凡夫を哀れみて、功徳の宝である「南無阿弥陀仏」の名号を施されたからである。「選びて」という語の主語は弥陀なので、弥陀が選んでくださった南無阿弥陀仏の名号であり、法然の選択本願の念仏を受けている。

ここで、釈尊の出世の本懐、つまり釈尊が世に出られた意義を述べる。「群萌を拯い、恵むに真実の利をもってせんと欲してなり」。群萌は、凡夫と同じような意味で、煩悩に満ち、怒りや妬みが多く、常に自己中心に生きる者である。それだけではなく、まるで雑草のように踏まれ、それでもなお、生き続ける民衆である。この人たちを救うことが、仏が世に出られた目的である。「真実の利」とは、「南無阿弥陀仏」の名号だろう。

つまり、民衆が実践できる念仏だけが真実であり、民衆が実践できない難行・苦行や、お金や物を多く持っていなかったらできない造像起塔や布施を、価値のない諸行として捨てることを主張した法然の精神を確かめている。

だから、一切の衆生を平等に往生させようという如来の本願を説いて経の要とし、そして仏の名号を経の具体的な姿とする『大経』こそが真実であり、釈尊の「出世本懐」の経だと親鸞は言う。

では、師の法然はこの問題をどう語っているかを見てみよう。『選択集』では、

> 「正しく往生浄土を明かすの教へ」といふは、謂はく三経・一論これなり。三経とは、一には無量寿経、二は観無量寿経、三は阿弥陀経なり。一論とは、天親の往生論これなり。或いはこの三経を指して浄土の三部経と号す。
>
> （『岩波・選択集』一五～一六頁）

と述べ、所依つまり依り所とするのは、『大経』だけでなく、『観経』そして『阿弥陀経』であるとし、それらを合わせて「浄土三部経」と名づけた。さらに天親の『往生論』つまり『浄土論』を加えて「三

経・一論」と言っている。これを見る限りでは「浄土三部経」を同等に見ているような感があるが、同じ『選択集』の「盧山寺本」には、

大経はこれ念仏の根本なり、本願を説くが故に。観経はこれ念仏の枝末なり、

（『岩波・選択集』一九三頁）

と記す。この言葉は、親鸞の「如来の本願を説きて、経の宗致とす。すなわち、仏の名号をもって、経の体とするなり」の言葉と関連して私は注目する。

法然は『無量寿経釈』で、

この経をもって根本と名づけ、余経をもって枝末と名づくと云々。またこの経をもって正往生の教えと名づけ、余経をもって傍往生の教えと名づくと云々。

（『法然全集』第一巻　七二頁）

と述べているし、『逆修説法』では、

次に双巻無量寿経は、浄土の三部経の中には、なおこの経を根本となすなり。

（『法然全集』第二巻　七三頁）

と記され、法然が『大経』を特に重視するとうかがえる文が少なくない。

ただ、法然が、善導の『観経疏』の名文に出遇って、本願念仏にたどり着くので、『観経』重視と思われがちであるが、法然自身が述べているように、『大経』が根本であって、『観経』は枝末なのである。

『無量寿経釈』は、最初にこう述べる。

まさにこの経を釈せんとするに、略して五意あり。一には大意、二には立教開宗、〈以下略〉

（『法然全集』第一巻　六七頁）

『大経』を釈する意を明かすについて、まず大意を述べ、二つ目は立教開宗だと述べているではないか。法然にとって、浄土宗を開宗した「立教開宗」は『大経』を拠り所としているのである。法然の言葉は続く。

一に大意とは、釈迦、無勝浄土を捨てて、この穢土に出でたもう事は、もと浄土の教えを説いて、衆生を勧進して、浄土に生ぜしめんがためなり。（『法然全集』第一巻　六七頁）

と語り、釈尊がこの世に出られたのは、浄土の教えを説いて、衆生を浄土に生まれさせるためだと言い切る。立教開宗の拠り所であり、釈尊出世本懐を『無量寿経釈』で述べているということは、いかに、『大経』を重視していたかがわかるのである。

だから、親鸞が『大経』重視、法然が『観経』重視だと分けて考えるのはまちがいだと思う。

それでは、なぜ、親鸞が『大経』を強調するのか。親鸞自身の教学であるとともに、もう一つ考えられることは、法然の死後、たび重なる弾圧の中で、法然の有力な弟子たちが、既存の仏教に妥協し、ある者は法然が捨てることを主張した諸行を復活させ、ある者は「当麻曼荼羅」信仰を取り入れた。このような『観経』の世界に浸る人たちに対して、根本教義の視座をはっきりとさせたい気持ちの表れなのであろう。

三、釈尊と阿難、法然と親鸞、阿難と親鸞

親鸞は、

何をもってか、出世の大事なりと知ることを得るとならば、

（『真宗聖典』一五二頁）

と述べ、なぜ、『大経』が釈尊の出世本懐の経典なのかを述べる。親鸞は、ここでは論理的に述べるのではなく、『大経』に記された釈尊と阿難との対話を引用するのである。

原文を示そう。

『大無量寿経』に言わく、今日世尊、諸根悦予し姿色清浄にして、光顔巍巍とましますこと、明らかなる鏡、浄き影表裏に暢るがごとし。威容顕曜にして、超絶したまえること無量なり。未だかつて瞻覩せず、殊妙なること今のごとくましますをば。ややしかなり、大聖、我が心に念言すらく、「今日、世尊、奇特の法に住したまえり。今日、世雄、仏の所住に住したまえり。今日、世眼、導師の行に住したまえり。今日、世英、最勝の道に住したまえり。今日、天尊、如来の徳を行じたまえり。去来現の仏、仏と仏とあい念じたまえり。今の仏も諸仏を念じたまうこと、なきことを得んや。何がゆえぞ威神の光、光いまし爾る」と。ここに世尊、阿難に告げて曰わく、「諸天の汝を教えて来して仏に問わしむるか、自ら慧見をもって威顔を問えるか」と。阿難、仏に白さく、「諸天の来りて我を教うる者、あることなけん。自ら所見をもって、この義を問いたてまつるならくのみ」と。仏の言わく、「善いかな阿難、問えるところ甚だ快し。深き智慧、真妙の弁才を発して、衆生を愍念せんとして、この慧義を問えり。如来、無蓋の大悲をもって三界を矜哀したまう。世に出興する所以は、道教を光闡して、群萠を拯い、恵むに真実の利をもってせんと欲してなり。無量億劫に値いがたく、見たてまつりがたきこと、霊瑞華の時あって時にいまし出ずるがごとし。今問えるところは饒益するとこ

ろ多し。一切の諸天・人民を開化す。阿難、当に知るべし、如来の正覚はその智量りがたくして、導御したまうところ多し。慧見無碍にして、よく遏絶することなし」と。已上

（『真宗聖典』一五二～一五三頁）

まず、阿難という弟子がどういう弟子かがはっきりしないと、この場面はわからないであろう。

阿難は十大弟子の一人である。また釈尊の従兄弟でもある。常に釈尊に随従したので、多聞第一とも言われ、最も多く教えを聞き、勤勉で記憶力も確かである。釈尊が亡くなってから仏典結集にも大きな力を発揮した。しかし、釈尊在世中は、さとりが開けなかったという。また容姿から、女性にも人気があり、阿難も心が移ることもあったと言われている。

阿難は、このように、釈尊の教えを最も聞き、勤勉であるにもかかわらず、あまりできのよい弟子ではなかった。真面目であるにもかかわらず、できが悪い。師としては、一番やっかいな存在ではないか。そういう阿難に私自身大きな親しみを感じる。つまり阿難は、私たち一人ひとりの姿であり、ふがいない私たち凡夫の代表である。親鸞もそのように見られたのであろう。

このような阿難が、『大経』を説こうとする釈尊の姿に光り輝くものを見つけ、今日までこのような尊いお姿を拝見したことがないと述べる。そして釈尊が禅定と智慧の境地に入っておられ、すべての世界で最も尊いものとして、如来の徳を行じておられる。「過去・現在・未来の仏は、仏と仏が互いに念じあっておられるということでしょうが、今ここにおられる釈尊もまた、仏たちを念じておられるにちがいありません。そうでなければ、なぜ釈尊のお姿がこのように光り輝いておられるのでしょうか」と言うのであ

る。

何でもないような話に見えるが、阿難はこのとき初めて、「仏としての釈尊」に出遇ったのではないだろうか。もちろん釈尊は、三十五歳でさとりを開かれ仏になって、阿難はその仏に長年随従してきたのであるが、教えを聞いても聞いても、教えの意味が受け止められなかったのである。

その阿難が、釈尊の姿に仏を見出したのだ。阿難の言葉に対して、釈尊は、「阿難よ、諸天（神々）がそなたにそのような質問をさせたのか、それともそなた自身の考えから尋ねたのか」と問われる。そこには、ほんとうに、お前の考えかといぶかる、自立していない弟子に対する気持ちがうかがえよう。阿難が答えて言う。「諸天が、私にそうさせたのではなく、全く私自身の考えからお聞きしたのでございます」と。この部分は、阿難がインドの神々である諸天のお告げや呪術に心を奪われることなく、自立した考えに立っている。このことは、親鸞にとって大切な視座であったにちがいない。

阿難の主体的な姿勢に釈尊は喜ばれ、「問うたところをほんとうに快く思う。そなたは深い智慧と巧みな弁舌の力で、衆生を愍む心から問いを起こしたのである」と述べ、阿難の心を推測する。そして、釈尊の出世本懐を述べる。「如来はこのうえない慈悲の心で迷いの世界の衆生のことを哀れみ思う。この世に現れたのも、教えを説き述べて、愚かで悩み多く群れながら雑草のように生きる民衆を救い、まことの利益を恵みたいという心からである」。釈尊はこのように述べ、自分が世に現れたわけを明らかにする。そして、「仏の出世に会うことは難しく、何千年に一回咲く優曇華の花を見るように極めて稀である。だから、今の阿難の問いは大きな利益をもたらすもので、すべての衆生を真実の道に入らせることができる」

と、このように言われるのである。

この文の心は、仏に出遇うことの難しさ、奇遇さが述べられているが、阿難という、優秀でない、凡夫の代表がいたからこそ、教えは開かれた。親鸞はそのことに感動して、「教巻」にこの話をもってきたのではないだろうか。

出世本懐の経として親鸞が常に意識したのは、『法華経』であろう。天台宗では『法華経』が出世本懐経で、そのことは、当時の仏教界では一つの常識であった。『法華経』「方便品」には、

> 諸の仏・世尊は、唯、一大事の因縁をもっての故にのみ、世に出現したまえばなり。
>
> （岩波文庫『法華経』〈上〉八八頁）

の文があるが、親鸞が、「教巻」の初めに、「何をもってか、出世の大事なりと知ることを得るとならば」と言うのは、『法華経』のこの文を意識しているのであろう。専修念仏を弾圧した、天台宗など聖道門を意識した姿勢が読み取れる。

『法華経』は、親鸞も比叡山時代に学び続けていたのであろう。釈尊は、舎利弗など優秀な弟子に『法華経』を説き、当時、大乗仏教の精華とされてきた経典だが、親鸞にとって、この経典では、学んでも修行しても果を得ることができなかったのである。

親鸞が比叡山に決別したことは、『法華経』を中心とする仏教への決別でもある。法然のもとへ行き、「雑行を棄てて本願に帰する」という大きな決断をするのであるが、その本願が説かれた『大経』が釈尊の出世本懐経であることを証明するため、今まで述べてきた阿難の問いと釈尊の言葉を引用する。凡夫の

代表たる阿難が教えの意味を受け止めたからこそ、真実なのである。

阿難が釈尊の説法に初めて仏の姿を見出した『大経』の会座。親鸞は、きっと法然との出遇いの意味を重ね合わせたのであろう。

比叡山での二十年間の修行と学問。親鸞は真摯に学び修行をしたであろう。親鸞は、阿難と同じように多聞の人であるとともに誠実であった。しかし、比叡山では自らのさとりも救いも実感できなかった。また、「行者宿報偈」に記されているように、「性」のことにも悩み続けたであろう。このような親鸞は、阿難と共通点が多く、親鸞自身が阿難の気持ちになって、『大経』を読んだであろう。どこまでも、自己を見つめたがゆえに、罪悪と煩悩の深さを自覚した。そうした中で、「ただ念仏して弥陀に助けられまいらすべし」と説く法然と、『大経』の会座での釈尊とが重なり、自分と阿難が重なったのであろう。

親鸞は『高僧和讃』で、法然を讃える。

智慧光のちからより
本師源空あらわれて
浄土真宗をひらきつつ
選択本願のべたまう

（『真宗聖典』四九八頁）

源空存在せしときに
金色の光明はなたしむ
禅定博陸まのあたり

拝見せしめたまいけり

（『真宗聖典』四九八頁）

源空光明はなたしめ
　門徒につねにみせしめき
　賢哲愚夫もえらばれず
　豪貴鄙賤もへだてなし

（『真宗聖典』四九九頁）

上記三首の和讃に、「光」の字がある。おそらく説法する法然の姿に、光り輝くものを見たのであろう。法然に出遇う前にも、親鸞には師がいたにちがいない。青蓮院で得度したときの師は慈円であると伝えられているし、比叡山時代にも師がいなかったはずがない。しかし、親鸞は、そうした師が説くことにうなずけなかったのであろう。『大経』の会座で阿難が、釈尊のお姿に光明を見出したように、親鸞が法然の姿に光明を見出し、法然の説法にうなずいたにちがいない。

「法然との出遇い」という体験をもとに、「教巻」が書かれたのであろう。『大経』が、釈尊の出世本懐経であることを証明しようとして「教巻」を書いたのであるが、なぜ『大経』がすぐれているのか、「教巻」では、論理的な説明はない。説明にすらなっていないのではないかと、私は長い間思ってきた。しかし、釈尊の弟子の中でも、さとりが開けず、われら凡夫の代表のような人がうなずいた教えであるからこそ真実の教えである。そして仏の出世本懐が、「群萠を拯い」と記されるように、愚かな凡夫の救済であり、雑草のように踏まれ虐げられた民衆を救うことである。そのことを記した経典だからこそ「真実の教」である。それこそ、この経典の本質である。こう親鸞は考えたのであろう。

さらに、親鸞は『大経』の異訳本を紹介する。そして朝鮮半島新羅の僧、憬興の『無量寿経連義述文賛』の言葉を引用した後、「教巻」の最後を、こう締めくくる。

> しかればすなわち、これ顕真実教の明証なり。誠にこれ、如来興世の正説、奇特最勝の妙典、一乗究竟の極説、速疾円融の金言、十方称讃の誠言、時機純熟の真教なり。知るべし、と。
>
> （『真宗聖典』一五四～一五五頁）

親鸞は、『大経』こそが、釈尊が世に現れた意味を示された正しくこのうえなくすぐれた経典であり、すべての者をさとりに至らせる教えであり、速やかに功徳が満たされる仏の金言であると述べる。それとともに、すべての仏がほめたたえておられる普遍的な教えであると言う。すべての仏がほめたたえていることは、「行巻」で詳しく述べられる。そして、あらゆる時代とすべての人間に最もふさわしい真実の教えである、だからよく知ってほしいと呼びかけるのである。

四、『教行信証』の構造

『教行信証』は、「総序」と「教巻」の間に、いわゆる目次のようなものがある。

大無量寿経　真実の教
　　　　　　浄土真宗

顕真実教(けんしんじつきょう)　一
顕真実行(けんしんじつぎょう)　二
顕真実信(けんしんじつしん)　三
顕真実証(けんしんじつしょう)　四
顕真仏土(けんしんぶつど)　五
顕化身土(けんけしんど)　六

（『真宗聖典』一五〇〜一五一頁）

書き下すと、それぞれ「真実の教を顕(あらわ)す」「真実の行を顕す」「真実の信を顕す」「真実の証を顕す」「真仏土を顕す」「化身土を顕す」となる。

初めに、「大無量寿経　真実の教　浄土真宗」と記されているが、『大経』こそが真実の教えで、浄土真宗は『大経』に基づく真実の教えであることがわかる。『教行信証』全体が『大経』に基づいて構成されたものである。「如来の本願を説きて、経の宗致とす。すなわち、仏の名号をもって、経の体とするなり」と書かれているように、『大経』は、阿弥陀仏の本願を説いた経典である。四十八願のうち第十七願を真実の行、第十八願を真実の信、第十一願を真実の証、第十二願と第十三願を真仏土と、ここまでが、真実を顕し、さらに、第十九願と第二十願で化身土を顕すのである。つまりこの二つの願は方便である。何よりも初めに顕した真実の教は、『大経』そのものだが、『大経』は仏の本願が説かれているから真実なのだと。それなら、なぜそこに、方便があるのか。ここに親鸞の実に深い思索を見ることができる。

真実のみではうなずけない人々のために、あえて方便を説き、方便から真実に入るようにうながすのである。親鸞は『大経』に方便が説かれていることを高く評価し、これはまさに、一切の衆生を平等に救う如来の慈悲であると感じた。だからこそ、真実なのである。

ところで、仏教は、「教行証」の宗教である。教えがあり、その教えに従い行をして、証すなわちさとりに至る。親鸞は、弾圧された師法然の教えが真実であることを明らかにするために『教行信証』を書いたのであるが、その手法は「教行証」という伝統的な仏教の理論に沿って筆を進めるのである。つまり、相手方の土俵に立ってこちら側の真実性を述べる。

『教行信証』の正式名称は、『顕浄土真実教行証文類』である。だから略称として、『教行信証』と呼んでいいのか、私自身いつも疑問に思う。『教行証文類』あるいは『教行証』と言ったほうが正確なのかもしれない。それでは「信」はどうなるのか。信は行に含まれているのである。行（念仏）を離れた信（信心）はなく、信を離れたる行はないことを、法然も親鸞も繰り返し述べている。それならばなぜ、「信巻」を「行巻」から独立させているのか。それは「信巻」を語るときに述べてみたい。

『教行信証』は各巻とも、経典や祖師たちの言葉を引用する。引用文または、引文と呼ばれる。自分の見解には、釈尊や祖師の教えが根拠となっていることを示すためである。そして引用にあたって、漢文の返り点を変えて親鸞独自の読みかえをしている部分が少なくない。その読み方は実に大胆である。そこに親鸞のメッセージが読み取れる。そう読むことによって、阿弥陀仏の深いお心がわかるのである。その引用文に基づいて、親鸞が自身の見解を書く。自釈あるいは御自釈と言われる文である。

まず、「南無阿弥陀仏」の行から見てみたい。

第三章　念仏こそが真実の行――「行巻」

一、なぜ「南無阿弥陀仏」と称えるのか

「行巻」に入ろう。仏教は、教えを聴き、行を実践し、証（さとり）を得るものだが、浄土真宗の教えは『大経』であり、「教巻」で見たように、「如来の本願を説きて、経の宗致とす。すなわち、仏の名号をもって、経の体とするなり」と、本願と名号が説かれているから真実だと親鸞は結論づけた。その名号「南無阿弥陀仏」を称えることが真実の行だと親鸞は言う。

謹んで往相の回向を案ずるに、大行あり、大信あり。大行とは、すなわち無碍光如来の名を称するなり。この行は、すなわちこれもろもろの善法を摂し、もろもろの徳本を具せり。極速円満す、真如一実の功徳宝海なり。かるがゆえに大行と名づく。しかるにこの行は、大悲の願より出でたり。すなわちこれ諸仏称揚の願と名づけ、また諸仏称名の願と名づく、また諸仏咨嗟の願と名づく。また往相回向の願と名づくべし、また選択称名の願と名づくべきなり。

（『真宗聖典』一五七頁）

ここで、往相回向という語が登場する。往相とは、衆生が浄土に向かう姿であり、回向は、如来が衆生にそうさせてくださるはたらきである。前章で確認したように、浄土真宗は、往相回向と還相回向によって成り立っているが、ここでは往相回向についてである。如来のはたらきによっての往相には、大行と大信があるという。行と信に大の字をつけ大いなる行、大いなる信というのは、行も信も人間には根拠がなく如来がはたらいてくださっているのである。大行は無碍光如来の名を称すること、すなわち「南無阿弥陀仏」と称えることである。

親鸞は阿弥陀仏を無碍光如来と称し、光のはたらきであると称讃する。その限りなき光に出遇った喜びが『教行信証』の随所に見られる。「南無阿弥陀仏」と称えることが真実の行であり、あらゆる善をおさめ、もろもろの功徳の本をそなえている。すべての徳が速やかに満ち溢れるのである。まさに真如一実の功徳が満ちる宝の海である。だから大行なのだ。さらに願名を「諸仏称揚の願」「諸仏称名の願」「諸仏咨嗟の願」「往相回向の願」「選択称名の願」と名づけている。注目するのは、諸仏が主語であることである。諸仏とは、全宇宙のすべての仏である。十方の仏たちが、阿弥陀仏をほめたたえ「南無阿弥陀仏」と称えていると言うのである。その根拠が第十七願なのであり、親鸞は十七願文を引用する。

諸仏称名の願、

『大経』に言わく、設い我仏を得たらんに、十方世界の無量の諸仏、ことごとく咨嗟して我が名を称せずは、正覚を取らじ、と。已上

（『真宗聖典』一五七頁）

阿弥陀仏が法蔵菩薩として修行されたとき、十方世界の無量の諸仏が、ことごとくほめたたえ、わが名

（南無阿弥陀仏）を称えなければ、さとりの身とはならないと誓われたのである。法蔵菩薩はすでに阿弥陀仏になっておられるから、この願は成就され、「南無阿弥陀仏」の名号を称えることが真実の行だと述べるのである。

私は、『教行信証』を学び始めたころ、なぜ念仏の行の根拠が第十八願ではなく、第十七願なのか疑問をもった。

法然は、念仏の根拠を第十八願に置くのであるが、親鸞はなぜ第十七願だと言うのか。私は長い間わからなかった。なぜなのか。

まず確認しておかなければならないことは、『教行信証』は、『選択集』が真実の教えであることを証明するために書かれたことである。そのため、まず称名念仏の普遍性が明らかにされなければならない。

十方の諸仏が「南無阿弥陀仏」と阿弥陀仏をほめたたえているのである。ここに親鸞は念仏の普遍性を見出すとともに、聖道門諸宗に対して、「あなた方が崇める仏様も、阿弥陀仏を讃嘆しておられる」と言っているように思える。

十方の諸仏が「南無阿弥陀仏」と称名するのだから、衆生が「南無阿弥陀仏」と称えないことはありえない。親鸞はそう考えたのであろう。

それとともに、親鸞の思想にとって大事な点は、諸仏が称名する声を聞いて、衆生が称名するのである。親鸞において念仏とは、称名であると同時に「聞名（もんみょう）」を意味する。阿弥陀仏の名を聞くことである。

法然にとって、念仏は、阿弥陀仏が選択（せんじゃく）してくださった念仏であり、衆生には根拠がないのである。

衆生は弥陀の選択に基づいて称名念仏をする。弥陀の選択なので、誰が称えようと、どんな心で称えようと、多く称えるか、あるいは一回だけでよいのか、そうしたこととは無関係に弥陀により救済されるのである。

ところが、法然の死後、弟子たちの間では、法然が捨てることを主張した諸行（しょぎょう）を復活させ、念仏も多いほうがよいという多念義や、あるいは念仏は一回だけでよいという一念義が対立した。

親鸞は、法然の教えが変質して受け止められることを憂えたのである。法然の心に反するこれらの異義はいずれも、念仏が「弥陀の選択」であることを忘れ、それを「自分の善行」としたことによると考えたのではないか。いわゆる「自力の念仏」である。

そこで、第十七願を根拠に、諸仏が称名しており、衆生はそれを聞く聞名であることを明らかにする。そのことによって、称名念仏の数や称える者の内面にこだわるこれらの異義を正そうとしたのではないだろうか。

私は、親鸞が第十七願を「選択称名の願」と記すことに注目する。阿弥陀仏が選択された念仏、法然が説く第十八願の心をふまえて、第十七願を選択称名の願と親鸞は言った。

ちなみに、「行巻」の最初に親鸞は、

諸仏称名（しょぶつしょうみょう）の願

浄土（じょうど）真実の行（ぎょう）

選択（せんじゃく）本願の行

（『真宗聖典』一五六頁）

と記す。諸仏が称名念仏する願、これが浄土真実の行であり、これこそ阿弥陀仏が選択してくださった本願の行だ。

親鸞は「信巻」において、第十八願を「選択本願の願」と言うが、親鸞が、「行巻」で明らかにする念仏の根拠を第十七願に置きながら、それを「選択本願の行」と呼ぶところに、法然の精神をもとに、親鸞が独自の展開をしていることがわかる。いずれにしても第十七願と第十八願は一体である。だから「行巻」の終わりのほうで、

> その真実の行願は、諸仏称名の願なり。その真実の信願は、至心信楽の願なり。これすなわち選択本願の行信なり。
>
> （『真宗聖典』二〇三頁）

と述べている。そのことは、また後にふれよう。

法然は、なぜ念仏かということを、『選択集』にかなりしつこいくらいに述べている。三三～三四頁をもう一度見ていただきたい。

この言葉は、法然思想の核心である。造像起塔、智慧高才、多聞多見、持戒持律など従来の仏教を全否定するのである。このような価値観が救いの基準なら、救われるのは、富貴の者、智慧の者、持戒の者であり、一握りの者だけである。だから、そんな仏教は、仏教たりえないのである。そうではなく、従来の仏教の救いの網からもれた人々、具体的には、貧窮困乏の類、貧賤の者、愚痴の者、破戒の者こそが救われなければならないのである。

法然のこの言葉は、何度読んでも私の胸を揺さぶる。この言葉をもとに、「行巻」の次の文を見てみよ

う。

『無量寿如来会』に言わく、いま如来に対して弘誓を発せり。当に無上菩提の因を証すべし。もしもろもろの上願を満足せずは、十力無等尊を取らじ、と。心あるいは常行に堪えざらんものに施せん。広く貧窮を済いてもろもろの苦を免れしめ、世間を利益して安楽ならしめん、と。乃至　最勝丈夫修行し已りて、かの貧窮において伏蔵とならん。

（『真宗聖典』一五八頁）

『無量寿如来会』という『大経』の異訳本を引用して、「常行に堪えざらんものに施せん」と記して、たえまなく続ける修行に堪えられない者に施そうと述べている。常行とは、法然が「捨てなさい」と言う諸行のことであろう。「常行に堪えざらんもの」とは、大多数の民衆であろう。この人たちのための行が念仏なのだと、親鸞は言いたいのであろう。「広く貧窮を済いてもろもろの苦を免れしめ、世間を利益して安楽ならしめん」と述べているが、『選択集』で言う「貧窮困乏の類」、つまり貧しく困り果てた人々を救済し、苦しみから解放し、世界に安楽をもたらそうとの法蔵菩薩の願いがこめられている。

さらに法蔵菩薩は、「かの貧窮において伏蔵とならん」と、貧しく困り果てた者にとっての地中の宝となろうと誓っている。

親鸞が、『無量寿如来会』のこの文を引用しているのは、『選択集』の言葉の精神を述べているのではないか。法然、親鸞によって書かれたものや引用された文を見る限り、宗教を単に、心の問題ととらえるのではなく、「貧窮」という語がよく使われている。貧困という社会的不平等が明確に意識されていることに注目したい。

親鸞はさらに、『大経』の異訳本『無量清浄平等覚経』を引用する。

> 諸天・人民・蠕動の類、我が名字を聞きてみなことごとく踊躍せんもの、我が国に来生せしめん。しからずは我作仏せじ、と。（『真宗聖典』一五九頁）

阿弥陀仏の名を聞いて喜ぶものは、人間のみならず、「蠕動の類」すなわち地に這う虫に至るまで、浄土へ迎え入れよう。つまり阿弥陀仏の慈悲は、人類だけではなく、全宇宙のすべてのいのちあるものに及んでいる。

さらに同じ経典より引用する。

> 我作仏せん時、他方仏国の人民、前世に悪のために我が名字を聞き、および正しく道のために我が国に来生せんと欲わん。寿終えてみなまた三悪道に更らざらしめて、すなわち我が国に生まれんこと、心の所願にあらん。しからずは我作仏せじ、と。（『真宗聖典』一五九頁）

過去世で悪をなしたことが縁になって阿弥陀仏の名を聞いた者、あるいは、正しく仏道を求めて阿弥陀仏の国に生まれようと思う者は、地獄・餓鬼・畜生の三悪道に戻らず、阿弥陀仏の国に生まれると言う。つまり悪人も善人も、ともに往生させようとする大慈悲を記している。

「三悪道に更らざらしめて」という語も、『選択集』の言葉を意識したのではないか。法然は四十八願のうち、第一願の「無三悪趣の願」、第二願である「不更悪趣の願」を重視し、三悪趣なき世界、三悪趣にかえらない世界を阿弥陀仏が選択してくださったことに感激しているが、親鸞も、時代と人間の「三悪趣」を悲嘆しながら、ここで引用したのではないか。

阿弥陀仏は、無碍光如来という光のはたらきであり、全世界はもとより全宇宙の諸仏から称讃され、諸仏が「南無阿弥陀仏」と「称名」する。私たち衆生は諸仏が称名した名号を聞いて、つまり「聞名」して、「南無阿弥陀仏」と称名念仏するのである。だから、念仏者自身に根拠をもたない。

親鸞が説く念仏に対する考え方は、あくまでも弥陀が衆生のために「選択」された念仏という、法然の教えを受け止めた結果であろう。

この聞名としての念仏は、自分自身の念仏の声を諸仏の声と受け止めるとともに、他者の念仏をもそのように受け止めたのではないか。そのことによって、誰が称えても、全く価値が異なることはないのである。法然は一日何万遍も念仏を称えたという。吉水での親鸞は、その声に諸仏が「南無阿弥陀仏」と称名しているように感じたと思う。また関東で、農民たちが農作業の合間に念仏をする声を聞いたであろう。そうした念仏の声も諸仏の称名と受け止めたのではないだろうか。そのことにおいて、法然の念仏も、親鸞の念仏も、農民たちの念仏も同じで、念仏は誰が称えようと等しく、念仏の数も全く問題にならず、多念も一念も同じ価値である、親鸞はそう思ったにちがいない。

親鸞は、阿弥陀仏の光のはたらきを強調し、限りない讃嘆の言葉を述べる。同時に光は、闇を照らし出すはたらきがある。親鸞は、

> しかれば名を称するに、能く衆生の一切の無明を破し、能く衆生の一切の志願を満てたまう。
>
> （『真宗聖典』一六一頁）

と述べ、称名は衆生の一切の無明を破って、衆生の一切の志願を満たしてくださると述べる。ここに無

明という語がある。真理に暗く、縁起の道理がわからないことである。私たちは、真実に出遇わず煩悩にまかせて生きている。このことが無明ではないか。仏教では私たちの苦しみの原因は、無明によると説く。同時に、無明を滅することによって、苦悩からの解放を目指すのである。釈尊がさとられた十二縁起である。

親鸞は、「名を称するに、能く衆生の一切の無明を破し」と示すが、念仏は私の声であると同時に諸仏の声であり、阿弥陀仏の光のはたらきなので、私たち衆生の闇を照らし無明を破るはたらきがある。そして「衆生の一切の志願を満てたまう」と記す。志願とは何か。それは苦悩からの解放であろう。同時に、仏になることであろう。大乗仏教では、何のために仏になるかというと、衆生を度することである。親鸞が後に述べる、「願作仏心」「度衆生心」、そういう壮大な願いがここに記されているように思う。無明を破り苦悩から解放され、仏になり同時に衆生を救うのが称名念仏のはたらきなのだと親鸞は考えたのであろう。親鸞は続けて、

> 称名はすなわちこれ最勝真妙の正業なり。正業はすなわちこれ念仏なり。念仏はすなわちこれ南無阿弥陀仏なり。南無阿弥陀仏はすなわちこれ正念なりと、知るべしと。
>
> （『真宗聖典』一六一頁）

と述べる。衆生の無明を破り志願を満たすからこそ、称名は最も勝れている。ともすれば、称名は、聖道門の修行ができない人のための劣った行と思われてきた。親鸞は法然の意を受けて、称名が最も勝れた真実の正定の業だと言う。そして称名こそが、念仏なのだ。今では当たり前のように思われようが、当時、念仏は、阿弥陀仏の法身を観じて念ずる実相念仏、極楽浄土に対して思いをはせる観相念仏などさまざまなバージョンがあったのを、法然が口で「南無阿弥陀仏」と称える称名念仏に限定した。そのことを

受けて親鸞は、念仏は「南無阿弥陀仏」と称名することであり、それが正念であると述べる。正念とは信心であり、称名念仏の中に信心がこもっていると考えた。なお信心の展開は「信巻」で明らかにされてくるので、そのときに考えてみよう。

親鸞が、無明を破るという釈尊が仏教を開かれた根本に基づいて語っていることと、正業や正念は釈尊の八正道（はっしょうどう）の語であることに私は注目する。無明という十二縁起の言葉とならんで八正道の語をも記しながら、称名念仏の正しさを確かめたのではないか。

この文は、法然が述べた『選択集』の冒頭の言葉である、「往生之業念仏為本」の言葉を受けたものであるとともに、『選択集』の結論である「三選の文」の、「正定の業とは即ちこれ仏名を称するなり。み名を称すれば、必ず生ずることを得。仏の本願によるが故なり」をふまえて言っている。

法然が説く「南無阿弥陀仏」の念仏は、全宇宙の諸仏が称名しほめたたえる念仏であり、釈尊の根本精神にかなうものなのである。親鸞は、釈尊の教義と大乗仏教の精神を正確に記しながら、称名念仏が正しき行であると述べるのである。

二、七高僧とは

念仏の教えが、無明を破り、智慧のはたらきであり、釈尊の教えに合致することは、同時にその教えが法然まで届いたことを、はっきりさせなくてはならない。法然の専修念仏を弾劾した「興福寺奏上」には、もし古より相承して今に始まらずとならば、誰か聖哲に逢ひて面りに口択を受け、幾の内証を以て教誡示導するや。（岩波書店『日本思想大系15　鎌倉旧仏教』三三頁）

と、批判する。仏教は師匠から弟子に明確に伝わったという師資相承がなくてはならない。専修念仏にはそれがないと言うのだ。

法然は、「偏依善導」と、自分の教えが、ひとえに善導に依ると言っている。なぜ、善導なのか、法然は『選択集』の最後の部分において明確に述べている（『岩波・選択集』一七八〜一八八頁）。

それでは善導の前はどうなのか。

法然は『選択集』で、

今しばらく道綽・善導の一家によつて、師資相承の血脈を論ぜば、これにまた両説あり。一には菩提流支三蔵・慧寵法師・道場法師・曇鸞法師、大海禅師・法上法師。〈已上、安楽集に出づ〉二には菩提流支三蔵・曇鸞法師・道綽禅師・善導禅師・懐感法師・少康法師。〈已上、唐宋両伝に出づ〉（『岩波・選択集』二二頁）

と述べるが、浄土教の師資相承の二つの説を紹介するのみで、法然自身がどう考えているかは、はっきり記されていない。『選択集』はまた、

「正しく往生浄土を明かすの教へ」といふは、謂はく三経・一論これなり。三経とは、一には無量寿経、二は観無量寿経、三は阿弥陀経なり。一論とは天親の往生論これなり。（『岩波・選択集』一五頁）

と浄土宗の所依の聖教が、「浄土三部経」と天親の『往生論』、すなわち『浄土論』であることを明らかにするのであるが、天親に関しては、『選択集』には、「一論とは天親の往生論これなり」というこの言葉だけしかふれられていない。天親と、「偏依善導」とまで私淑する善導との関係も明らかにされていない。

おそらく、法然には師資相承についてこだわらないような大胆さがあった。法然は、「一切衆生をして平等に往生せしめむがため」との『選択集』の言葉のように、鮮明な問題意識から求道し続けた。人間は平等であり平等に救済されなければならないとの信念で歩み、もだえ、苦しんだ。四十三歳の時、善導の『観経疏』の、

一心にもつぱら弥陀の名号を念じて、行住坐臥に時節の久近を問はず念々に捨てざるは、これを正定の業と名づく、かの仏の願に順ずるがゆゑなり。

（本願寺出版『浄土真宗聖典』七祖篇——註釈版——四六三頁）

の言葉に出遇い、「ただ念仏」という確信を得たのである。だから、「偏依善導」で十分なのであろう。

これに対し、親鸞は、念仏の教えが正しく伝わったことを証明しなければならない。そこで七人の高僧を挙げる。インドの龍樹、天親。中国の曇鸞、道綽、善導。日本の源信、そして源空こと法然である。この人たちは、七高僧と呼ばれている。

親鸞は、七高僧の選定にあたって、基準を定めた。阿弥陀仏を礼拝し、浄土の教えを明らかにした人で、はっきりと著作があり、それが広く読まれていることである。さらにもう一つ、法然が王本願とまで言った第十八願を大切にしているか否かである。だから、中国浄土教で著名な慧遠や日本の念仏聖の先駆者の

ような空也（くうや）は含まれていない。

『教行信証』は各巻で七高僧の著作を引用する。しかし、七人すべての著作を引用するのは「行巻」のみである。前述したように、真実の行「南無阿弥陀仏」は、第十七願に基づき、諸仏が称名することが根拠である。

親鸞の念仏観はとてもスケールが大きい。シンフォニーのように全世界、全宇宙の無数の仏たちが、声を上げ弥陀を称讃する。その声を私（個々人）が聞いて念仏する。そして私の称名も、諸仏の称名と味わう。だから、念仏者個々の称名は全く同じである。

親鸞が諸仏と表現することには深い意味がある。その際、諸仏とは、全世界、全宇宙の仏という抽象的な概念だけではなく、本願念仏を私にまで伝えてくださった無数の人たちをも考えたのではないだろうか。その代表が七高僧なのであろう。だから七高僧全員の文章を「行巻」に引用したのだと思う。そのことによって、本願の心と諸仏の讃嘆が国や民族を越えて、インドからアジアの大地を地下水のごとく流れて師の法然までたどり着き、法然から教えを受けた親鸞がその恩徳を感じ、自分も本願の歴史に参画できた喜びを表したのである。

三、インド仏教の中での念仏

1　大乗仏教と易行道を明らかにした龍樹

七高僧を見てみよう、仏教発祥の地インドから始まる。第一祖は、龍樹（ナーガールジュナ）で大乗仏教の祖である。八宗の祖と呼ばれる。有無の見を破する空の思想（空観思想）の大成者として知られるが、空観思想を完成させるだけではなく、念仏は救済への確かな道であるとした。親鸞は、龍樹の『十住毘婆沙論』を引用するが、最も言いたいことは次の文ではないか。

仏法に無量の門あり。世間の道に難あり、易あり。陸道の歩行はすなわち苦しく、水道の乗船はすなわち楽しきがごとし。菩薩の道もまたかくのごとし。あるいは勤行精進のものあり、あるいは信方便の易行をもって疾く阿惟越致に至る者あり。乃至　もし人疾く不退転地に至らんと欲わば、恭敬心をもって執持して名号を称すべし。（『真宗聖典』一六五頁）

仏教は厳しい修行だけではなく、仏を信じて生きる念仏の道があると述べる。前者を、陸道の歩行で苦しく、後者を水道の乗船は楽しいと表現したことに、親鸞は注目した。つまり難行道と易行道があると言う。

法然が『選択集』で、

難易の義は、念仏は修し易し、諸行は修し難し。（『岩波・選択集』五一頁）

と記し、念仏は誰にでもでき普遍的であると言う。親鸞は、この易行の念仏を龍樹にさかのぼって証明しようとしたのであろう。

親鸞が龍樹を第一祖と定めたことには大きな意味があったと思う。すべての大乗仏教の祖である龍樹が念仏者であるということは、同時に念仏者を弾圧する聖道門仏教に対して、あなたがたの祖師、龍樹も念仏を大事にしたのだと主張しているように思う。

龍樹は不退転地に至ろうと思えば、名号を称えよと言う。不退転地とは仏になる身と定まる位である。仏の名号を称えれば、不退転地を得るのだ。そして大きな喜びを得ると言う。

龍樹はまた、仏道とは、「世間」の価値観を超えていく道、「出世間道」だと述べる。

> 「出世間」は、この道に因って三界を出ずることを得るがゆえに、「出世間道」と名づく。「上」は、妙なるがゆえに、名づけて「上」とす。「入」は、正しく道を行ずるがゆえに、名づけて「入」とす。この心をもって初地に入るを「歓喜地」と名づく、と。　（『真宗聖典』一六二頁）

龍樹の考え方によると、仏道を歩む十地の中の初地に至ったなら不退転の位を得てもう後退することがない。だから大きな喜びを得ると言う。

> 問うて曰わく、初地、何がゆえぞ名づけて「歓喜」とするや。答えて曰わく、初果の究竟して涅槃に至ることを得るがごとし。菩薩この地を得れば、心常に歓喜多し。　（『真宗聖典』一六二頁）

龍樹は問答形式で、なぜ大きな喜びを得るのか、それは必ず涅槃に至るからだと言う。親鸞は、初地を問題にする。親鸞にとっての初地とは、信心が決定したことをとらえているのではないか。それが不退転の位を得たことであろう。

私は思う。親鸞がここで意識しているのが、二十九歳で法然と出遇い、「雑行を棄てて本願に帰す」という事実であろう。そこで、親鸞は歩むべき道がはっきりした。

ここで「大海分取の譬喩」が出てくる。一本の毛を百すじにさき、その一すじの毛を大海に浸して水を分け取る。そういう状況を想像して、次の文を読んでみよう。

> 一毛をもって百分となして、一分の毛をもって大海の水を分かち取るがごときは、二三渧の苦すでに滅せんがごとし。大海の水は余の未だ滅せざる者のごとし。二三渧のごとき心、大きに歓喜せん。菩薩もかくのごとし。初地を得已るを「如来の家に生まる」と名づく。（『真宗聖典』一六二頁）

大海の水にたとえて、初地つまり不退転を得ても、水二、三渧の苦しかなくなっていない。とてつもなく広く深い大海の水のような苦は残っている。しかし、最初の二、三渧の水のような苦が滅したことで、心は大きな歓喜に満たされる、と言うのである。なぜなのか。実は、ここは親鸞が読みかえているのである。龍樹が書いた原文通りであれば、「一毛をもって百分となし、一分の毛をもって大海の水若しは二三渧を分けとるが如く、苦の已に滅する者は大海の水の如く、余の未だ滅せざる者は二三渧の如く、心大いに歓喜する」である。親鸞が引用した文と龍樹の原文は、意味が全く逆である。龍樹は、不退転の位を得た者は、まだ滅していない苦は二、三渧だ。だから大きな歓喜があるのだと言う。ところが、親鸞は、二、三渧の苦しか滅していない。大海の水は残っていると記す。普通に読めば、龍樹の原文でうなずける。親鸞はなぜこういう読みかえをするのか。

私は思う。親鸞は、自らの人生を回想したのではないか。法然に出遇い、雑行を棄てて本願に帰した。しかし、「愛欲の広海に沈み、名利の太山に惑う」と親鸞自身が告白しているように、凡夫として身は全く変わらない。法然の吉水の僧伽も弾圧によって解体され、親鸞は越後に流罪。そして関東で布教するが、法難は絶えない。親鸞は生涯、貧困と弾圧さらに家族の問題にも悩み続けた。

本願に帰し、念仏する身になっても、苦は際限なくある。しかし、親鸞は道を見出したのである。親鸞が龍樹の文を読みかえているのは、親鸞の仏教観、人生観からである。ここにはっきりと現生不退の思想が読み取れるし、現生正定聚が明らかになるのである。

現生正定聚の位置は、信心が定まり念仏する身となったときに確定する。そして往生が定まった者となる。死後ではなく、現世で往生が定まっていると言う。それはまさしく、雑行を棄てて本願に帰した位置でもある。だからここでは、「初地を得已るを「如来の家に生まる」と名づく」と表現している。

『歎異抄』第一章に記されている、

弥陀の誓願不思議にたすけられまいらせて、往生をばとぐるなりと信じて念仏もうさんとおもいたつこころのおこるとき、すなわち摂取不捨の利益にあずけしめたまうなり。

（『真宗聖典』六二六頁）

の言葉と重なり合う。弥陀の本願を生きる拠り所として念仏の人生を歩もうとしたときに、摂取不捨の利益を得る。つまり阿弥陀仏に抱かれる身となる。この位置が、現生正定聚である。でも人生の苦が解消されるのでもなく、煩悩の身がなくなるのでもない。しかし、念仏する身となり新しい生き方が始まる。真宗の教えは、決断しこの道を歩もうとしたその時が大事なのである。だから、「大海分取の譬喩」の直前

に、

たとい睡眠し懶堕なれども二十九有に至らず。

（『真宗聖典』一六二頁）

と、記されている。この言葉も、私たちの現実生活に合っている。信心を得て念仏申す身になっても怠惰な心がなくなるのではない。怠惰な心が起こっても、二十九有という果てしない迷いの世界を繰り返すことはなく、生死流転から解放されるのである。だから現生不退なのである。

そして、また、「大海分取の譬喩」が引用されている。

滋味、もろもろの仏種を断たざるがゆえに、心大きに歓喜す。この菩薩所有の余の苦は、二三の水渧のごとし。百千億劫に阿耨多羅三藐三菩提を得といえども、無始生死の苦においては、二三の水渧のごとし。滅すべきところの苦は大海の水のごとし。このゆえにこの地を名づけて「歓喜」とす。

（『真宗聖典』一六二～一六三頁）

親鸞はここの箇所は読みかえてはいない。不退転の位を得た者は、まだ滅していない苦は二、三渧だ。だから大きな歓喜があるのである。龍樹の文を引用するにも、相反する引用の仕方をするのである。それは矛盾するように見えるが、それが親鸞の生き方であり、同時に私たちの生活実感ではないか。信心を得て大きな歓喜が生まれながらも、苦悩は深く、煩悩はなくならない。でも、本願に出遇い念仏する身になった。『歎異抄』第一章冒頭で語られていることなのである。

『教行信証』を通して考察する要点であるが、信心を得たときに往生が定まる現生正定聚を、ここでは龍樹の言葉を引用して、不退転、歓喜地と記したのであろう。

現生正定聚の思想は親鸞教学の大きな鍵の一つである。ともすれば、法然は死後往生で親鸞は現世の生き方を重視したとか、現世往生の思想と言う学者もいる。親鸞は、『一念多念文意』で、

とき・日をもへだてず、正定聚のくらいにつきさだまるを、往生をうとはのたまえるなり。

（『真宗聖典』五三五頁）

と語っている。では法然は死後の救いのみを求めたのか。明らかに違う。『念仏往生要義抄』で、

問ていはく、摂取の益をかうぶる事は、平生か臨終か、いかむ。

答ていはく、平生の時なり。〈中略〉

阿弥陀仏は八万四千の光明をはなちててらし給ふ也。平生の時てらしはじめて、最後まですて給はぬなり。

（『法然全集』第三巻　二一〇頁）

と平生の救いを語っている。法然が阿弥陀仏の救いを確信したのは、四十三歳のとき、比叡山での修行に絶望して黒谷の経蔵で善導の文に出遇ったときである。『四十八巻伝』には臨場感溢れる筆致で書かれている。このことは善導の教義を述べる一〇一〜一〇二頁で示そう。

苦悩した法然は、歓喜の涙を流したと、私は推測する。法然は、歓喜地だとか正定聚、不退転という大乗仏教の用語はあまり使わない。親鸞は法然の教えが真実の仏教たる「真宗」であることを証明するために、信心を得た念仏者の位置を、大乗仏教の思想に従い、このように表現したと私は思う。

2　むなしく過ぎない生き方を示した天親

インドでもう一人の祖師は天親（ヴァスバンドゥ）である。世親とも言われる。龍樹が空観思想であるに対し、天親は唯識思想の大成者である。大乗仏教は、大きくはこの二つの流れである。天親は唯識を大成しただけではなく、『浄土論』を著し、『大経』に依って自らの見解を明らかにするとともに、阿弥陀仏とその浄土の荘厳を記している。阿弥陀仏の浄土とはどういう国土なのか、どういう理念なのかを示す。

ところで、唯識を重視するのが法相宗である。ちなみに、「興福寺奏上」を書き、法然を弾劾した貞慶は法相宗中興の祖である。親鸞は貞慶に対し、あなたの祖師、天親こそが浄土の荘厳と阿弥陀仏のはたらきを明らかにしたのだと言っているように私には思えるのである。親鸞は『浄土論』を引用する。

『浄土論』に曰わく、

我修多羅　真実功徳相に依って、
願偈総持を説きて、　仏教と相応せり、と。
仏の本願力を観ずるに　遇うて空しく過ぐる者なし。
よく速やかに　功徳の大宝海を満足せしむ、と。

（『真宗聖典』一六七頁）

天親は、修多羅すなわち大乗経典によって、阿弥陀仏の本願の真実を明らかにされ『浄土論』を書かれた。これこそ釈尊の教えと相応すると言うのである。

仏の本願に出遇うと、人生の方向性が定まり、むなしく人生が過ぎていくことはない。本願に出遇っても苦悩は避けられない、しかしその苦悩が、人生を生かすのである。そして命が終わっても、生死流転することはない。この言葉は親鸞が特に気に入ったようで、いろいろなところで引用している。

この心を親鸞は、『高僧和讃』天親章で、

本願力にあいぬれば
　むなしくすぐるひとぞなき
功徳の宝海みちみちて
煩悩の濁水へだてなし

（『真宗聖典』四九〇頁）

と詠い、本願力に遇うということは、むなしく人生が過ぎ、生死流転に身をまかせる生き方から解放されるだけではなく、阿弥陀仏の功徳がその人に満ち溢れて、煩悩が障害とならないと言う。

親鸞は、自分の体験から言っているのである。親鸞にとって、本願力に遇うということは、法然に出遇い、「雑行を棄てて本願に帰す」ときと同時であった。それは、同じ『高僧和讃』の源空章で、

曠劫多生のあいだにも
出離の強縁しらざりき
本師源空いまさずは
このたびむなしくすぎなまし

（『真宗聖典』四九八頁）

と詠い、もし法然に出遇えなかったならば、この人生もむなしく過ぎていったであろうと言う。親鸞は『浄土論』を自分の体験に基づいて引用しているのである。『高僧和讃』は、親鸞七十六歳の著述である。法然と出遇って五十年近く経ってから、このように詠うのである。自分は念仏する身となって、むなしく

過ぎない人生を確かに生きてきたのだという、親鸞の思いがこめられている。

四、中国仏教から見える称名念仏

1　大乗仏教の二大潮流を統合した曇鸞

天親が『浄土論』を記し、浄土の荘厳を明らかにしたが、それだけならば、それがはっきり念仏の道となり、私たちに届いたのか定かではない。天親の精神も、中国で曇鸞が『浄土論註』を著したので、『浄土論』の精神が明らかになったと親鸞は受け止めた。『高僧和讃』で親鸞は、

天親菩薩のみことをも
鸞師ときのべたまわずは
他力広大威徳の
心行いかでかさとらまし
（『真宗聖典』四九二頁）

と詠っている。

曇鸞は天親の思想を明らかにしただけではなく、大乗仏教の二大潮流、すなわち、龍樹を中心にした空の思想と、天親たちの唯識思想を、統合する役割を果たした。

親鸞は、まず『浄土論註』の以下の文を引用する。

『論の註』に曰わく、謹んで龍樹菩薩の『十住毘婆沙』を案ずるに、云わく、菩薩、阿毘跋致を求

むるに、二種の道あり。一つには難行道、二つには易行道なり。難行道は、いわく五濁の世、無仏の時において、阿毘跋致を求むるを難とす。この難にいまし多くの途あり。粗五三を言うて、もって義の意を示さん。一つには、外道の相　修善の反　善は菩薩の法を乱る。二つには、声聞は自利にして大慈悲を障う。三つには、無顧の悪人、他の勝徳を破す。四つには、顚倒の善果よく梵行を壊す。五つには、ただこれ自力にして他力の持つなし。これ等のごときの事、目に触るるにみな是なり。たとえば、陸路の歩行はすなわち苦しきがごとし。「易行道」は、いわく、ただ信仏の因縁をもって浄土に生まれんと願ず。仏願力に乗じて、すなわちかの清浄の土に往生を得しむ。仏力住持して、すなわち大乗正定の聚に入る。正定はすなわちこれ阿毘跋致なり。たとえば、水路に船に乗じてすなわち楽しきがごとし。

（『真宗聖典』一六七～一六八頁）

冒頭の文に注目してみよう。『論の註』つまり『浄土論註』は、天親の『浄土論』の註釈書なのに、曇鸞は、「龍樹菩薩の『十住毘婆沙』を案ずるに」と書き、龍樹の精神を加味しながら『浄土論註』を著すのである。

龍樹については、すでに述べてきたことを確認することになるのであるが、仏道には難行道と易行道がある。「五濁の世、無仏の時」、すなわち釈尊がおられず濁り切った今の世においては、難行道で、阿毘跋致すなわち不退転の位を得ることは難しい。険しい陸路を行くようなものである。だから、浄土往生を願うべきである。そうすれば、必ず大乗正定聚に入る。この道は水路を船で進むようなものである、と述べている。曇鸞が『浄土論註』で、龍樹の言葉を引用する心は、易行道を単に楽だから、易しいからだと言っているのではない。「外道の相善は菩薩の法を乱る」と記されているように、できもしない難行は、ときには、宗教的呪術に陥りやすいのである。難行を行う修行者が、妖しげな加持祈禱を行っているではないか。こうした呪術は仏道の歩みを妨げる。親鸞がこだわり続ける「魔」の問題である。これらのことは、「化身土巻」の箇所で述べることにする。

「声聞は自利にして大慈悲を障う」と記されているように、難行道はすべての人々が救済される大乗仏教の精神を失っているのである。曇鸞の生きた時代がそうだったのであるが、それを引用した親鸞が、当時の聖道門仏教をそのように考えていたのではないだろうか。

『浄土論註』のこの部分は、『選択集』第一章（『岩波・選択集』一七〜一九頁）で、法然も引用しているのである。法然はここの部分を引用した後、

　この中の難行道は即ちこれ聖道門なり。易行道は即ちこれ浄土門なり。難行・易行、聖道・浄土、その言異なりといへども、その意これ同じ。（『岩波・選択集』一九頁）

と結び、難行道は聖道門であり、聖道門を捨てて浄土門に帰依するように勧めるのである。『選択集』での『浄土論註』の引用は、ここだけである。しかし、「廃立の思想」として最も本質的なところをおさえ、しかもその言葉のもとになるのは、龍樹の『十住毘婆沙論』である。

私は、法然の師資相承に関する考え方は、あまり明確ではないと思ってきた。ただ、法然自身が表明するように、「偏依善導」であることは疑いないし、善導の師は道綽であり、法然は、「聖道を捨てて正しく浄土に帰する」の根拠を、主として道綽の『安楽集』に依っている。だから道綽、善導の法脈であること

はまちがいない。一方では、浄土宗の所依の聖教が、「浄土三部経」に『浄土論』を加えて「三経一論」と言うのであるから、天親の法脈である。私は、法然が『浄土論』の註釈書としての『浄土論註』をこういう形で引用し、しかもその原文が龍樹の『十住毘婆沙論』なのであるから、法然も、自らが龍樹、天親、曇鸞の法脈にあると感じていたのではないかと考える。七高僧は親鸞が定めたが、法然がどこかで感じていたものを、親鸞が明らかにしたのではないかと思う。それは、「専修念仏には師資相承がない」と批判する「興福寺奏上」に対して反論する親鸞の使命であり、どうしても師資相承を明確にする必要があったのである。

ところで、『選択集』は、『浄土論』を所依の聖教としながら、『浄土論』を引用していないのである。法然がなぜ「三経一論」と言ったのか。親鸞は、そこのことを深く思索したのであろう。

『教行信証』の引用文の中には、『浄土論註』からの文がひときわ多い。親鸞は『浄土論』と『浄土論註』を一体のものと考えた。親鸞は、釈尊が説かれた経典を引用するときは「言わく」と書き、インドの龍樹や天親の「論」を引用するときは「曰わく」とし、中国や日本の祖師たちの「釈」を引用するときは、「云わく」と表現する。こういう基準で、『浄土論註』を引用するなら「云わく」であるのに、親鸞は『浄土論』と同じように「曰わく」と記したり、「『浄土論』に曰わく」と書きながら、実際には『浄土論註』を引用している箇所がある。

『選択集』が、浄土宗所依の聖教の一つに挙げながら何もふれない『浄土論』を、親鸞は『浄土論註』の考察と引用することを通して、法然の「三経一論」の論理を構築したのではないだろうか。

天親、曇鸞の大きな仕事は、『浄土論』、『浄土論註』を記すことによって、浄土の世界を明らかにしたことである。『教行信証』の正式名称は『顕浄土真実教行証文類』であるが、「顕浄土」すなわち「浄土を顕らかにする」とは何に対してなのか。『選択集』をベースに考えると、聖道門に対しての浄土門であるが、『浄土論』や『浄土論註』をベースにすると、穢土に対しての浄土であろう。つまりこの世の現実に対する問いかけであろう。法然も、もちろんそのような視点をもち、『選択集』の中で、四十八願の願文の中から第一願から第四願を記して、現実に対する批判原理を提供しているのであろうが、親鸞は、法然のそのような姿勢を、『浄土論』『浄土論註』を引用することで明らかにしたのかもしれない。『高僧和讃』天親章には、次のように記されている。

安養浄土の荘厳は
唯仏与仏の知見なり
究竟せること虚空にして
広大にして辺際なし

（『真宗聖典』四九〇頁）

浄土の広大さは限りなく、虚空のごとく一切を包み込み、限界がない。同時に、天親、曇鸞は浄土と念仏を、智慧と目覚めのはたらきとしてとらえた。

『高僧和讃』曇鸞章には、

無碍光如来の名号と
かの光明智相とは

無明長夜の闇を破し
衆生の志願をみてたまう　（『真宗聖典』四九三頁）

と詠われている。

「南無阿弥陀仏」の名号と、その智慧より放たれる光明は、とてつもなく長い無明の闇を破り、衆生の志願を満たしてくださるのである。

こういう浄土観に立てば、浄土は往って楽をするところではない。だから、天親、曇鸞は「極楽」という語をほとんど使わないのである。そして浄土に往生すれば、仏となるだけではなく、必ず、この世に還り、衆生を救済することを述べるのである。このことは、「証巻」で還相回向として詳しく記すことにする。

2　聖道門と浄土門を決判した道綽

『顕浄土真実教行証文類』の「顕浄土」ということについて、天親と曇鸞では、穢土に対しての浄土であるが、道綽、善導そして法然においては聖道門に対する浄土門であろう。特に、時代（時）と人間の本質（機）つまり時機を明らかにしたのが、道綽と善導である。まず道綽について考えてみよう。

『選択集』の本文は、道綽の『安楽集』の次の文で始まっている。

安楽集の上に云く、「問うて曰く、一切衆生は皆仏性あり。遠劫より以来、まさに多仏に値ひたてまつるべし。何によってか、今に至るまでなほ自ら生死に輪廻して、火宅を出でざるや。答へて曰く、大乗の聖教によらば、まことに二種の勝法を得て、もつて生死を排はざるによる。ここをもつて火宅を出でざるなり。何ものをか二とする。一には謂はく聖道、二には謂はく往生浄土なり。それ聖道の一種は、今の時、証し難し。一には大聖を去れること遥遠なるによる。二には理は深く解は微なるによる」と。この故に大集月蔵経に云く、「我が末法の時の中の億々の衆生、行を起し道を修せむに、いまだ一人として得る者あらじ」と。当今は末法、現にこれ五濁悪世なり。ただ浄土の一門のみありて通入すべき路なり。

（『岩波・選択集』九～一〇頁）

一切の衆生はみな、仏性がある。にもかかわらず、なぜ今に至るまで、流転し苦しみ続けているのか。こう問いながら、仏教には聖道門と浄土門があることを述べ、聖道門は今の時代には修められない。今がどんな時代かを見つめよと、法然は道綽の言葉を引いて言うのである。末法の仏教とは何かという、「時」を問題にしたのである。

道綽が生まれた六世紀中頃の中国は、南北朝時代である。戦火は止まず、人々は苦しみ、北周の武帝は、仏教を弾圧し多くの僧侶が還俗させられた。「現にこれ五濁悪世なり」。まさに世の末である。法然がこの文を引用しているのは、法然自身がそういう認識を、十二～十三世紀の日本社会にもっていたからである。源平合戦をはじめ打ち続く戦乱と、大飢饉、さらにはたび重なる天災。こういう状況で民衆が実践できない聖道門は意味をもたない。だから法然は、道綽の言葉を引用して、「ただ浄土の一門のみありて通入すべき路なり」と言い切るのである。

それは同時に、親鸞が見た世の姿であった。親鸞は比叡山の修行に絶望して法然のもとに来たのであるから、この言葉を実感として受け止めたのであろう。

『高僧和讃』道綽章で、親鸞は、

本師道綽禅師は
聖道万行さしおきて
唯有浄土一門を
通入すべきみちととく

（『真宗聖典』四九四頁）

と述べ、浄土門を選べと言う。まさに、法然が説く、「聖道を捨てて浄土に帰する」という教えだ。そのわけを親鸞は詠う。

末法五濁の衆生は
聖道の修行せしむとも
ひとりも証をえじとこそ
教主世尊はときたまえ

（『真宗聖典』四九四頁）

釈尊から遠く時代をへだてた末法五濁の私たちは、聖道の修行をしても一人としてさとりを得ることはできない。

親鸞は、『安楽集』について次のように引用する。

『安楽集』に云わく、『観仏三昧経』に云わく、「父の王を勧めて念仏三昧を行ぜしめたまう。父の王、仏に白さく、「仏地の果徳、真如実相、第一義空、何に因ってか弟子をしてこれを行ぜしめざる」と。

仏、父王に告げたまわく、「諸仏の果徳、無量深妙の境界、神通解脱まします。これ凡夫の所行の境界にあらざるがゆえに、父王を勧めて念仏三昧を行ぜしめたてまつる」と。（『真宗聖典』一七一頁）

釈尊は、父である浄飯王に念仏を勧めた。しかし、浄飯王は、「真如実相、第一義空などをどうして、仏の弟子になった実の父に教えてくださらないのか」と尋ねた。釈尊は王に、それらは凡夫には修めることができないから、誰にでも実践できる念仏を勧められたのである。これは『選択集』に言う「難易の義」で、一握りの人にしかできない難行を捨てさせ、誰にでもできる易行たる念仏を「選択」したという心を示そうと、親鸞は引用したのではないだろうか。

親鸞が引用する『安楽集』の文は、この後、臭くして香ばしきことがない伊蘭林が、栴檀香樹によって香林となる譬えをもって、念仏の功徳がいかに大きいかを記している（『真宗聖典』一七一頁）。『選択集』で書かれている「勝劣の義」、すなわち念仏が「勝」、諸行が「劣」だということを確かめているのではないか。さらに、『安楽集』からの引用文には、次のようなくだりがある。

「たとえば人ありて、〈中略〉もしよく菩提心の中に念仏三昧を行ずれば、一切の悪神・一切の諸障この人を見ず、もろもろの処処に随いてよく遮障することなきなり。何がゆえぞとならば、よくこの念仏三昧を念ずるは、すなわちこれ一切三昧の中の王なるがゆえなり」と。（『真宗聖典』一七二頁）

念仏によって、すべての悪神や障りも、妨げることはできないという。こういう教えによって、人々は、神々や悪霊の障りや恐れから解放されるのである。道綽の時代も、法然、親鸞の時代も、人々は目に見えない神や霊を恐れていた。念仏はそういう迷信から人間を解放するはたらきがある。ここのところは、善導の思想を見つめる折にも考えたい。

そして、念仏三昧はすべての三昧の中の王であるからだと述べる。念仏は「勝」だということがわかるであろう。『安楽集』の引用文は、

何ぞ難を捨てて易行道に依らざらん、と。已上　（『真宗聖典』一七三頁）

で終わる。この文は龍樹からの引用文の心にも通じるとともに、法然の思想を先取りしている。一連の『安楽集』の引用にあたり、親鸞は、『選択集』の「勝劣の義」と「難易の義」を意識して引用しているように思う。

道綽について留意しておくことは、『安楽集』に説く念仏三昧に関することである。親鸞は、称名念仏と理解したのであろうが、実際は称名と観仏が重層しているように思ったりする。その点を整理し、称名念仏を明確に主張したのが、道綽の弟子善導である。

3　称名念仏こそが仏の正意だと明らかにした善導

法然が「偏依善導」と言い、親鸞が「正信念仏偈」で「善導独明仏正意」と言うように、善導の存在は大きい。

法然は、比叡山での三十年におよぶ修行に挫折して絶望のどん底で、黒谷の経蔵において善導の文に出会った。『四十八巻伝』には、法然の絶望と歓喜の気持ちが表れている。

こゝに我等ごときはすでに戒定恵の三学の器にあらず。この三学のほかに我心に相応する法門あり

や、我身に堪たる修行やあると、よろづの智者にもとめ、諸の学者にとふらひしに、をしふるに人もなく、しめす輩もなし。然間なげき〳〵経蔵にいり、かなしみ〳〵聖教にむかひて、手自ひらきみしに、

善導和尚の観経の疏の、一心に専ら弥陀の名号を念じて、行住坐臥、時節の久近を問わず、念々に捨てざるもの、これを正定の業と名づく、かの仏の願に順ずるが故に（一心専念弥陀名号、行住坐臥不問時節久近、念々不捨者、是名正定之業、順彼仏願故）といふ文を見得てのち、我等がごとくの無智の身は偏にこの文をあふぎ、専このことはりをたのみて、念々不捨の称名を修して、決定往生の業因に備べし、たゞ善導の遺教を信ずるのみにあらず、又あつく弥陀の弘誓に順ぜり、「順彼仏願故」の文ふかく魂にそみ、心にとゞめたるなり。

（『岩波・法然絵伝』〈上〉五六～五七頁）

長い苦悩と苦闘の末、法然はとうとう道を見つけたのだった。阿弥陀仏の本願他力の仏教の発見、これは仏教の歴史に新しい一頁を記すできごとであった。そのきっかけが、『観経疏』の文である。この中で善導は、「一心に専ら弥陀の名号を念じて、行住坐臥、時節の久近を問わず、念々に捨てざるもの、これを正定の業と名づく、かの仏の願に順ずるが故に」と述べ、称名念仏が「正定の業」であり、これこそが阿弥陀仏の本願であることをはっきりさせたのである。

それでは、なぜ「南無阿弥陀仏」と称名するのか。親鸞は、善導の『往生礼讃』の文を引用する。

問うて曰わく、何がゆえぞ観を作さしめずして、直ちに専ら名字を称せしむるは、何の意かあるや。

答えて曰わく、いまし衆生障重くして、境は細なり、心は麁なり、識颺り、神飛びて、観成就しが

たきに由ってなり。ここをもって、大聖悲憐して、直ちに勧めて専ら名字を称せしむ。正しく称名、易きに由るがゆえに、相続してすなわち生ずと。（『真宗聖典』一七三頁）

衆生は、瞑想などによって観仏できない。つまり「機」たる人間の本質を述べるのである。だから釈尊は、直ちに称名念仏を勧められたのである。易しいがゆえ、ずっと継続することができ、往生することができると言う。

善導は人間の本質を「凡夫」と見たのである。凡夫にふさわしい行とは何か。それこそが、「称名念仏」である。

法然は、『選択集』で、

難易の義は、念仏は修し易し、諸行は修し難し。（『岩波・選択集』五一頁）

と述べた後、その理由として、『往生礼讃』のこの文章を引用したのである（『岩波・選択集』五一頁）。親鸞はそうしたことを意識しながら、この文を挙げているのであろう。念仏は修し易きゆえ、誰もが往生できるのである。さらに以下の『往生礼讃』からの引用がある。

もしよく上のごとく念念相続して、畢命を期とする者は、十即十生、百即百生なり。何をもってのゆえに。外の雑縁なし、正念を得たるがゆえに、仏の本願と相応を得るがゆえに、教に違せざるがゆえに、仏語に随順するがゆえなり、と。已上　（『真宗聖典』一七四頁）

こう述べて、念仏をする者は、十人は十人とも往生し、百人は百人とも往生することを述べる。つまり、一人も救いからもれないことを記す。念仏は、誰もができるという易しさだけではない。弥陀の本願と釈尊の教えに合致しているからだと言う。この文も、『選択集』で引用されている（『岩波・選択集』三七頁）。

さらに、『選択集』との関連で注目する『往生礼讃』からの引用文は、

万年に三宝滅せんに、この経、住すること百年せん。その時、聞きて一念せん、みな当に彼に生まることを得べし、と。抄要　（『真宗聖典』一七五頁）

である。法然は、

末法万年の後に、余行ことごとく滅し、特り念仏を留むるの文　（『岩波・選択集』七七頁）

として、

無量寿経の下巻に云く、「当来の世に経道滅尽せむに、我、慈悲をもつて哀愍して、特にこの経を留めて、止住すること百歳ならしめむ。それ衆生あつて、この経に値はむ者、意の所願に随つて、皆得度すべし」と。　（『岩波・選択集』七七頁）

と言うのである。釈尊は、仏法がすべて消滅した時代においてなお、「この経」すなわち『大経』を百年間とどめようと説くのである。百は満数なので、百年は永遠と考えたらよいであろう。『選択集』ではさらに、

この経の詮ずるところは全く念仏にあり。　（『岩波・選択集』七七～七八頁）

と記し、念仏が永遠に残ると言う。

親鸞は、法然の『選択集』の文を意識しながら、善導の『往生礼讃』を引用し、阿弥陀仏のみ名を聞きて一念すれば、浄土に往生すると言う。それとともに、念仏という「行」の永遠性を記すのである。

法然が『選択集』で、「勝劣の義」「難易の義」を立てていることに基づき、親鸞は全般的に、念仏が勝れ、そして易しいことを述べる。さらに『往生礼讃』の引用を続け、念仏者の現世利益にふれるのである。

『十往生経』に云わく、「もし衆生ありて、阿弥陀仏を念じて往生を願ずれば、かの仏すなわち二十五菩薩を遣わして行者を擁護して、もしは行、もしは座、もしは住、もしは臥、もしは昼、もしは夜、一切時・一切処に、悪鬼悪神をしてその便を得しめざるなり。」また『観経』に云うがごとし、「もし阿弥陀仏を称礼念してかの国に往生せんと願えば、かの仏、すなわち無数の化仏・無数の化観音・勢至菩薩を遣わして、行者を護念したまう。」また前の二十五菩薩等と、百重千重、行者を囲遶して、行住座臥、一切時処、もしは昼、もしは夜を問わず、常に行者を離れたまわず。いますでにこの勝益まします、憑むべし。願わくはもろもろの行者、おのおの至心を須いて往くことを求めよ。

（『真宗聖典』一七五頁）

『選択集』でも、念仏者が護念されている利益として、右の文を引用している（『岩波・選択集』一七〇～一七一頁）。

阿弥陀仏が、二十五菩薩を遣わして、いつでもどこでも守ってくださる。だから悪鬼悪神を恐れる必要はない、それだけではなく、阿弥陀仏は無数の化仏、観音、勢至を遣わして念仏者を護念してくださるのである。

現在の真宗教団では、ともすれば、現世利益を言わないか、あえて避けている傾向がある。しかし、親鸞は「現世利益和讃」でも、この引用文のようなことを詠う。なぜ親鸞は、善導のこのような文を引用したうえにさらに和讃でも詠うのか。当時の聖道門仏教は、悪鬼悪神の祟りを煽り、横病横死、厄難を強調して加持祈禱を求める。民衆は悪鬼悪神などを恐れ、呪術に呪縛される。親鸞が現世利益を言うのは、欲望の増長ではない。念仏による、呪術の無化である。念仏者は諸仏から守られている。悪鬼悪神など恐れることはないのだ。加持祈禱など必要ない、堂々と現世を生きよ、とのメッセージだろう。それは、次の『歎異抄』第七章の文にも共通する教義である。

> 念仏者は、無碍の一道なり。そのいわれいかんとならば、信心の行者には、天神地祇も敬伏し、魔界外道も障碍することなし。罪悪も業報を感ずることあたわず、諸善もおよぶことなきゆえに、無碍の一道なりと云々
>
> （『真宗聖典』六二九頁）

当時の人々は、よろずの神仏に祈り、祈禱師や陰陽師、霊媒師に頼り、いっそう迷いを深め、呪術のとりこになったのであろうが、善導や法然そして親鸞の言葉に従った民衆は、そういう生き方から解放され始めたのであろう。それは自立した真の仏弟子への道である。

ここで、南無阿弥陀仏の名号の釈義が引用されている。

> また云わく、「南無」と言うは、すなわちこれ帰命なり、またこれ発願回向の義なり。「阿弥陀仏」と言うは、すなわちこれ、その行なり。この義をもってのゆえに、必ず往生を得、と。
>
> （『真宗聖典』一七六頁）

念仏は呪文ではない。仏の願いと、行が具足しているのだと。「南無阿弥陀仏」の「南無」は、私（衆生）が仏の仰せに従うことで、帰命と言うのである。私の帰命のはたらきは、仏が私を救う願を起こされ、

その願が成就して、その結果を私に回向してくださったのだ。つまり、阿弥陀仏が私に呼びかけ、私のうえにはたらいてくださるのである。これが私の帰命の根拠である。阿弥陀仏というのは、摂取のはたらきそのものである。だから親鸞は、その少し前にも、善導の言葉を引用して記す。

また云わく、ただ念仏の衆生を観そなわして、摂取して捨てざるがゆえに、阿弥陀と名づく、と。已上

（『真宗聖典』一七四頁）

念仏する衆生をおさめ取り、決して捨てないがゆえに、「阿弥陀」と言うのだと。だから、阿弥陀仏は神秘的な存在ではない、衆生を救うはたらきである。だから「南無阿弥陀仏」の名号はそうした精神が、名となっているのだ。だから「願行具足」しており、必ず、往生することができる。

善導の言葉を引用した後、親鸞は、自らの解釈をこう述べる。

しかれば、「南無」の言は帰命なり。「帰」の言は、至なり。また帰説〈よりたのむなり〉なり、説の字、悦の音、また帰説〈よりかかるなり〉なり、説の字は、税の音、悦税二つの音は告ぐるなり、述なり、人の意を宣述るなり。「命」の言は、業なり、招引なり、使なり、教なり、道なり、信なり、計なり、召なり。ここをもって、「帰命」は本願招喚の勅命なり。「発願回向」と言うは、如来すでに発願して、衆生の行を回施したまうの心なり。「即是其行」と言うは、すなわち選択本願これなり。

（『真宗聖典』一七七～一七八頁）

ここで親鸞は、南無が、帰命であることを確認する。そして、「よりたのむなり」「よりかかるなり」と一語一語解説するのである。これだけだったら、衆生が阿弥陀仏をたのみ、阿弥陀仏によりかかることに

なる。親鸞は、「帰命」は本願招喚の勅命なり、とおさえているのである。阿弥陀仏が呼んでおられる。それも勅命という強い表現で呼ばれるのである。あちらから呼びかけてくださっているという、実にユニークな発想なのである。『尊号真像銘文』では、親鸞は、

> 帰命はすなわち釈迦・弥陀の二尊の勅命にしたがいて、めしにかなうともうすことばなり。
> （『真宗聖典』五二一頁）

と書く。また、「信巻」で出てくる二河白道の譬えで、阿弥陀仏が西岸から、

> 汝一心に正念にして直ちに来れ、我よく汝を護らん。
> （『真宗聖典』二二〇頁）

と言うことにつながる。

そしてそのユニークさは、「発願回向」の解釈にも表れているのである。通常の仏教なら、衆生が願を起こして修行して、善根功徳を回し向けるということであるが、親鸞は、如来が発願して、衆生が往生するための行たる念仏を、衆生に回し向け施されたと言うのである。

この親鸞の読み方は、親鸞独特のものだと称讃されている。確かに画期的である。同時に法然の教えを親鸞が真摯に受け止めた結果であるとも思う。だから「即是其行」は、すなわち選択本願だと言っているではないか。法然によると、念仏は、阿弥陀仏が選んでくださった本願の行だからである。『四十八巻伝』によれば法然はこう言っている。

> その衆生の業力によりてむまるゝといはゞかたかるべし。われすべからくは衆生のために、永劫の修行をゝくり、僧祇の苦行をめぐらして、万行万善の果徳円満し、自覚覚他の覚行窮満して、その成就

せんところの、万徳無漏(むろ)の一切の功徳をもて、わが名号として衆生にとなへしめん。衆生もしこれにをいて信をいたして称念せば、わが願にこたへてむまる丶事をうべし。（『岩波・法然絵伝』〈下〉九〇頁）

阿弥陀仏が衆生のために、永劫の修行を成就し、一切の功徳がこもったわが名号「南無阿弥陀仏」を、衆生に称えさせよう。その心が衆生に届いて、念仏することを阿弥陀仏が願われるのである。

法然は、親鸞のように「本願招喚の勅命」とは言っていない。しかし、阿弥陀仏が称えてくれよ、助かってくれよと、衆生に呼びかけてくださっていると、はっきり読み取れる。

なぜ、法然、親鸞がこのように考えるのか。私の行としての念仏ならば、多く念仏をするほうがよいなどと、念仏の数を問題にしたり、また心の持ち方で、清い心で称えなければならないなどと、自力のまざった雑毒(ぞうどく)の念に陥ったりする。さらには多く称える者と、少ししか称えない者、清らかな心で称えるか、そうでないかなどでさまざまな宗教的格差が生まれるのである。法然、親鸞は念仏により人間の平等性を主張した。『歎異抄』第八章において、

念仏は行者のために、非行非善なり。（『真宗聖典』六二九頁）

と言うように、念仏は、人間の側には根拠がないのである。法然の言うように阿弥陀仏が「選択」してくださった本願の行であり、親鸞が言う「如来回向」の行なのである。だから、善導の文による親鸞の解釈は、さきほどの文のようになったのではないだろうか。

この解釈の文で親鸞の独自性が表れているのは、次の、

「必得往生(ひっとくおうじょう)」と言うは、不退の位に至ることを獲(う)ることを彰(あらわ)すなり。『経』（大経）には「即得(そくとく)」と言

えり、『釈』（易行品）には「必定」と云えり。「即」の言は、願力を聞くに由って、報土の真因決定する時剋の極促を光闡せるなり。「必」の言は、審（あきらかなり）なり、然なり、分極なり、金剛心成就の貌なり。

（『真宗聖典』一七八頁）

の文である。「必得往生」と言うは、この世で不退の位に至ることであり、『大経』には、「即得往生住不退転」と記され、龍樹の『十住毘婆沙論』「易行品」には、「即時入必定」と書かれている。親鸞の「現生正定聚」の思想が表れている。「即」の言は、本願のはたらきのいわれを聞き、本願を全身で受け止めるそのときに、往生が定まることを言う。『歎異抄』第一章の言葉で言えば、

弥陀の誓願不思議にたすけられまいらせて、往生をばとぐるなりと信じて念仏もうさんとおもいたつこころのおこるとき、すなわち摂取不捨の利益にあずけしめたまうなり。

（『真宗聖典』六二六頁）

である。つまり、「雑行を棄てて本願に帰す」そのときが、「報土の真因決定する時剋の極促」なのであり、金剛心が成就する姿なのである。親鸞は、善導の文を解釈するにあたり、『大経』や『十住毘婆沙論』などの解釈を重ね合わせて、往生が定まるのは、「即」のときであり、死後ではないことを繰り返し述べている。『高僧和讃』善導章で親鸞は、

金剛堅固の信心の
さだまるときをまちえてぞ
弥陀の心光摂護して
ながく生死をへだてける

（『真宗聖典』四九六頁）

と詠う。信心の定まったとき、すなわち、「念仏もうさんとおもいたつこころのおこるとき」、これは、如来が私にはたらいてくださり、私に届いたそのときである。このときに、長い生死の迷いから解放されるのである。善導よりの引用文の後の親鸞の御自釈は、単に善導の解釈だけにとどまらず、浄土教の教理史、大乗仏教の歴史をおさえての如来回向と現生正定聚という、親鸞思想の核心的部分がよく表れている。

五、東アジアの諸師による解釈

ここまで、龍樹、天親のインドの祖師と、曇鸞、道綽、善導の中国の祖師の教えを見てきた。

これから日本に移り、源信、法然を述べねばならないが、親鸞は、源信、法然の文を引用する前に七高僧以外の中国、朝鮮の諸師の文を引く。ここで親鸞が記す諸師は、善導の影響を受け後善導とまで言われた法照、慈愍流念仏の祖である慈愍、法相宗の憬興、法位、在家の念仏者張掄、天台宗の慶文、律宗の元照、戒度、用欽、慈雲、三論宗の嘉祥、禅宗の飛錫である。

他宗の諸師の言葉をなぜ引用するのであろうか。親鸞は、法然が明らかにした教えこそが、真実の仏教たる浄土真宗であり、仏教のさまざまな教えは、最終的には浄土真宗に帰一するものだと思っていたのではないか。だから宗派を超えて、ここで引用するのである。法然も『選択集』で、法相宗の慈恩から『西方要決』を、華厳宗の元暁からは『遊心安楽道』を、天台宗の智顗から『十疑論』などを引用している。

さらに、親鸞にとっては、称名念仏の根拠を第十七願にもってきており、諸仏が称名し、弥陀をほめたたえるのであるが、諸仏の重要な構成員が、本願念仏を伝えてくださった無数の人たちであろうから、七高僧だけではなく、宗派を超えて他宗の念仏者をも諸仏として讃嘆するのである。その中で私が共感する引用文を挙げてみよう。

まず、法照の『仏本行経』によって作られた讃文である。

何者をか、これを名づけて正法とする。　もし道理に箇らば、これ真宗なり。
好悪いまの時、須らく決択すべし。　一一に子細朦朧することなかれ。
正法よく世間を超出す。　持戒・座禅を正法と名づく。
念仏成仏はこれ真宗なり。　仏言を取らざるをば、外道と名づく。
因果を撥無する見を、空とす。　正法よく世間を超出す。
禅律いかんぞこれ正法ならん。　念仏三昧これ真宗なり。
（『真宗聖典』一七九頁）

何を名づけて正法とするか、道理によるならば真宗である。速やかに真宗に決めるべきだと述べる。そして仏の言葉に基づかないのが外道だと言う。親鸞は聖道門仏教を意識して、単なる精神論や難行、呪術などを批判していると思う。さらに持戒、座禅が正法なのかと問いかけ、念仏成仏が真宗、真実の教えだと言う。

次に、慈愍の『般舟三昧経』によって作られた讃文を引用する。

かの仏の因中に弘誓を立てたまえり。　名を聞きて我を念ぜば、すべて迎え来らしめん。
貧窮とまさに富貴とを簡ばず。　下智と高才とを簡ばず。

多聞と浄戒を持てるとを簡ばず。　破戒と罪根深きを簡ばず。
ただ回心して多く念仏せしむれば、　よく瓦礫をして変じて金と成さんがごとくせしむ。

（『真宗聖典』一八一頁）

貧しき者と富める者、さらに知識や才能の有無、持戒と破戒、そうしたことと無関係に、阿弥陀仏は分けへだてなく摂取してくださる。ただ信を得て念仏すれば、瓦や礫などを黄金へ変えてしまうようなものだと述べている。

この文は、法然が『選択集』で私を感動させた三三～三四頁に掲げた文の後に、

故に法照禅師の五会法事讃に云く、「かの仏の因中に弘誓を立てたまへり。名を聞きて我を念ぜば惣て迎へに来たらむ。貧窮と富貴とを簡ばず、下智と高才とを簡ばず、多聞にして浄戒を持つを簡ばず、破戒にして罪根の深きをも簡ばず、ただ心を廻して多く念仏せば、よく瓦礫をして変じて金となさしめむ」と。

（『岩波・選択集』五四頁）

と引用されている法照の『五会法事讃』の文と関連して注目する。それだけではなく、親鸞が『唯信鈔文意』で述べる次の文ともつながるように、親鸞思想の拠り所となる本質的な文である。

ひとすじに、具縛の凡愚、屠沽の下類、無碍光仏の不可思議の本願、広大智慧の名号を信楽すれば、煩悩を具足しながら、無上大涅槃にいたるなり。具縛は、よろずの煩悩にしばられたるわれらなり。煩は、みをわずらわす。悩は、こころをなやますという。屠は、よろずのいきたるものを、ころし、ほふるものなり。これは、りょうし（猟師）というものなり。沽は、よろずのものを、うりかうものなり。こ

> れは、あき人なり。これらを下類というなり。「能令瓦礫変成金」というは、「能」は、よくという。「令」は、せしむという。「瓦」は、かわらという。「礫」は、つぶてという。「変成金」は、「変成」は、かえなすという。「金」は、こがねという。かわら・つぶてをこがねにかえなさしめんがごとしと、たとえたまえるなり。りょうし・あき人、さまざまのものは、みな、いし・かわら・つぶてのごとくなるわれらなり。如来の御ちかいを、ふたごころなく信楽すれば、摂取のひかりのなかにおさめとられまいらせて、かならず大涅槃のさとりをひらかしめたまうは、すなわち、りょうし・あき人などは、いし・かわら・つぶてなんどを、よくこがねとなさしめんがごとしとたとえたまえるなり。摂取のひかりともうすは、阿弥陀仏の御こころにおさめとりたまうゆえなり。文のこころは、おもうほどはもうしあらわし候わねども、あらあらもうすなり。ふかきことは、これにておしはからせたまうべし。この文は、慈愍三蔵ともうす聖人の御釈なり。震旦には、恵日三蔵ともうすなり。
>
> （『真宗聖典』五五二～五五三頁）

『唯信鈔文意』のこの部分は、親鸞は、僻地で暮らす漁師、商人、その他社会の底辺に生きる人々のことを具体的に記す。つまり彼らは、生き物を殺し、切り裂き、商う者で、それがゆえに虐げられて差別された人々であることがわかる。そのような人々を、「いし・かわら・つぶてのごとくなるわれらなり」と言い切る。「われら」の言葉に注目したい。親鸞自らそうした人々とともにあることを明確にしている。そして、そういう人たちのためにこそ阿弥陀仏の本願があると言う。如来の誓いを疑いなく信じるならば、阿弥陀仏の摂取の光の中に救われ、おさめ取られ、必ず大涅槃のさとりを開かせていただけると述べる。

それは、猟師や行商人など社会の底辺にうごめく人々に大涅槃のさとりを開かせてくださるさまが、あたかも石・瓦・礫などを黄金へ変えてしまうようである、と言う。このようにたとえるのである。摂取の光というのは、阿弥陀仏の御心にわれらをおさめ取ってくださるからだと親鸞は書く。このもとになるのが、慈愍からの引用文である。

憬興の文として引用されたものは、

貴賤を簡ばず、みな往生を得しむ。かるがゆえに「著無上下」と云う、と。（『真宗聖典』一八三頁）

このように書かれ、念仏が身分の分けへだてなく往生できる道である、上も下もない平等の教えだと言う。

さらに元照の言葉は、

賢愚を択ばず、緇素を簡ばず、修行の久近を論ぜず、造罪の重軽を問わず、ただ、決定の信心すなわちこれ往生の因種ならしむ、と。已上　（『真宗聖典』一八四頁）

と、賢愚、僧俗、修行の長短、造罪の重軽とは無関係に往生できることが述べられている。そしてその言葉の通り、親鸞は、僧ではない役人の張掄の言葉を引用するのである。

『楽邦文類』に云わく、総官の張掄云わく、「仏号はなはだ持ち易し、浄土はなはだ往き易し。八万四千の法門、この捷径にしくなし。ただよく清晨俛仰の暇を輟めて、ついに永劫不壊の資をなすべし。これすなわち、力を用うることは、はなはだ微にして、功を収むることいまし尽くることあることなけん。衆生また何の苦しみあればか、自ら棄ててせざらんや。ああ夢幻にして真にあらず、寿夭にして保ちがたし。呼吸の頃に、すなわちこれ来生なり。一たび人身を失いつれば、万劫にも復せず。

この時悟らずは、仏もし衆生をいかがしたまわん。願わくは深く無常を念じて、いたずらに後悔を貽すことなかれと。浄楽の居士張掄、縁を勧む、と。已上

（『真宗聖典』一八三〜一八四頁）

張掄は南宋の人で、自宅に道場を造り、念仏に励んだという。それにしても親鸞と半世紀ほどしか違わない、地方政治の役人の言葉をも引用する。親鸞は張掄こそが、在家の代表のように思って、引用したのであろう。念仏は修しやすい。浄土は往きやすい。仏教の八万四千の法門の中でこれほどの近道があるだろうか。しかも、功徳をたまわることは尽きない。こう述べて、なぜ、これほどの易しい道を捨ててしまうのか。人生は短い、ひとたび命が終われば、もとの身にかえらない。そして後悔することのないよう、うながすのである。

親鸞が引用する、中国浄土教の法照、慈愍、法相宗の憬興、法位、在家の念仏者張掄、天台宗の慶文、律宗の元照、戒度、用欽、慈雲、三論宗の嘉祥、禅宗の飛錫、これらの人からの引用文を読んで、私は共通性を感じる。それは、念仏が人間の平等性に根差した教えであり、誰にでもできるということ、それだけではなく念仏が勝れているということである。法然が『選択集』で語る「勝劣の義」「難易の義」について、親鸞は、他宗派の説も引用して証明しようとしたのではないか。諸師による最後は、禅宗の飛錫の文を引用する。

念仏三昧の善、これ最上なり。万行の元首なるがゆえに、三昧王と曰う、と。已上

（『真宗聖典』一八八頁）

いかに、念仏三昧が勝れているかを述べるのである。

それにしても、僧俗を問わず、ここまで各宗の人の文を調べた親鸞の執念と熱意に私は感動する。その中には親鸞と半世紀ぐらいしか違わない人もいるので、大陸での最新の仏教にも精通していたようである。七高僧により浄土真宗の体系を構成しても、それから外れた人々にも受け入れられるように各宗の説を吟味したのであろう。

諸師の中に憬興（きょうごう）が入っていることにも注目する。憬興は、七世紀後半の新羅の僧である。浄土真宗はインド、中国、日本の祖師を大切にしてきたのだが、ともすれば、朝鮮半島を忘れがちである。親鸞は「教巻」「行巻」「真仏土巻」「化身土巻」で憬興の文を入れる。ちなみに、『選択集』には、新羅の元暁（がんぎょう）の文を引用している。法然も親鸞も、朝鮮仏教を大切におさえているのだ。

六、七祖の伝統と日本仏教の視点で見る専修念仏

1　日本浄土教の祖源信

法然は、「偏依善導」と言い、善導の言葉によって、称名念仏が本願であるとうなずき、この道を行こうと決意した。そして、親鸞は法然に出遇い、「雑行を棄てて本願に帰する」のであるから、法脈は、善導、法然、親鸞でよいはずである。『歎異抄』第二章にも、

善導の御釈まことならば、法然のおおせそらごとならんや。法然のおおせまことならば、親鸞（しんらん）がもうすむね、またもって、むなしかるべからずそうろうか。

（『真宗聖典』六二七頁）

と、記されているではないか。なぜ七高僧は、善導と法然の間に源信が入るのか。

源信の教学的意義として、報土と化土をはっきりさせたことが言われる。これは、「真仏土巻」と「化身土巻」の課題であり、「行巻」で親鸞が言おうとしていることは、念仏の法脈であろう。

親鸞は、法然の教えにはっきりとした法脈があることを証明するためにも、日本仏教の視点も加味して源信を入れたのであろう。言うまでもなく、源信は、十世紀に『往生要集』を著した比叡山の天台僧である。親鸞は、聖道門仏教からの批判に対し、あなたがた比叡山の大先輩源信も、念仏往生の道を歩んだのだと言いたいのであろう。

法然も、源信の著書を読んだことが指南となり、善導の教えにたどり着いたという。しかし、『往生要集』の念仏は主として観仏であり、それができない劣った人のために称名念仏があるという教学である。それなのに、なぜ源信なのか。

法然の著作に、『往生要集釈』がある。これは、『往生要集』全文の解釈ではない。法然は称名念仏を重視する立場から、註釈を加えたのである。私は、法然の鮮明な問題意識から言えば、この註釈書は強引だがとてもよく理解できる。観仏が主であったら、ほとんどの人は往生できないではないか。だから称名念仏重視の『往生要集釈』になったのである。

親鸞はそうした法然の精神に基づいて、『往生要集』を引用したのであろうと思う。

『往生要集』に云わく、『双巻経』（大経）の三輩の業、浅深ありといえども、しかるに通じてみな「一向専念無量寿仏」と云えり。三つに、四十八願の中に念仏門において、別して一つの願を発して云わく、「乃至十念若不生者不取正覚」と。四つに、『観経』には、「極重の悪人、他の方便なし。ただ弥陀を称して極楽に生まるることを得」と。已上（『真宗聖典』一八八頁）

『大経』には、さまざまな機根の人の救いを説いていて浅深の差があるようだが、一様にみな「一向に無量寿仏を専念せよ」と説く。そして阿弥陀仏の本願に、十回ほど念仏すれば往生すると誓われているではないか。また『観経』には、極重の悪人は、ただ「南無阿弥陀仏」と称えるほか往生の手だてはないと述べる。

親鸞は思ったのであろう。源信によれば、称名念仏は劣った者のための行かもしれない。しかし、それならばなお、普遍的で万人が救われる道だろう。極重の悪人という言葉を用いて、すべての人が救済されると説く。そして、阿弥陀仏は、

慈眼をもって衆生を視そなわすこと、平等にして一子のごとし。（『真宗聖典』一八八頁）

と平等に、一人の子どものように接してくださる。

念仏によってみんな助かっていこうと、親鸞は呼びかけているのである。

2　法然にまで伝わった念仏の伝統

そして、いよいよ、親鸞にとってのよき師法然の言葉が入る。私にとっても法然の偉大さは、前著『日本仏教を変えた　法然の先鋭性』で述べてきたので、今、心をふるわせて、向かい合っている。

『選択本願念仏集』源空集　に云わく、南無阿弥陀仏　往生の業は念仏を本とす、と。

また云わく、それ速やかに生死を離れんと欲わば、二種の勝法の中に、しばらく聖道門を閣きて、選びて浄土門に入れ。浄土門に入らんと欲わば、正雑二行の中に、しばらくもろもろの雑行を抛ちて、選びて正行に帰すべし。正行を修せんと欲わば、正助二業の中に、なお助業を傍にして、選びて正定を専らすべし。正定の業とは、すなわちこれ仏の名を称するなり。称名は必ず生まることを得、仏の本願に依るがゆえに、と。已上

（『真宗聖典』一八九頁）

親鸞が、『教行信証』で『選択集』に書かれた法然自身の文を引用する箇所はここだけである。これについてある学者が、親鸞の法然に対する評価は、そのように軽いと発言して、私は大きな反感を覚えたこともあった。『教行信証』は、『選択集』の弁明の書である。だから、引用するのは、経典や諸師の論釈であり、『選択集』を多く引用すると弁明にならない。私は、『選択集』からの引用が極端に少ないことから、『教行信証』が、『選択集』の弁明の書であることを確信するのである。

まず、「南無阿弥陀仏」に始まり、浄土往生への道は「ただ念仏しなさい」という『選択集』の最初の部分が引用される。そして次に引用するのが、この著書の最後のほうに記されている「三選の文」である。この文は、四五～四六頁にも記したが、『選択集』の結論である。親鸞は冒頭と結論を引用することで、『選択集』全文をここに入れる構造にしているのではないか。

親鸞は、「行巻」ですべての七高僧の文を引用した。そして他宗の祖師の言葉も入れる。これらの人たちは歴史的な諸仏の代表である。これらの祖師たちが念仏を称讃した歴史を描くことによって、法然の教えが伝統にも裏打ちされた真実だと明らかにしてきた。そして『選択集』の冒頭と結論を引用して、法然

の教えを確かめるのである。だから『選択集』は軽いどころか、別格なのである。

『選択集』を引用した後、親鸞は自らの解釈をこう述べる。

> 明らかに知りぬ、これ凡聖自力の行にあらず。かるがゆえに不回向の行と名づくるなり。大小の聖人・重軽の悪人、みな同じく斉しく選択の大宝海に帰して、念仏成仏すべし。
>
> （『真宗聖典』一八九頁）

称名念仏は、われわれ人間の自力の行ではないことを親鸞は強調する。「仏の本願に依る」ことを法然が明らかにした。だから衆生が行う回向ではない。これは大事な点で、衆生の回向だったら、念仏の質や称える回数の多少によって念仏者に上下をつくり出す。だから、平等の救済を強調する法然は、念仏は、阿弥陀仏が選択してくださった本願であることを明らかにした。このことに基づき親鸞は、念仏は阿弥陀仏が回向してくださった行であると言うのである。だから衆生のほうから言うと不回向の行であることがうなずける。

親鸞は、大乗、小乗の聖者も、罪の軽重を問わずさまざまな悪人も、大いなる宝の海のような選択本願に帰して念仏成仏すべきだと言うのである。念仏成仏と表明していることにも私は注目する。念仏こそが成仏道である。

私は、この御自釈を読みながら、『選択集』の文の解釈なのか、七高僧の引用文全体の解釈なのか、わからなかった。不回向の行とか、選択の大宝海の言葉からは、『選択集』を受けている。しかし、「行巻」ばかりか『教行信証』全体が、『選択集』の真実性を明らかにするために書かれたのであろうから、親鸞のここでの解釈は、七高僧全体の教えの締めくくりとも考えられる。それゆえ、続いて曇鸞の言葉を引用する。

ここをもって『論註』に曰わく、「かの安楽国土は、阿弥陀如来の正覚浄華の化生するところにあらざることなし。同一に念仏して別の道なきがゆえに」とのたまえり。已上（『真宗聖典』一九〇頁）

ここで、浄土往生の本質を語り、すべての人が念仏して成仏するのであり、別の道はないことを明らかにする。それは法然の選択本願念仏の平等性を、曇鸞の『浄土論註』の言葉で確認しているのであろう。『浄土論註』は、すでに見てきたように、天親の『浄土論』の註釈書であるだけではなく、「龍樹菩薩の『十住毘婆沙』を案ずるに」と書くように、龍樹の思想をも加味した書なので、親鸞がここにあらためて引用するのは、法然の『選択集』が、大乗仏教の精神そのものだと示しているように思えてならない。

七、海のような本願こそが大乗仏教の精華たる一乗

1　念仏は無上の功徳

これまで、親鸞は、インド、中国、朝鮮、日本の祖師の文を引用して、『選択集』が真実であることを証明してきた。とても粘り強い作業だと思う。

「行巻」の後半は、そのことをさらに深める。

おおよそ往相回向の行信について、行にすなわち一念あり、また信に一念あり。行の一念と言うは、

いわく称名の遍数について、選択易行の至極を顕開す。

（『真宗聖典』一九一頁）

親鸞はここで、一念と記している。行の一念と信の一念は一体であるということだ。『歎異抄』第一章の、「弥陀の誓願不思議にたすけられまいらせて、往生をばとぐるなりと信じて念仏もうさんとおもいたつこころのおこるとき」というその瞬間が信の一念であろうし、そして「南無阿弥陀仏」と称名念仏する最初の一声が行の一念である。そのことによって、如来が選択された易しい行という究極の意義を表している。

このことにおいて、称える念仏の数とは無関係だと言う。法然の思想に基づけば、念仏は阿弥陀仏が選択された行であり、人間に根拠はない。親鸞が言う回向の主語は、弥陀であり人間の側ではない。ところが、同時代には、一念義、多念義の争いがあった。そうした論争を戒める意味で、親鸞は記したのであろう。この言葉は、法然の教えを正しく受け止めた親鸞の心がとても簡潔に書かれている。

この御自釈で、「選択易行の至極を顕開」と言い切った親鸞は、これこそが、大利すなわち大いなる利益だと言う。

ここで親鸞は、『大経』流通文を引用する。

かるがゆえに『大本』（大経）に言わく、仏、弥勒に語りたまわく、「それ、かの仏の名号を聞くことを得て、歓喜踊躍して乃至一念せんことあらん。当に知るべし、この人は大利を得とす。すなわちこれ無上の功徳を具足するなり」と。已上

（『真宗聖典』一九一頁）

この引用文は、法然が『選択集』で、「念仏利益の文」として引用した文と同じである（『岩波・選択集』

七二～七三頁）。

親鸞は、この経文を解釈して言う。

> 「大利」と言うは、小利に対せるの言なり。「無上」と言うは、有上に対せるの言なり。信に知りぬ。大利無上は一乗真実の利益なり。小利有上はすなわちこれ八万四千の仮門なり。（『真宗聖典』一九二頁）

念仏が大きな利益に対して、その他の諸行は小さな利益に過ぎない。このうえなく大きな利益をもたらす念仏こそ、真の一乗である。親鸞はここで一乗という言葉を使う。すべての衆生が、等しく仏になる究極の大乗仏教としての無二の教えである。これはもともと『法華経』に出てくる思想で、天台宗がこの考え方を大事にすることは、比叡山延暦寺の古称が一乗止観院であることからもわかる。親鸞は念仏こそが、一乗真実の利益であると述べる。親鸞は、あえて一乗の語を使い、念仏の大乗仏教における正統性を表すのである。そして、諸行は、そこに入るための仮の門であると示す。

この御自釈は、『選択集』の下記の文と類似していることがわかる。

> この大利とは、これ小利に対するの言なり。しかれば則ち菩提心等の諸行をもつて小利となし、ないし一念をもつて大利とするなり。また無上功徳とはこれ有上に対するの言なり。余行をもつて有上とし、念仏をもつて無上とするなり。（『岩波・選択集』七五～七六頁）

この二つの類似した文を見比べると、法然と親鸞の視座が理解できる。廃立を基本にする法然は、菩提心という仏道を求める心そのものも「諸行」として「選捨」、つまり捨てるほうの側に入れるのであるが、通常の考え方だと菩提心を離れて仏教は成り立たないものである。しかし、法然の民衆に対する温かい眼差しを感じる。生活苦にあえぐ人々にとっては、菩提心を求めることは高嶺の花に過ぎない。だからそれらをも小利として、大利たる念仏には及ばないと言うのである。明恵を怒らせた文である。

法然が廃立を鮮明にしたのに対して、親鸞は念仏を大乗仏教の教義から思索し、念仏こそが一乗だということを明確にした。念仏以外の諸行、八万四千もあるという釈尊が説かれた教えは、法然によれば、捨てるために説かれたのであろうが、親鸞は仮門つまり真実に入るための仮の門ととらえたのだ。

このあたりが法然と親鸞の認識の違いであろう。そしてその違いは、浄土門を独立させた法然と、法然の教えこそが真実だと証明してきた親鸞との役割の差と言うべきだろうか。

だから親鸞は、次の御自釈によって、法然の考えを明確に示したのだ。

　『釈』（散善義）に「専心」と云えるは、すなわち一心なり、二心なきことを形すなり。「専念」と云えるは、すなわち一行なり、二行なきことを形すなり。いま弥勒付嘱の一念はすなわちこれ一声なり、一声すなわちこれ一念なり、一念すなわちこれ一行なり、一行すなわちこれ正行なり、正行すなわちこれ正業なり、正業すなわちこれ正念なり、正念すなわちこれ念仏なり、すなわちこれ南無阿弥陀仏なり。（『真宗聖典』一九二頁）

念仏のみの一行が大事である。それは声に出して称える一念である。そのことが正しい行で、阿弥陀仏が選択してくださった正定の業であり、これこそ正念である。それが念仏であり、「南無阿弥陀仏」の名号であると極めて論理的に解釈するのである。親鸞の言葉は続く。

　しかれば、大悲の願船に乗じて光明の広海に浮かびぬれば、至徳の風静かに衆禍の波転ず。すなわち無明の闇を破し、速やかに無量光明土に到りて大般涅槃を証す、普賢の徳に遵うなり。知るべし、と。

（『真宗聖典』一九二頁）

本願の大いなる慈悲の船に乗り、衆生をおさめ取り決して見捨てない大きな海に浮かぶと、このうえない功徳の風が静かに吹く。このあと親鸞は、「衆禍の波転ず」と、人生のさまざまな苦しみが、そのまま苦しいことに終わるのではなく、それが転じて大切な肥しとなり、人生は無意味でなかったと気づかされるのである。それは、仏教で言う苦の原因である「無明の闇」を破るのである。そして光明の世界に至る。浄土往生である。親鸞は往生を、単に極楽に往きそれで完結するとは考えていない。浄土は光明の世界であり、そこで大いなるさとりを得る。さとりを得るも、それにとどまらない。さらには、「普賢の徳」という衆生を救うはたらきをさせていただくのである。

このことは、「証巻」に書かれているが、「行巻」でそのようなことを言うのは、往生が証果とは無関係ではなく、往相と還相とが別々ではないことを言いたいのであろう。浄土へ往生する往相は、浄土でさとりを得て、今度はこの世に還って衆生を救済する還相につながるからである。

法然が、浄土は平等な世界であり、そこへ往くための行も平等で、誰もが実践できる念仏と受け止めたことは、宗教史において画期的なことであるとともに、それを、大乗仏教の一乗として、粘り強く証明した親鸞も、法然に並ぶ大きな仕事をしたと言わなければならない。

2　親鸞にとっての一乗とは

念仏の道こそが真の一乗であると考えた親鸞は、次のように自釈を加える。

「一乗海」と言うは、「一乗」は大乗なり。大乗は仏乗なり。一乗を得るは、阿耨多羅三藐三菩提を得るなり。阿耨菩提はすなわちこれ涅槃界なり。（『真宗聖典』一九六頁）

一乗というのは大乗である。大乗はすべての衆生が仏になることができる教えであるから仏乗である。一乗を得るのは阿耨多羅三藐三菩提つまり最高のさとりを得るのであり、それこそ涅槃の世界である。さらに、

二乗・三乗は、一乗に入らしめんとなり。一乗はすなわち第一義乗なり。ただこれ、誓願一仏乗なり。（『真宗聖典』一九六～一九七頁）

と記し、二乗、三乗は一乗へ入らせるための方便だと述べる。

一乗すなわち大乗は、日本では最澄が『法華経』をもとに、それを鮮明にしたのである。法然の教えの真実性を明らかにするために『教行信証』を書いたのであるから、親鸞にとっては、念仏こそが大乗であり、涅槃への道だと主張したいのであろう。

こう考えると、親鸞は、聖道門に対し、あなたがたはほんとうに一乗ですかと問うているのではないか。聖道門の中には、法相宗のようにすべての人に仏性があるとは認めていない宗派もある。それは最澄と法相宗の徳一との論争でもわかる。また最澄を祖と仰ぐ天台宗も、すべての衆生が仏になる教義をもちながら、実際は建前になっていることを考えると、念仏のみが一乗であり、聖道門は、そこに入るための方便

だと見たのであろう。それはまさに、比叡山を捨てて、法然のもとへ入門した体験から言っていると思う。それは同時に、

諸行を廃して念仏の一門に帰すべし。（『法然全集』第一巻　二三六頁）

という法然の教えを受けた親鸞の領解であろう。親鸞はこの自釈の終わりで、一乗を誓願一仏乗であると述べる。阿弥陀仏の誓願によって成就された、「南無阿弥陀仏」の名号を称えることこそ、あらゆる衆生を平等に成仏させてくださる真実の行であると。

親鸞は一乗という大乗仏教の原理をもとに、誓願一仏乗という語をつくって、法然の教えの正しさを明らかにした。法然が廃立の教義によって確立した本願の教えこそが、実は全仏教を包摂した最高の仏教である。親鸞の息吹が伝わってくるではないか。

大乗仏教の究極の論理である一乗を、親鸞は一乗海と言う。海という表現を親鸞は好んで使っている。ここでは、阿弥陀如来の誓願に基づいた誓願一仏乗がこのうえなく広く深いことを、海のようにたとえるのである。同時に親鸞は、人間の迷いや煩悩の深さを海で表現する。煩悩海、愚痴海、生死海などである。人間の闇が深いからこそ、如来の慈悲と智慧、本願が深い。

こうしたことを海の語で表現する親鸞の思索の深いことを、あらためて感じる。

「海」と言うは、久遠よりこのかた、凡聖所修の雑修雑善の川水を転じ、逆謗闡提恒沙無明の海水を転じて、本願大悲智慧真実恒沙万徳の大宝海水と成る、これを海のごときに喩うるなり。良に知りぬ、経に説きて「煩悩の氷解けて功徳の水と成る」と言えるがごとし。已上（『真宗聖典』一九八頁）

海というのは、遠い遠い昔から今日まで、凡夫や聖者が修めた自力の善や、五逆、謗法、闡提など限りなく真実に暗い無明煩悩の海水が転じられて、本願の智慧と慈悲の限りない功徳の海水となると、親鸞はたとえて言う。自力でつくり上げる雑善も、悪業も、仏法を謗る謗法も、仏教において救いの縁なき闡提も、本願に遇えば、功徳の満ち溢れる世界を生きるのである。煩悩の氷が溶けて功徳の水になると親鸞は言う。それが本願の海、すなわち願海である。

願海は二乗雑善の中下の屍骸を宿さず。いかにいわんや、人天の虚仮邪偽の善業、雑毒雑心の屍骸を宿さんや。（『真宗聖典』一九八頁）

本願の海は、自分だけのさとりに満足するような自力の善の屍骸を宿さない。まして、人間や神々の邪に満ちた偽りの善や、煩悩の毒まじりの自力の雑心の屍骸も宿さないと親鸞は言う。願海は平等にすべてを受け入れる世界である。誰も排除されないのである、悪も罪も煩悩も、それが転じて海のように深く広い本願の世界に入っていくのである。

『高僧和讃』曇鸞章で親鸞は、以下のように詠う。

無碍光の利益より
威徳広大の信をえて
かならず煩悩のこおりとけ
すなわち菩提のみずとなる
罪障功徳の体となる

こおりとみずのごとくにて
こおりおおきにみずおおし
さわりおおきに徳おおし

名号不思議の海水は
逆謗の屍骸もとどまらず
衆悪の万川帰しぬれば
功徳のうしおに一味なり

尽十方無碍光の
大悲大願の海水に
煩悩の衆流帰しぬれば
智慧のうしおに一味なり

（『真宗聖典』四九三頁）

これらの和讃は特に、願海の精神を表している。阿弥陀仏の本願に出遇えば、煩悩も菩提への道となり、逆謗の深い罪も悪業も、功徳と智慧となる。そのはたらきが、海のように深く広い阿弥陀仏の本願である。

だから、親鸞は「正信念仏偈」で、

如来、世に興出したまうゆえは、ただ弥陀本願海を説かんとなり。

（『真宗聖典』二〇四頁）

と言っている。釈尊が世に出られたのは、阿弥陀仏の本願海を説かれるためであった。願海は一乗海である。親鸞はさまざまな表現を使いながら、本願の教えが、最高の大乗仏教であることを言っている。

親鸞は、自らの体験から語っているのである。親鸞は二十年間、比叡山での修行に明け暮れた、しかし、それが雑善だとわかる。山を下りて法然のもとへ行き、雑行を棄てて本願に帰した。本願に帰すると、煩悩も悪業も転じられて功徳と菩提への道になった。これまで修行してきた自力の道も無駄ではなかった。親鸞が本願を海にたとえたのは、そういうことではないか。親鸞が言う煩悩海や愚痴海、そうしたものが深いからこそ、本願海が深く広いことがうなずける。

ここで親鸞は、本願念仏と諸善を比較して言う。

> しかるに教について、念仏・諸善、比校対論するに、難易対、頓漸対、横竪対、超渉対、順逆対、大小対、多少対、勝劣対、〈中略〉入定聚不入対、報化対あり。この義かくのごとし。しかるに本願一乗海を案ずるに、円融、満足、極速、無碍、絶対不二の教なり。
>
> また、機について対論するに、信疑対、善悪対、正邪対、是非対、実虚対、真偽対、浄穢対、利鈍対、奢促対、豪賤対、明闇対あり。この義かくのごとし。しかるに一乗海の機を案ずるに、金剛の信心は絶対不二の機なり。知るべし。
>
> （『真宗聖典』一九九～二〇〇頁）

文章が長いので中略して示したが、比較対象を四十七も挙げて、念仏が勝れていることを示す。『選択集』では、勝劣の義と難易の義を立てて、念仏の優位性を示すが、親鸞はこれほど比較項目を挙げて念仏の優位を示すのである。親鸞は、これでもか、これでもかと、念仏が勝れていることを記す。執念のようであるが論理的である。そして教えが勝れていることを示すだけでなく、機の問題、すなわち教えを実践する人の本質をも根拠にして示すのである。私はこれを読みながら、専修念仏を批判し法然たちを弾圧した聖道門に対する親鸞の闘志を感じざるを得ないのである。

身は凡夫であり、煩悩具足の者が、本願を信じ念仏申すことによって、阿弥陀仏の智慧をたまわり、必ず仏になることが定まった正定聚の身に現世でさせていただくのである。

親鸞は、本願の教えも信心も、絶対不二、最高の道だと言うのである。それは法然が「念仏は勝、余行は劣」と言ったことに基づくものであるが、聖道門の寓宗とされた浄土教を専修念仏として独立させた法然の精神を受けて、親鸞は、念仏成仏の道こそが、誓願一仏乗というまさに大乗仏教の精華であることを明確に理論化したのである。

八、正信偈讃歌

1　大地のような如来の悲願

いよいよ「行巻」も終わりに近づいてきた。念仏こそ大乗仏教の究極たる一乗であることを明らかにした親鸞は、浄土往生を願うすべての人に訴える。

敬いて一切往生人等に白さく、弘誓一乗海は、無碍、無辺、最勝、深妙、不可説、不可称、不可思議の至徳を成就したまえり。何をもってのゆえに、誓願不可思議なるがゆえに。

（『真宗聖典』二〇〇～二〇一頁）

弘誓の一乗海、つまり弥陀の広大な誓願である本願の一乗海は、妨げるものがなく、はてしなく、最もすぐれている。それは、奥深く、言葉で説明することも思いはからうこともできない功徳が成就されているからである。なぜならば、誓願そのものが不可思議だからだ。

阿弥陀仏の誓願は、大悲の願である。親鸞は悲願を、さまざまな譬えで記す。大空、大車、善知識、泉、大地、蓮華、日輪、厳父、悲母、等々。仏の慈悲と智慧が広く深いことを示すのであろう。なかには剣や鋸、斧にたとえたりする。本願が、人間のもつ無明の闇を破するからである。なかでも大地という語を二度も使っている。

なお大地(だいじ)のごとし、三世(さんぜ)十方一切如来出生(しゅっしょう)するがゆえに。(『真宗聖典』二〇二頁)

なお大地(だいじ)のごとし、よく一切の往生(おうじょう)を持(たも)つがゆえに。(『真宗聖典』二〇二頁)

阿弥陀如来の悲願は、過去、現在、未来のすべての世界の如来を生み出すからであり、すべての人の往生を根源から支えているからである。

前の文は諸仏の根源を表し、阿弥陀仏をほめたたえる諸仏を生み出す大地とたとえ、後の文は衆生の往生への道であり、私たちの人生をしっかりと受け止めてくださる大地とたとえる。順境のときも逆境のときも、精進しているときも、怠惰なときも、大地は私たちを見捨てない。人生の中で挫折して、歩めなくなったときも、大地はしっかり受け止めてくれ、また新たな歩みを始めたときには、大地は温かく育んでくれる。如来の悲願とは究極において大地のごときものではないか。親鸞が二度も大地のごとしと記す本願の心を、私はこのように受け止めている。

親鸞の自釈は続く。

よく三有繋縛の城を出で、よく二十五有の門を閉ず。よく真実報土を得しめ、よく邪正の道路を弁ず。よく愚痴海を竭かして、よく願海に流入せしむ。一切智船に乗ぜしめて、もろもろの群生海に浮かぶ。福智蔵を円満し、方便蔵を開顕せしむ。良に奉持すべし、特に頂戴すべきなり。

(『真宗聖典』二〇二〜二〇三頁)

欲界、色界、無色界という迷いと輪廻を繰り返す門を閉じ、真実の浄土たる報土へ往生させていただく。私たちが迷い続けた愚痴の海を干上がらせて、本願の海に流入させてくださる。往生して智慧の船に乗れば、同時にもろもろの衆生が生きる群生海に浮かび衆生を救うのである。親鸞はここで往生の本質を大乗仏教の原理で示しているのである。往生することは、輪廻を繰り返す生が閉じられることである。

浄土は往って楽をするところではない。往生すれば、智慧のはたらきを得て、あらゆる衆生を救うのである。衆生救済においても福智蔵という福徳と智慧が成就する真実の道を説いたり、方便蔵という衆生の機根に応じて方便を説いたりするのである。前者が、『大経』に説かれた第十八願、弘願の教えである。後者は、弘願に入らせようとする如来の慈悲によってつくられた方便であり、『観経』の心、第十九願要門の福徳蔵、『阿弥陀経』に説かれる第二十願真門の功徳蔵を指すのである。ここで言う方便とは、真実の教えが理解できない衆生に、遠回りしてもわかってほしいと、あらゆる方法を使って願い続ける如来の慈悲である。法然はストレートに如来の真実たる易行の念仏を説かれたのであるが、易しいがゆえにそれが受け入れられない人のために、方便の道も如来が用意されていると親鸞は言うのである。一二四〜一二五頁で述べた仮門とも関連するが、「化身土巻」を考察するときに記してみたい。

如来は、私たちの往生のため、真実と方便をお示しになり、すべての衆生の往生を願われるが、往生した私たちも、今度は真実と方便を示して、まだ救われていない無数の衆生（群生海）を救うのである。「証巻」で詳しく述べられる還相回向とも関連させた親鸞の壮大な浄土観と、衆生救済の思いが論理的かつ静かに伝わってくるではないか。

2　行と信をつなぐもの

ここで、「行巻」の記述が終わり、「行巻」と「信巻」をつなぐ御自釈が出てくる。

> おおよそ誓願について、真実の行信あり、また方便の行信あり。その真実の行願は、諸仏称名の願なり。その真実の信願は、至心信楽の願なり。これすなわち選択本願の行信なり。その機は、すなわち一切善悪大小凡愚なり。往生は、すなわち難思議往生なり。仏土は、すなわち報仏報土なり。これすなわち誓願不可思議、一実真如海なり。『大無量寿経』の宗致、他力真宗の正意なり。
>
> （『真宗聖典』二〇三頁）

親鸞は、阿弥陀仏の誓願について真実の行と信があり、また方便の行と信があると言う。今まで述べてきたことは、真実の行である。それは第十七願の諸仏称名の願であり、諸仏が阿弥陀仏をほめたたえ念仏する。衆生はそれを聞いて念仏するということになるのであるが、『大経』下巻に第十七願と第十八願の願成就文が書かれている。その一部を紹介しよう。

> 十方恒沙の諸仏如来、みな共に無量寿仏の威神功徳の不可思議なることを讃歎したまう。あらゆる衆

生、その名号を聞きて、信心歓喜せんこと、乃至一念せん。

（『真宗聖典』四四頁）

親鸞の信仰構造は、この文のごとく、第十七願と第十八願の二願建立なのである。法然は、第十八願のみの一願建立である。ここは法然と親鸞との違いであろうが、なぜなのか。私は長い間考えてきた。親鸞にとっては、法然が説いた称名念仏の教えの普遍性を証明しなければならない。親鸞が第十七願を根拠にするのはそのためだと思うことは最初に記した。ただこうも思う。

法然と親鸞とでは、念仏との出遇い方が違うのではないかと。法然は、万人が救われなければならないとの強烈で鮮明な問題意識から、すべての経典や論釈を何度も読み悶え苦しんだ末、善導の『観経疏』により称名念仏が弥陀の本願であるとうなずいた。書物を通してではあろうが、弥陀の声を聞いたのだ。だから第十八願だけでよいのであろう。

親鸞の場合は、比叡山を下り法然との出遇いがあった。第十七願に説かれている諸仏。親鸞にとっては、法然が最大の諸仏である。その法然の説く弥陀の本願を親鸞は聞いたのである。そして専修念仏者となった。だから第十七願が称名の根拠と思ったのかもしれない。また第十七願成就文「十方恒沙の諸仏如来、みな共に無量寿仏の威神功徳の不可思議なることを讃歎したまう」の諸仏とは、親鸞にとっては、法然だけではなく、釈尊をはじめインドの地から中国、朝鮮、日本へと念仏を伝えてくださった祖師たちがその代表であろう。そうした諸仏の歴史が浄土真宗の歴史観であり、諸仏が称名し讃嘆した声が、「南無阿弥陀仏」であり、衆生がその声を聞いて念仏する。それが第十八願成就文の「あらゆる衆生、その名号を聞きて、信心歓喜せんこと、乃至一念せん」ということであろう。親鸞にとって、衆生と言っても私親鸞が歓喜し、念仏もうさんと思う心が起こった。これが第十八願に基づく信である。そして行も信も、その根拠は人間にはない。阿弥陀仏が、一切の衆生を平等に往生させるため選択してくださった本願であり、その対象は、善人も悪人も、大乗の人も小乗の人もおさめるのである。とは言え、究極のところ、われわれ衆生は、みんな凡愚すなわち愚かな凡夫なのである。そうした凡夫のため阿弥陀仏が与えてくださった行信なのである。弥陀が与えてくださった行信によって、私たち凡夫が本願によって建立された真実の浄土へ往生するのである。だから、ここの御自釈では真実の行信を得た念仏者が往く浄土について、「仏土は、すなわち報仏報土なり」と書かれている。このことは「真仏土巻」で見ていきたいと思う。

3　親鸞にとっての「歓喜の歌」たる「正信偈」

親鸞は感動をこめて次のように書く。

しかれば大聖(だいしょう)の真言(しんごん)に帰し、大祖(だいそ)の解釈(げしゃく)に閲(えっ)して、仏恩の深遠(じんのん)なるを信知して、正信念仏偈(しょうしんねんぶつげ)を作りて曰(い)わく、

(『真宗聖典』二〇三頁)

こう述べて親鸞は、阿弥陀仏の本願と釈尊の教え、そしてこの私親鸞にまで教えを伝えてくださった七高僧、そうした諸仏の恩徳が深いことを身と心で実感して「正信念仏偈」を書くのであるが、親鸞は「正信念仏偈を作りて曰わく」と表現する。すでに述べたように、『教行信証』は、経典を引用するときは、「言わく」と書き、インドの龍樹、天親の「論」を引用するときは、「曰わく」とし、中国や日本の祖師たちの「釈」を引用するときは、「云わく」と表現するのに、親鸞は自らの偈文を「曰わく」と記す。私は

思う。親鸞は、親鸞自身が出遇った教えをこの偈文に集約させようとしたのではないか。だから、あえて「曰わく」と記すのである。身は凡夫であるが、「論」をつくるのだという気概ではないか。それは本願の教えに出遇った限りない感動と恩徳、そして喜びを詠った讃歌である。親鸞は苦悩が深かっただけに、法然と出遇い、本願に出遇えた喜びが深かったのであろう。

真宗門徒は「正信念仏偈」を、「正信偈」と呼ぶ。だから、これからは「正信偈」と略称で記す。「正信偈」は、浄土真宗のほとんどの法要に用いられている。真宗大谷派には九通りの節譜があるが、どの節で聞いても、有難いものである。私自身毎日読誦しているが、これほど心にしみる偈文はないし、最高の宗教叙事詩であると思う。

親鸞は苦悩の人であり、自らの罪悪深重に打ちひしがれた。そういう私親鸞のために阿弥陀仏は本願を建ててくださった。『歎異抄』「後序」には、

> 弥陀の五劫思惟の願をよくよく案ずれば、ひとえに親鸞一人がためなりけり。されば、そくばくの業をもちける身にてありけるを、たすけんとおぼしめしたちける本願のかたじけなさよ
>
> （『真宗聖典』六四〇頁）

と親鸞の言葉が書かれているが、「正信偈」ではそういう私親鸞のためにこそ、阿弥陀仏は、法蔵菩薩として五劫というとてつもなく長い間思惟され永劫の間修行され、阿弥陀仏と成られたと讃える。念仏する者はすべて救ってくださる阿弥陀仏を、親鸞は光のはたらきとして讃嘆する。無限の闇をもった者が、無限の光に救われる。そうした光によって救われたことを親鸞は喜ぶのである。にもかかわらず私親鸞は、

愛欲と煩悩、名利の雲におおわれている。こう言って親鸞は懺悔するのである。雲と霧におおわれようが、それでも、太陽の光は、雲と霧の下に闇のない世界をつくると、阿弥陀仏のはたらきを讃えるのである。だからこそ、煩悩だらけの凡夫がそのまま救われるのである。川の水を、善悪、凡聖、逆謗にたとえ、海のような本願の世界に入れば、煩悩を断ぜずして涅槃への道が開かれるのである。

釈尊をはじめ諸仏が世に出られたことは、ただ弥陀の本願の世界を説くためであった。親鸞は、「教巻」で述べた釈尊の「出世本懐」を確認している。親鸞はやはり、凡夫の代表としての阿難に自分を重ね合わせているのであろう。

こういう自分が救われた。だから真実である。釈尊は、八万四千と言われるほどの多くの教えを説かれた。しかし、親鸞にとって釈尊とは、私親鸞を救ってくださった弥陀の本願を説かれた方なのである。「正信偈」の後半は、インド、中国、日本の七高僧の讃嘆である。これらの高僧方が釈尊の正意を伝えてくださったことに対し、感謝と讃嘆を繰り返すのである。

龍樹から法然に至る道を今まで考察してきたが、親鸞は、釈尊と龍樹の関係をも述べている。

釈迦如来、楞伽山にして、　衆のために告命したまわく、
南天竺に、龍樹大士世に出でて、　ことごとく、よく有無の見を摧破せん。
大乗無上の法を宣説し、　歓喜地を証して、安楽に生ぜん、と。

（『真宗聖典』二〇五頁）

釈尊が楞伽山の説法において、南インドに龍樹が出て、有無の邪見を打ち破り大乗の法を説くだろうと仰せになったと「正信偈」には書かれる。『楞伽経』に基づく話をもって釈尊と龍樹との関係が記されて

いる。龍樹は大乗仏教の祖であるが、このことを通して、大乗仏教が釈尊の教えの正しき継承者だと示しているのではないか。細かいようだが、親鸞はそうした伝統を大切にして論理的に語るのである。龍樹から法然に至るつながりは、今まで述べてきた通りで、「正信偈」はその精神を叙事詩として明らかにする。

七高僧といっても親鸞が出遇われたのは、師の法然である。

法然聖人にすかされまいらせて、念仏して地獄におちたりとも、さらに後悔すべからずそうろう。

（『真宗聖典』六二七頁）

とまで言った親鸞だが、親鸞は法然という偉大な人に会ったとは言っていない。法然との出遇いは、「雑行を棄てて本願に帰す」と表現するように、阿弥陀仏が一切の衆生を救わんと誓ったその本願に帰依したということなのだ。弥陀の誓願にあらゆる諸仏が称讃し念仏する。これが第十七願であり、親鸞にとっての行の根拠である。親鸞は、法然と出遇い、法然の教えが真実の仏教であるのだと確かめるなかで、諸仏としての七高僧に出遇ったと思う。同時に、弥陀の本願が、釈尊から七高僧を通して私親鸞にまで伝わった感動であろう。「正信偈」は「行巻」と「信巻」をつなぐ偈文だと言われる。けれども今記した意味で、「正信偈」はやはり「行巻」の締めくくりにふさわしい。

弘経の大士・宗師等、　無辺の極濁悪を拯済したまう。
道俗時衆、共に同心に、　ただこの高僧の説を信ずべし、と。

（『真宗聖典』二〇七～二〇八頁）

「正信偈」の結文に、「大士・宗師等」と、等という字がある。「行巻」の締めくくりなので、親鸞は七高僧だけではなく、すでに見てきたように、憬興をはじめ法照、慈愍、元照、用欽など念仏を伝えてくださった人をも諸仏と仰ぎ、「ただこの高僧の説を信ずべし」と結んだのであろう。

親鸞は、本願の歴史に参画できた喜びを六十行、百二十句に表しているが、「正信偈」は、親鸞にとっての「歓喜の歌」だと思う。このすばらしい宗教叙事詩を浄土真宗の勤行に取り入れたのは蓮如である。「御文」または「御文章」と呼ばれる手紙を出すことにより、民衆に親鸞の教えを伝えようとした蓮如は、「正信偈」とともに親鸞の「和讃」を読誦するなど独自の勤行様式をつくり上げた。蓮如は親鸞の教えの真髄を伝えたのか、あるいは親鸞精神を逸脱したのか、議論が絶えないところであるが、「正信偈」という親鸞のたましいにふれるような叙事詩を探りあて節をつけて勤行に用いた蓮如の宗教的感性に、感嘆の思いを禁じ得ない。

第四章　如来よりたまわりたる信心と菩提心――「信巻」

一、念仏為本と信心為本

1　なぜ「信巻」に別序があるのか

ここから「信巻」に入るが、『教行信証』の正式名称は『顕浄土真実教行証文類』であるように、「教行証」という仏教の理論に沿って親鸞は筆を進めるのである。「教」は教えである。「行」は教えに基づく実践であり、「証」は、その結果得るさとりであろう。それでは、「信」の位置づけはどうなるのか。「教行証」という過程においては、「信」は行に含まれているのであろう。それなら親鸞はなぜ、「信巻」を書いたのであろうか。

まず、法然の思想から見つめてみたい。よく、法然は「念仏為本」、親鸞は「信心為本」と言われる。しかし、そのように単純化されるものではないし、法然の「念仏為本」は諸行に対する念仏であり、「信心為本」に対してではない。

法然は、本願を信じることと、称名念仏することを一つのことと考えた。法然にとっての念仏は、弥陀が衆生のために選択してくださった本願に基づくものである。本願を信ずるということに根拠をもたない念仏は、呪文と変わらない。また念仏の伴わない信心は意味をなさない。

『選択集』では、

　生死の家には、疑ひをもつて所止とし、涅槃の城には信をもつて能入とす。

（『岩波・選択集』一一七頁）

と述べ、信心が涅槃への道であることを明確に言っている。親鸞はこの言葉を受けて、「正信偈」に詠う。

　生死輪転の家に還来ることは、　決するに疑情をもって所止とす。
　速やかに寂静無為の楽に入ることは、　必ず信心をもって能入とす、といえり。

（『真宗聖典』二〇七頁）

まずそのことを確認しておこう。法然が「信心」を大切にし、親鸞がそれをより深く領解していることがうかがえる。

法然は、信と行の関係について、以下のように述べる。

　信をば一念にむまると信じ、行をば一形にはげむべし。

（『岩波・法然絵伝』〈上〉二一八～二一九頁）

信心については、念仏を一回称えることで往生できると信じ、その念仏は一生涯励むべきであるとした。信と行が分けられないことがわかる。法然の教えをよく表している。

しかし、この文の前半に重きを置くか後半に重きを置くのか。このことが、法然没後に、門弟たちの争いになってくる。前者は信を重視する「一念義」、後者は行を重視する「多念義」につながっていく。こうした争いが起こるのは、阿弥陀仏が念仏を選択してくださったことを忘れて、念仏を自分の善行にしてしまうからである。そうすると信心も自己のものとなる。

こうしたことを背景に親鸞の思索は続く。いったい念仏の「信」とは何なのかと。

親鸞は「信巻」を書くにあたって、格調高い別序を記す。「信巻」が始まる前の序文である。

別序を読んでみよう。

> それ以みれば、信楽を獲得することは、如来選択の願心より発起す、真心を開闡することは、大聖矜哀の善巧より顕彰せり。
>
> しかるに末代の道俗・近世の宗師、自性唯心に沈みて浄土の真証を貶す、定散の自心に迷いて金剛の真信に昏し。ここに愚禿釈の親鸞、諸仏如来の真説に信順して、論家・釈家の宗義を披閲す。広く三経の光沢を蒙りて、特に一心の華文を開く。しばらく疑問を至してついに明証を出だす。誠に仏恩の深重なるを念じて、人倫の哢言を恥じず。浄邦を欣う徒衆、穢域を厭う庶類、取捨を加うといえども、毀謗を生ずることなかれ、と。
>
> （『真宗聖典』二一〇頁）

「信巻」の前に別序をつけたのは、「信巻」から親鸞の教えの核心に入ることを明示するものであると私は思う。「行巻」までは、釈尊の出世本懐の教えと、念仏の行が師法然までたどり着いたという伝統であろうが、これからは、親鸞自身の受け止めと、法然が明らかにしようとしながらできなかったことを、自ら記すのだという強い決意があるのではないだろうか。

背景には、念仏の信心が明らかにならず、念仏の数の多少を問題にするような人が続出した。そして法然の死後、浄土宗の教えを聖道門的に解釈する人も現れてきた。同時に、聖道門からの法然の教えへの批判も激しくなった。そんな状況がある。明恵はその代表的な僧である。

法然が言う「涅槃の城には信をもつて能入とす」という信とはいったい何なのか。

親鸞は、「信楽を獲得することは、如来選択の願心より発起す」と、まず驚きの言葉を記す。「信楽」という語はこれから何度も出てくる言葉であるが、ひとまず信心と考えていただきたい。信心を得ることは、阿弥陀如来が本願を選択くださった慈悲深い願いの心から起こると親鸞は言う。

親鸞は、信心の百八十度の転換をもたらした。世界の宗教において、信者が、神や仏を信じることが、一般的な意味での信心であろう。親鸞は信心も如来よりたまわるものと考えた。

これは、親鸞思想の要であり独創的なことである。しかし法然の教えがなければ、親鸞独特の信心観は生まれなかった。なぜなら法然が説く称名念仏は、弥陀が選択してくださった本願の唯一の行である。なぜ諸行を捨てて念仏を選ぶのか。それは「一切衆生を平等に往生せしめんがために」という、平等の救済原理だからである。すでに述べてきたように、諸行を法然が否定するのは、ごく一握りの人にしか実践できないし、修行や学問、持戒の度合いによって人間に優劣、格差をつけることになるからである。

親鸞が、信心も如来よりのたまわりととらえた理由の一つは、信心を人間の側に根拠をもたせると、信心の浅深によって人間の優劣と序列化をもたらすからだと思う。これは、親鸞の「信」を語るうえで重要なことである。この考え方は、至るところに見られるのでその都度示すが、法然、親鸞の平等思想を見るうえで、大切な視点だと痛感している。
『歎異抄』「後序」に出てくる有名な「信心一異の諍論」を考えてみよう。親鸞が、師法然の信心と私親鸞の信心は同じだと言ったので、法然の高弟、勢観房、念仏房たちが批判した。親鸞は、智慧才覚が同じだと言っているのではない、信心においては異なることはない、と言ったのだ。それに対する法然からの言葉が、

> 源空が信心も、如来よりたまわりたる信心なり。善信房の信心も如来よりたまわらせたまいたる信心なり。されば、ただひとつなり。別の信心にておわしまさんひとは、源空がまいらんずる浄土へは、よもまいらせたまいそうらわじ
> （『真宗聖典』六三九頁）

であり、信心は如来よりたまわったものであるので、自分（源空）の信心も親鸞（善信房）の信心も同じだと法然が言ったと書かれている。

これは『歎異抄』の著者唯円が書いたものであり、ほんとうのことは定かではないが、信心の本質がわかる。おそらく、勢観房たちは、師を尊敬するあまり、入門してわずかな年月しか経っていない親鸞と、法然の信心が同じだとはなにごとかと批判したのであろう。この考えだと、法然に長年近侍してきた勢観房にとっては、自分の信心は師の法然には劣るが、入門歴浅い親鸞より優っていると思ったのであろう。これが宗教の名における人間の優劣と序列化であり、法然はこうしたことを徹底的に否定するためにも、諸行を捨て「ただ念仏」という平等の宗教原理を打ち立てた。だから法然は、信心は如来よりたまわったものでみな同じだと言ったのであった。『歎異抄』「後序」のこの文は歴史的に真偽不明だとしても、徹底

した平等思想をもつ法然にふさわしいと思う。

　こういうことを背景に別序を読み進んでいこう。

　親鸞は、「真心を開闡することは、大聖矜哀の善巧より顕彰せり」と言う。真実の信心を明らかにすることは、釈尊が衆生を憐愍するお心から表されたと。釈尊は巧みな方法で、真実の信心を起こさせようとなさるのである。ここで弥陀の救いを明らかにした釈尊を讃えているのである。にもかかわらず当時の僧侶をはじめ仏教界はどうであろうか。

　親鸞は、こう嘆く。「自性唯心に沈みて浄土の真証を貶す、定散の自心に迷いて金剛の真信に昏し」と。「己心弥陀」「唯心浄土」、つまり自己の心の中に阿弥陀仏や浄土があるなどと言って浄土の精神を貶めている。これはわれわれの陥りやすいところである。このような考え方のほうが現代人にも理解されるかもしれない。しかし、それでは何のために、法蔵菩薩は誓願を建てられ、その誓願が成就して阿弥陀仏になられたのか。その根本精神が見失われるのである。

　定散の自心とは、心を凝らして如来や浄土を観察する定善の行や、悪を止めて善をなす散善である。これも私たちが陥りやすいことである。念仏をするにしても清き心で集中しなければならないとか、よい行いをしてこそ念仏者だなどと思っている人もいるだろう。しかしそれなら、なぜ阿弥陀仏は本願を建ててくださったか。阿弥陀仏は「一切衆生を平等に往生せしめんがために」本願を起こされた。人間の心や善悪とは無関係のはずだ。

　親鸞の嘆きは、法然も案じていたことである。だから、法然は、遺言である「一枚起請文」において、観念の念にも非ず。又、学文(問)をして念の心を悟りて申す念仏にも非ず。ただ、往生極楽のためには、南無阿弥陀仏と申して、疑なく往生するぞと思とりて申す外には、別の子さい(細)候わず。

（『真宗聖典』九六二頁）

と戒めるのである。法然は、きっと後の時代に、門弟たちが観仏などを取り入れ、「ただ念仏」の教えが変質していくと危惧したのである。そしてその通りになったことを、親鸞は、「定散の自心に迷いて金剛の真信に昏し」と表現したのであろう。こういう状況で親鸞は、釈尊や諸仏の説に信順し、「行巻」で述べてきた七高僧などの宗義を開き見て、「浄土三部経」の輝かしい恩恵にあずかり、天親の『浄土論』に書かれた「一心」の言葉に出遇った。

親鸞は「しばらく疑問を至してついに明証を出だす」と記すが、この疑問は何なのか。後に述べる三心一心の問答とよく言われるが、私は文字通り親鸞の疑問ではないかとも思う。親鸞自身も長い間疑問をもってきたのだが、ついに明証すなわち確証を得たということである。

親鸞自身が信心について悩んだのであろう。だからこそ明証を得た喜びは深いのである。親鸞の思索は、疑いや苦悩から始まる。そして苦悩が深いがゆえに、確証を得た喜びは限りなく大きい。まさに苦悩から歓喜への道である。そして、それこそが、仏の大いなるご恩と感じたのである。

「誠に仏恩の深重なるを念じて、人倫の哢言を恥じず」。親鸞の大きな喜びと決意が表れているではないか。

2　第十八願をめぐって

「信巻」を記すにあたって親鸞はまず、

謹んで往相の回向を案ずるに、大信有り。

（『真宗聖典』二一一頁）

と述べる、「行巻」では、

謹んで往相の回向を案ずるに、大行あり、大信あり。大行とは、すなわち無碍光如来の名を称するなり。

（『真宗聖典』一五七頁）

と書かれていたことを思い出していただきたい。往相つまり、衆生が浄土へ往くのは、阿弥陀仏による回向があるが、大行と大信がある。大行とは、無碍光如来の名を称すること。すなわち「南無阿弥陀仏」と称えることであり、これとて阿弥陀仏のはたらきによることを、親鸞は「行巻」で書いてきたのであるが、ここから「行巻」でふれなかった信心のことを「信巻」で書くのである。信心とは何なのか。親鸞の言葉は続く。

大信心はすなわちこれ、長生不死の神方、欣浄厭穢の妙術、選択回向の直心、利他深広の信楽、金剛不壊の真心、易往無人の浄信、心光摂護の一心、希有最勝の大信、世間難信の捷径、証大涅槃の真因、極速円融の白道、真如一実の信海なり。

（『真宗聖典』二一一頁）

このように親鸞は大信心を、十二の言葉でほめたたえる。阿弥陀仏よりたまわる信心だから、あえて大の字を入れたのであろう。私が特に注目するのは、「選択回向の直心」である。ここで親鸞は法然の心を受け継ぎ、「選択」という語を使っている。阿弥陀仏が選択して衆生に回向してくださった、まっすぐな心である。「利他深広の信楽」の語も趣がある。人間が利他するのではなく、阿弥陀仏が衆生を利してくださる深く広い信心なのである。この信心が「金剛不壊の真心」、つまりダイヤモンドのように堅く壊れない真の心である。人間の思い込みや努力による信心ならば、それが冷め、壊れていくこともあろう。しかし、阿弥陀仏からいただいた信心なので壊れない。これらに共通する心は、平等だということである。人間が起こす信心であれば、各人の心の状態や、状況により違うであろう、信心深い人もいるし、そうでない人もいる。阿弥陀仏よりたまわる信心であるがゆえに平等である。この信心を親鸞は、「証大涅槃の真因」とおさえている。仏道が目指す究極の涅槃・さとりの根本的な因である。親鸞は、法然の「涅槃の城には信をもつて能入とす」という言葉を、このように、如来よりたまわった大信心として多くの言葉で讃嘆するのである。親鸞が苦悩の末に得た信心の喜びが表れている。親鸞はこれが第十八願から出ていることを以下のように述べる。

この心すなわちこれ念仏往生の願より出でたり。この大願を選択本願と名づく。また本願三心の願と名づく、また至心信楽の願と名づく。また往相信心の願と名づくべきなり。

（『真宗聖典』二一一頁）

いよいよ、第十八願の心を述べるが、先にその願文を確認しておきたい。

至心信楽の本願の文、

『大経』に言わく、設い我仏を得たらんに、十方の衆生、心を至し信楽して我が国に生まれんと欲うて、乃至十念せん。もし生まれざれば正覚を取らじと。ただ五逆と誹謗正法を除く、と。已上

（『真宗聖典』二一二頁）

阿弥陀仏が法蔵菩薩であられたとき、すべての衆生が、真実の心で（至心）信じ喜び（信楽）、私の浄土に生まれたいと思い（欲生）、十回ほど念仏して、浄土に往生しないならば、私法蔵菩薩は仏にならないと誓うのである。ただ、父母を殺したり、仏の体を傷つけたり、仏教の僧伽を破壊するなど「五逆」という重い罪を犯した者や、正しい仏法の教えを誹謗する者、すなわち「謗法」は除かれるという除外規定がある。

『選択集』で法然がこの願文を引用するときは、「唯五逆と正法を誹謗せんをば除く」の除外規定を削除している。一人として阿弥陀仏の慈悲にもれる人がいてはならないという、強烈な問題意識からである。親鸞は削除せずにそのまま引用する。ここが重要な点だが、それは後に見つめる機会があるのでそのときに考えよう。

この第十八願を親鸞は、念仏往生の願、選択本願、本願三心の願、至心信楽の願、往相信心の願と言っている。念仏往生の願、選択本願は法然が名づけた名である。すでに考察したが、法然にとっては、第十八願だけが浄土往生の根拠であり一願建立であるが、親鸞は第十七願と第十八願が浄土へ往く根拠であるとして二願建立である。

そして、「行巻」で念仏の根拠を第十七願に置いた。それなら、法然が「本願の中の王」「王本願」とまで言った第十八願とは何なのか。これこそ、親鸞においては信心の根拠なのである。「本願三心の願、至心信楽の願、往相信心の願」と言って、法然が使っていない言葉を願名にするのである。

しかし人間に、果たして、真実の心（至心）はあるのか。親鸞の苦悩は続く。

そこで、親鸞は第十八願の成就文を挙げる。第十八願が確かに成就しているという文である。

本願成就の文、『経』（大経）に言わく、諸有衆生、その名号を聞きて、信心歓喜せんこと、乃至一念せん。至心に回向せしめたまえり。かの国に生まれんと願ずれば、すなわち往生を得、不退転に住せん。ただ五逆と誹謗正法とをば除く、と。已上　（『真宗聖典』二一二頁）

あらゆる衆生が、「南無阿弥陀仏」の名号のいわれを聞いて、信じ喜ぶまさにその一念のときだ。阿弥陀仏は、至心（真実の心）をもって回向してくださるのである。阿弥陀仏の浄土に生まれようと願えば、たちどころに往生が定まると言う。

実は親鸞は漢文の読みかえをしている。念のため、もとの成就文を挙げておく。

あらゆる衆生、その（無量寿仏の）名号を聞きて、信心歓喜し、ないし一念せん。至心に廻向して、かの国に生れんと願わば、すなわち往生することをえて、不退転（の位）に住すればなり。ただ、五逆（の罪を犯す者）と正法を誹謗するものとを除く。　（岩波文庫『浄土三部経』〈上〉一八六頁）

もとの成就文では、衆生が真実の心（至心）で回向しなければならない。

親鸞は、至心は阿弥陀仏にあり、回向してくださるのも阿弥陀仏であると言う。これこそが、経典解釈の百八十度の変化である。そして親鸞は、自己にひきかけて、人間には至心たる真実の心などないのだと厳しく凝視する。そのゆえ回向も、人間による回向は真実ではないと見抜くのである。だからこそ如来の回向がある。

第十八願の精神を、どうしても先にわかっていただきたいので、願文と成就文をまず見たが、親鸞は第十八願の願名を記した後、以下のように述べる。

しかるに常没の凡愚・流転の群生、無上妙果の成じがたきにあらず、真実の信楽実に獲ること難し。何をもってのゆえに。いまし如来の加威力に由るがゆえなり。博く大悲広慧の力に因るがゆえなり。

（『真宗聖典』二一一頁）

「常没の凡愚・流転の群生」というのは、われら迷い続ける凡夫である。その凡夫が、「無上妙果の成じがたきにあらず」と、さとりを得ることが難しいのではなく、真実の信心を得ることが難しいと言う。親鸞は破天荒なことを言っているのである。従来の仏教ではさとりを得ることが難しいとされた。さとりを得るため比叡山や高野山などの深山で修行をした。一方、信は初歩的なこととされた。ところが、親鸞はその見方を変えてしまった。信を得ることが難しいのはなにゆえか。人間が努力して得るものではないからである。如来の加威力という大きなめぐみによって与えられたものであり、広く深い如来の大慈悲によって得られるからである。

なぜ、親鸞はこのように書くのか。

念仏は易しいがゆえに普遍的なものだ。だから、阿弥陀仏は、平等の慈悲によって、その他の修行を捨てて、念仏を選択してくださったと法然は説き続けた。

ところが、信心を得ることは難しいと親鸞が言う。ここに、親鸞の葛藤を感じる。人間というのは身勝手なものであり、厳しい修行はできないと言う。では易行としての称名念仏を勧められると、こんな簡単なことで救われるのかと疑う。「平等の慈悲」ということも理解せずに、難しい修行ができるほうがよいと思う。さきほど確認した別序で親鸞が嘆く、「自性唯心に沈みて浄土の真証を貶す、定散の自心に迷いて金剛の真信に昏し」ということと通じるではないか。

今を生きる人々も同じではないか。本願を信じて念仏するより、座禅や瞑想、ちょっとした修行体験が人気を集めている。こうしたことはいつの時代にもあった。

法然の弟子の中にも諸行を捨て切れずにいた人が多くいたのであろう。だから法然は「一枚起請文」を書き、称名念仏以外に、

おくふかき事を存せば、二尊のあわれみにはずれ、本願にもれ候うべし。
（『真宗聖典』九六二頁）

とまで遺言するのである。

しかし、定散の自心に迷う人が絶えないのである。親鸞は思った。

たまたま浄信を獲ば、この心顚倒せず、この心虚偽ならず。ここをもって極悪深重の衆生、大慶喜心を得、もろもろの聖尊の重愛を獲るなり。
（『真宗聖典』二一二頁）

「たまたま浄信を獲ば」と記すように、信心を得るのは、「たまたま」としか言いようがないのである。その「たまたま」ということが、「如来の加威力」と親鸞は受け止めたのであろう。

ここにおいて「如来の加威力」の意味が少しわかるような気がする。親鸞は法然の門下になったとき、法然の人格に帰依したのではない。「本願に帰す」と表現している。ここに如来の加威力がはたらいてくださっている、と受け止めた。私親鸞をして念仏申す身にしてくださった如来の心とでも言ったらよいだろうか。

さきほど考察した『歎異抄』「後序」の「信心一異の諍論」に見られるように、法然の弟子たちの中には、如来よりたまわった信心ということが理解できず、法然の人格に帰依した人が多かったのであろう。だから法然が亡くなると、定散の世界へ戻ってしまったのであろう。そして聖道門的な考えを浄土宗に引き入れようとした人も少なくなかった。

親鸞はそうしたことを悲嘆しながら思ったのであろう。私親鸞が信心を獲たのは「如来の加威力」によるとしか言い表せない。自分の起こした信心なら萎えてしまうかもしれない。でも如来からたまわった信心であるから、真実にたがうことではないし、虚偽ではない。私親鸞がそうなのだから、私と同じ極悪深重の衆生は大いなる喜びの心を得て、諸仏がたの深い慈愛を得るのだと。

ここにも、苦悩から歓喜に至った親鸞の信心体験が表れている。

二、『観経』の三心と二河白道の譬え

1　至誠心は凡夫に起こせるのか

「信巻」を読み進むと、『観経』に説かれている至誠心・深心・回向発願心についての善導の『観経疏』の長い文の引用に入る。法然も『選択集』でほぼすべてを引用している。「念仏行者は三心を具足すべきの文」、いわゆる「三心章」である。ここが法然の信心論であろうか。まず『選択集』を見つめてみたい。

観無量寿経に云く、「もし衆生あつて、かの国に生ぜむと願ふ者は、三種の心を発して、即便ち往生しなむ。何等をか三とす。一は至誠心、二は深心、三は廻向発願心なり。三心を具すれば、必ずかの国に生ず」と。

（『岩波・選択集』八九頁）

『選択集』では『観経』を引用し、往生を願う者は、至誠心・深心・回向発願心を起こせ。この三心を具すれば必ず往生すると述べる。法然は、「ただ念仏せよ」と教えるのに、心の状態をも言うのか。私はそこに疑問をもった。さらに、『選択集』は続く。

同経の疏に云く、「経に、一には至誠心と云ふは、至は真なり。誠は実なり。一切衆生の身・口・意業に修するところの解行、必ずすべからく真実心の中になすべきことを明かさむと欲す。外に賢善精進の相を現じ、内に虚仮を懐くことを得ざれ。

（『岩波・選択集』八九〜九〇頁）

法然は、『観経』の後に、善導の『観経疏』を引用するのである。至誠心について、真実心でなさなければならない。外面は賢善精進のような姿で、心の中が虚仮（いつわり）であってはならない。つまり外面と内面が一致したうえで精進しなければならない。善導はそのように考え、誠実に行動したのであろう。法然もこの文を引用しているので、善導と同じように考えたのであろうか。私は、『選択集』「三心章」を読みながら、ある一文が目に留まった。これは引用文ではなく法然自身の言葉である。

その中に至誠心とは、これ真実の心なり。その相、かの文の如し。ただし外に賢善精進の相を現じ、内に虚仮を懐くといふは、外は内に対するの辞なり。謂はく外相と内心と不調の意なり。

（『岩波・選択集』一一六頁）

至誠心とは、これ真実の心であると記す。「外に賢善精進の相を現じ、内に虚仮を懐くといふ」、さきほど挙げた善導の言葉であるが、こうした状態であるのは、外面と内心が一致していないからだと法然は述べる。それではどうしたら外面と内心を一致させられるのだろうか。法然はまず、次のように示す。

> 謂はく外には精進の相を示し、内は即ち懈怠の心を懐くなり。もしそれ外を飜じて内に蓄へば、秪に出要に備ふべし。（『岩波・選択集』一一六～一一七頁）

外の賢善精進の相を内にも蓄える。外面も内面も賢善精進の姿であれば、外面と内心が一致して、真実心だと言う。これだけでは、善導の言うことと変わらない。

続いて法然は、もう一つの方法を示す。

> 即ちこれ内は虚、外は実なり。虚は実に対するの言なり。謂はく内は虚、外は実なるものなり。仮は真に対するの辞なり。謂はく内は仮、外は真なり。もしそれ内を飜じて外に播さば、また出要に足んぬべし。（『岩波・選択集』一一七頁）

内に虚仮なる心を抱いているならば、内心の虚仮を外面にまで現したならば、内心も外面も一致するから、これも真実心であると言うのである。

私は本書の最初に、法然の思想が画期的だということをかなり詳しく述べたが、ここでも、法然はすごいことを言うのである。内心と外面を一致させようとするならば、内外ともに虚仮で一致させる方法もあるのだと。そのことは法然の消息「大胡の太郎実秀へつかわす御返事」でも、

> 内にも外にもたゞあるまゝにてかざるこゝろなきを、至誠心とはなづけたるにこそ候めれ。

（『法然全集』第三巻　三〇頁。原文はカタカナ）

と記されていることからもうなずける。内心も外面も飾ることなく、ありのままでよいのだ。それが「ただ念仏」なのだ。内心や外面が清くなければならないなら、凡夫往生など不可能である。『選択集』に記されているように、内心が虚仮ならそれを外面に出したらよいのだという法然の真骨頂が表れているではないか。

親鸞はこのことをどう考えているのか。親鸞は、『観経疏』から法然が引用した同じところを引用する。

> 「一者至誠心」。「至」は真なり。「誠」は実なり。一切衆生の身・口・意業の所修の解行、必ず真実心の中に作したまえるを須いることを明かさんと欲う。外に賢善精進の相を現ずることを得ざれ、内に虚仮を懐いて、
>
> （『真宗聖典』二一五頁）

至誠心について善導が、真実心でなさなければならない、外面は賢善精進の姿でありながら、心の中に虚仮を抱いてはならない、と言っているのを、親鸞は読みかえてしまっている。

親鸞は「真実心の中に作したまえるを須いる」、つまり、如来が真実心のうちに成就されたものをもちいよ、と言う。人間には真実の心はないのだから。そして、特に注目されるのは次の、「外に賢善精進の相を現ずることを得ざれ、内に虚仮を懐いて」である。

外面に賢善精進の相を現してはならない。内心に虚仮を抱いているからだ、と読みかえている。多くの人々は、これこそが、親鸞の独創的な思想で、親鸞の人間凝視が表れているとして絶賛する。私もこの文に惹かれるのであるが、『選択集』で書かれた法然の考えと無縁だろうか。法然は、内外ともに虚仮で一

致させる方法を発見した。親鸞が読みかえた善導の文は、まさに法然の考え方に沿っているのではないか。『選択集』を介しての読みかえだと私は思う。

2 二種深信としての深心

今述べたところは、三心の中の至誠心であるが、次に深心に入る。深心は善導も法然も親鸞も深信であるとも言う。その中心になるのが、「二種深信」である。「二種深信」には「機の深信」と「法の深信」がある。

「二者深心」。「深心」と言うは、すなわちこれ深信の心なり。また二種あり。一つには決定して深く、「自身は現にこれ罪悪生死の凡夫、曠劫より已来、常に没し常に流転して、出離の縁あることなし」と信ず。二つには決定して深く、「かの阿弥陀仏の四十八願は衆生を摂受して、疑いなく慮りなくかの願力に乗じて、定んで往生を得」と信ず。

（『真宗聖典』二一五～二一六頁）

まず、自分自身がどういう存在なのかをよく見つめよということだ。自身は罪悪を犯すこと限りない存在で、それゆえ遠い過去から迷い続け、輪廻を繰り返し、さとりなどおおよそ縁なき存在だと自覚する。これが「機の深信」である。

法然も『選択集』で同じように引用している（『岩波・選択集』九二～九三頁）。法然と親鸞は比叡山での修行に挫折し、絶望する中で自らをそう感じたのであろう。自己に救いの根拠が全くない。

しかし、そこから、一切の衆生をもれなく平等に救う阿弥陀仏の本願が心に響いてくるのである。これが「法の深信」である。法然は比叡山黒谷の経蔵で善導の金言に出遇い、親鸞は法然との出遇いの中から、弥陀の本願に出遇ったのだ。善導そして法然、親鸞が明らかにした念仏の深信はこのような過程から得られた信心である。

さらに『観経疏』からの引用が続く。

> また深信する者、仰ぎ願わくは、一切行者等、一心にただ仏語を信じて身命を顧みず、決定して行に依って、仏の捨てしめたまうをばすなわち捨て、仏の行ぜしめたまうをばすなわち行ず。仏の去てしめたまう処をばすなわち去つ。これを「仏教に随順し、仏意に随順す」と名づく。これを「仏願に随順す」と名づく。これを「真の仏弟子」と名づく。（『真宗聖典』二一六頁）

念仏の信心を生きる者に対して、仏語をものさしとして生きていくことを訴える。仏が捨てよと仰せられたものを捨て、仏が行ぜよと仰せられたことを行ぜよ。親鸞がこの文を引用するには、法然の廃立の精神を確認しているのであろう。阿弥陀仏が選捨した諸行を捨てて、阿弥陀仏が選択してくださった念仏を行ずる者こそ、「仏教に随順し、仏意に随順す」る者である。これこそが、「真の仏弟子」なのだと。

深心に関する一連の引用文の中で、私が大事だと思うのは以下の文である。

> 一心に弥陀の名号を専念して、行住座臥、時節の久近を問わず、念念に捨てざるをば、これを「正定の業」と名づく、かの仏願に順ずるがゆえに。（『真宗聖典』二一七頁）

この文は、一〇一～一〇二頁でふれた通り法然が出遇った善導の金言である。称名念仏こそが、阿弥陀仏の本願に順ずるからだと言う。まさに浄土宗開宗の根拠となるような文である。この文を親鸞は「行巻」で示さず、「信巻」に入れるのである。親鸞にとっては、まさに信心に関することであり、深心（深信）のことなのである。

さきほど、「二種深信」を述べたが、法然が善導の金言に出遇う様子を見てみたい。あらゆる修行をしたが、成就の確信をもてず、もだえ苦しんだ法然自身の体験が読み取れる。一〇一～一〇二頁をもう一度見ていただきたい。

文の前半は、「我等ごときはすでに戒定恵の三学の器にあらず」と仏道が成就し難いわが身の自覚であり、「機の深信」に関することである。それゆえに、文の後半のように善導の金言により阿弥陀仏の本願に出遇ったのである。「法の深信」である。この臨場感溢れる文は、法然が弟子聖光に語ったとされるが、私はそうした体験を親鸞にも語ったのではないかと思う。

法然は、善導の言葉に強く胸を打たれたであろう。それまで法然は自力で道を開こうと懸命に学び、歩んできた。しかし煩悩にもだえ、悲しみに打ちのめされた。そうした絶望の中で、善導の言葉により、そういう凡夫のために、阿弥陀仏から、救いの道が用意されていたことを知ったのだ。『四十八巻伝』に記されたこの文から、「機の深信」「法の深信」を読み取ることができると思う。

「一心に弥陀の名号を専念して、行住座臥、時節の久近を問わず、念念に捨てざるをば、これを「正定の業」と名づく、かの仏願に順ずるがゆえに」という金言も、こうした背景があるので、親鸞は、ここで如来よりたまわる信心の問題として引用したのであろう。

3　回向発願心の本質

ここで、回向発願心について考えよう。善導が言う回向発願心とは、自らの善を振り向けて往生を願うことである。

『選択集』は、以下のように『観経疏』をそのまま引用している。

> 三には廻向発願心。廻向発願心と言ふは、過去および今生の身・口・意業に修するところの世・出世の善根、および他の一切の凡聖の身・口・意業に修するところの世・出世の善根を随喜して、この自他の所修の善根をもつて、ことごとく皆真実の深信の心の中に廻向して、かの国に生ぜむと発願す。故に廻向発願心と名づくるなり。また廻向発願して、生ぜむと願ずる者は、必ずすべからく決定して真実心の中に廻向して、得生の想ひを願作すべし。
>
> （『岩波・選択集』一〇三～一〇四頁）

しかし、親鸞は、人間の行う善行など毒まじりであり、そうした心を振り向けることなど不可能だという人間観に立っている。だから親鸞は、

> 「三者回向発願心」。乃至
>
> （『真宗聖典』二一八頁）

と回向発願心の語を記し、親鸞自身が自力の善根と思われる前半部分を「乃至」としてごっそり切り取っているではないか。そして切り取った部分を次のように「化身土巻」に入れる。

> 三つには回向発願心。「回向発願心」と言うは、過去および今生の身口意業に修するところの世・出世の善根、および他の一切の凡・聖の身口意業に修するところの世・出世の善根を随喜して、この自他所修の善根をもって、ことごとくみな真実の深信の心の中に回向して、かの国に生まれんと願ず。

かるがゆえに「回向発願心」と名づくるなり、と。

（『真宗聖典』二三五～二三六頁）

自力の善根と思われるような部分も、真実の信に入るための大切な過程である。親鸞の心遣いと論理性を痛感する。

そして、切り取っていない後半の「また廻向発願して、生ぜむと願ずる者は、必ずすべからく決定して真実心の中に廻向して、得生の想ひを願作すべし」の部分を以下のように記す。

また回向発願して生ずる者は、必ず決定して真実心の中に回向したまえる願を須いて得生の想を作せ。

（『真宗聖典』二一八頁）

「回向したまえる」と書かれていることが注目される。親鸞が読みかえている。親鸞にとっては、回向は如来がなさることである。だから「回向したまえる」と敬語で記したのである。さらに『観経疏』よりの引用が続く。

この心深信せること、金剛のごとくなるに由りて、一切の異見・異学・別解・別行の人等のために、動乱破壊せられず。ただこれ決定して一心に捉って正直に進みて、かの人の語を聞くことを得ざれ。すなわち進退の心ありて、怯弱を生じて回顧すれば、道に落ちてすなわち往生の大益を失するなり。

（『真宗聖典』二一八頁）

如来よりたまわる信心であるので、ダイヤモンドのようなもので壊れない。一切の異見・異学・別解・別行の人等のために、乱されることはないと。だから本願を拠り所にまっすぐ進んで、彼らの言うことを聞いてはならない。ゆめゆめ怯え動揺して、往生の道を見失ってはならないと言う。

「一切の異見・異学・別解・別行の人等」とは誰か。『選択集』によれば、以下のように聖道門の人々だと述べる。

一切の別解・別行・異学・異見等と言ふは、これ聖道門の解行学見を指すなり。

（『岩波・選択集』一一七～一一八頁）

聖道門の僧たちは、念仏したくらいでは往生できないと言う者が多い。それに対する反論を示している。ここで私が注目するのは、次の文である。

もし行を学ばんと欲わば、必ず有縁の法に藉れ、少しき功労を用いるに多く益を得ればなりと。

（『真宗聖典』二一九頁）（『岩波・選択集』一〇六～一〇七頁）

仏道を行くのは有縁の法によらなければならないと言う。『選択集』にも『教行信証』にもこの文は引用されている。この言葉は、一方では聖道門の教えをも立てているように見えるが、果たして凡夫にそれが可能なのか。法然も親鸞も、凡夫にとって有縁の法とは、念仏往生の道だけであるとの確信をもって引用したのであろう。

その直後に、

また一切往生人等に白さく、今更に行者のために、一つの譬喩を説きて信心を守護して、もって外邪異見の難を防がん。

（『真宗聖典』二一九頁）

と記し、譬喩を説いて、信心を守るよう教えようと、「二河白道の譬え」が出てくる。

4　二河白道の譬え

善導が著したこの有名な譬喩は、『選択集』『教行信証』双方に全文が引用されている。

原文はあまりにも長いので要約してみると、旅人が西に向かって歩んでいると、南北に火の河と水の河が現れる。川幅は百歩、火と水の河の中間に、わずか、四、五寸の白道がある。

群賊、悪獣が、旅人が一人なのを見て襲いかかろうとする。この旅人の恐怖を察することができよう。旅人は、戻るも死、とどまるも死、行くのも死だと実感する。「三定死（さんじょうし）」である。

ここで、旅人は決意する。戻っても死ぬし、とどまっても死ぬし、行っても死ぬならば、思い切ってこの「四、五寸の白道」を歩もう。すでに道があるのだから、きっと渡れるであろう。旅人がこのように思ったとき、東の岸から、激励の声がする。

> 仁者（きみ）ただ決定（けつじょう）してこの道を尋（たず）ねて行け、必ず死の難なけん。もし住（とど）まらばすなわち死せん
>
> （『真宗聖典』二二〇頁）

「あなたは決心して、この道を行きなさい。死ぬことはない。とどまっていたら必ず死ぬであろう」。西の岸から、次のような声が聞こえる。

> 汝（なんじ）一心に正念（しょうねん）にして直ちに来（きた）れ、我よく汝（なんじ）を護（まも）らん。すべて水火の難に堕（だ）せんことを畏（おそ）れざれ
>
> （『真宗聖典』二二〇頁）

「あなたは一心に正念して直ちに来なさい。私はあなたを守っている。水火の河の中に落ちることを恐れるな」。旅人は、断固として道を歩んだ。

そうすると、旅人を追いかけてきた群賊、悪獣が、呼びかける。「あなたは、戻ってきなさい。この道は危険だ。われわれは決して悪意をもっているのではない」。旅人はその声に迷うことなく、一心に念じてまっすぐ道を行くと、西の岸に着いて一切の難を離れ、よき友に会い深い喜びを得たという。このような譬えである。

この譬喩は、善導の求道体験であろうし、法然、親鸞がともに大切にされるのであるが、浄土教の本質が表れている。旅人は浄土往生を願って歩む者である。東の岸というのは今生きている娑婆の現実であり、西岸は浄土である。

水火の二河について、水は貪欲であり、火は瞋恚である。私たちは欲望と怒りの中を生きている。それだけではなく、あらゆる苦しみに溢れている。私たちの人生そのものではないか。

東岸からの励ましは釈迦如来の発遣の声であり、西岸からの声は、阿弥陀如来の招喚の声である。

私が、この譬えから感じることは、旅人が、「思い切ってこの道を歩もう」と決断したとき、釈迦の発遣、弥陀の招喚の声が聞こえたのであり、浄土教は他力と言われるが、本願を信じて念仏の歩みをするその決断は、一人ひとりがなさなければならないということである。

阿弥陀仏よりの招喚の声に、「私はあなたを守っている。水火の河の中に落ちることを恐れるな」と言われる点にも注目する。阿弥陀仏に守られているから水火に落ちないのではない。それであれば、教えが呪術と化すかもしれない。阿弥陀仏は、水火に落ちることを恐れるなと教えているのである。

私は思う。人生は苦である。その苦難の人生を阿弥陀仏は見守るとおっしゃる。だから、水火に落ちることを恐れず道を歩めと説く。

群賊、悪獣の存在にも注目する。親鸞が引用した『観経疏』では、「別解・別行・悪見の人等」となっている。前述したように、法然は『選択集』で、「一切の別解・別行・異学・異見等と言ふは、これ聖道門の解行学見を指すなり」と述べているので、法然は、群賊、悪獣は聖道門であると述べていることに等しく、明恵が『摧邪輪』で烈火のごとく怒るのである。法然がこうも聖道門を批判するのは第一章第二節に述べた通りであるが、親鸞はこの部分をどのように見ていたのだろうか。『愚禿鈔』では、

「群賊悪獣」とは、

群賊は、別解・別行・異見・異執・悪見・邪心・定散自力の心なり。

悪獣は、六根・六識・六塵・五陰・四大なり。

（『真宗聖典』四五三頁）

と書かれている。親鸞は、群賊、悪獣を聖道門とは言わない。しかし、自力の心ということを言っている。

『教行信証』では同じ「信巻」のもう少し先に、二河譬喩の御自釈が出てくる。

真に知りぬ。二河の譬喩の中に、「白道四五寸」と言うは、「白道」とは、「白」の言は黒に対するなり。「白」は、すなわちこれ選択摂取の白業、往相回向の浄業なり。「黒」は、すなわちこれ無明煩悩の黒業、二乗・人天の雑善なり。「道」の言は、路に対せるなり。「道」は、すなわちこれ本願一実の直道、大般涅槃無上の大道なり。「路」は、すなわちこれ二乗・三乗・万善諸行の小路なり。「四五寸」と言うは、衆生の四大・五陰に喩うるなり。「能生清浄願心」と言うは、金剛の真心を獲得するなり。本願力回向の大信心海なるがゆえに、破壊すべからず。これを「金剛のごとし」と喩うるな

り。（『真宗聖典』二三四〜二三五頁）

親鸞は、白道を、阿弥陀如来が選択してくだされた白業であり、浄土往生のために如来が回向された浄業だと言う。

そして、「白」に対して「黒」という二河譬喩にない言葉を使う。具体的には、二乗・人天の雑善であると言う。法然が否定した聖道門を意識した言葉ではないか。白道とは、もともと四、五寸という狭い道なのであるが、親鸞は、「道」の言葉は、「路」に対する言葉として、大きな道だと言う。それが、「阿弥陀仏の本願による唯一の真実の道であり、このうえない涅槃すなわちさとりに至る大道」だと述べる。それに対して「路」は二乗・三乗・万善諸行の小路である。法然が捨てることをうながす、雑善と諸行の道であることを示す。私は、道と路を区別して厳格に使う親鸞の心遣いに共感する。諸行、聖道門は誰にも実践できないではないか。全くの小路に過ぎない。そして本願に基づく念仏の道こそが、誰にでも実践でき、すべての人が救われていく大道なのである。

聖道門を群賊、悪獣とまで言い切った法然と、それに猛烈に反駁してきた明恵。そうしたことをもふまえて、親鸞はこう記したのであろう。

さらに親鸞は、二河譬喩を信心の問題ととらえているので、念仏者の信心は、ダイヤモンドのように堅固な真心である。それは、本願力によって如来が回向してくだされた海のように深くて広い信心なので、個人の状況に左右されず壊れないのである。

親鸞が、二河譬喩をどのようにとらえたのかを見るため、ずっと後にある御自釈にふれざるを得なかったが、もとに戻る。

いよいよ、これから、三心一心問答に入るが、その前に、親鸞は、源信の『往生要集』を引く。そこには菩提心の大切さを不可壊の法の薬だと述べる。そこには、『華厳経』「入法界品」の言葉が出てくる。ここでも親鸞は、明恵を意識したのではないだろうか。『摧邪輪』で明恵が法然を厳しく非難するのは、さきほども述べた、聖道門を群賊、悪獣にたとえたこと、それと、念仏を大利として菩提心を小利としているのが許せなかったのである。法然は一切衆生を平等に往生せしめるため「ただ念仏」と言い、廃立の思想を打ち立てた。そして菩提心すら「廃」に含めたのである。法然はこう思ったのであろう。菩提心を起こせない人はどうなるのか。そういう衆生は度し難い衆生として見捨てられるのか。そんなはずはない、と。

しかし、通常の考え方として、菩提心を否定した仏教は考えられないのである。そこをついたのが明恵であり、親鸞はそれに答える必要が生じた。「信巻」はそうしたところをも読み取らなければならないと思う。親鸞が菩提心をどのように考えていたかは、もう少し後で述べてみたい。

三、『大経』に基づく真実信心（三心一心問答）

1 『観経』の三心から『大経』の三心へ

前節で、至誠心、深心、回向発願心の「『観経』の三心」を見てきた。親鸞が『観経疏』のこの部分を引用するのは『選択集』に「三心章」があるからで、どうしてもそれを課題にしなければならなかったからだと思う。

しかし、至誠心、深心、回向発願心を文字通り実践するのは容易なことではない。論理的かつ明確な『選択集』の中で一番歯切れが悪く私自身難解に感じたのが、この「三心章」である。親鸞も悩んだであろう。

親鸞が法然の説法をまとめたものが『西方指南抄』であるが、その中に次のような言葉がある。

至心といふは、『観経』にあかすところの三心の中の至誠心にあたれり。信楽といふは、深心にあたれり。

（『真宗聖教全書』四　拾遺部上　二四八頁）

親鸞は、法然からそう聞いたのであろう。

法然は、『観無量寿経釈』の中でも、こう述べる。

この経の三心は、即ち本願の三心を開く。しかる故は至心とは至誠心なり。信楽とは深心なり、欲生我国とは廻向発願心なり。

（『法然全集』第一巻　二四八頁）

親鸞自身は、至誠心、深心、回向発願心という『観経』の三心がわが身に成就し難きことに悩んでいたのだと私は思う。親鸞は前節で述べたように、それを如来よりたまわった信心として、読みかえたりしながら領解していたが、それでも親鸞は苦心したと思う。

そこで、法然から聞いた言葉を思い出したのではないかと私は想像する。『観経』の三心も『大経』の三心も同じだと法然は考えていたのであろう。私が注目するのは、法然が、『観無量寿経釈』で、『観経』の三心は本願の三心を開くと言っていることである。

そこで、親鸞は、あらためて、第十八願を見つめ直したのではないだろうか。

たとい我、仏を得んに、十方衆生、心を至し信楽して我が国に生まれんと欲うて、乃至十念せん。もし生まれずは、正覚を取らじ。唯五逆と正法を誹謗せんをば除く。（『真宗聖典』一八頁）

この本願の原点に立とうとした親鸞は、それでも悩んだのではないか。「心を至し信楽して我が国に生まれんと欲うて」の「至心、信楽、欲生我国」ということが、私親鸞はもとよりすべての衆生に可能なのかと。

このことは、法然も同じだったのではないか。法然は、『選択集』で第十八願を王本願と讃えながら、声に出して念仏せよと言うだけで、「至心、信楽、欲生我国」ということを自らの言葉では何も語らないのである。

法然にとっては、「ただ念仏」がすべてである。「至心、信楽、欲生我国」の解説をすると、必ず、衆生の心の問題を解明しなければならない。心のあり方で如来の救済から見捨てられる者がいてはならない。だからこそ法然は、菩提心すら重視しないのである。

そこをついてきたのが明恵であり、『摧邪輪』でこう述べる。

諸の往生浄土を楽はん人は、皆菩提心を以て正因とすべきなり。是を以て、四十八願の中、処処にまた発菩提心の言あり。汝が引くところの第十八願の中に云く、「至心信楽欲生我国」と云云。明らかに知りぬ、内心は是れ正因なり。往生の業、ただ口称に限るにあらざるなり。〈中略〉しからば、菩提心、最も浄土の正因とすべし。

（岩波書店『日本思想大系15　鎌倉旧仏教』六八～六九頁）

明恵は言っている。菩提心が浄土往生の正因だ。四十八願の中、処々に発菩提心の語がある。法然が最も大切にしている第十八願の中に「至心信楽欲生我国」と書かれているではないか。内心こそが大事ではないか。内心が往生の正因で、往生の正因を称名念仏に限るのは筋が通らず、菩提心こそが、浄土に往生する正因として最も大事なことである。

親鸞は、明恵の問いに答える必要に迫られたのである。同時にこの問題に答えることができなければ、法然の教えこそが真実の仏教だと言うことができるだろうか。親鸞は悩んだであろう。別序に記された「しばらく疑問を至してついに明証を出だす」の疑問とは、親鸞の疑問そのものではないかとあらためて思う。

この親鸞自身の疑問と、明証を得る過程が「三心一心問答」ではないかと思う。三心とは、至心・信楽・欲生である。経典から見ると、「心を至し」、「信楽して」、「我が国に生まれんと欲うて」とすべて動詞である。親鸞はそれを名詞で使っている。それでは一心とは何か。以下、『浄土論』に書かれた言葉である。天親は、

世尊(せそん)、我(われ)一心に、尽十方(じんじっぽう)
無碍光如来(むげこうにょらい)に帰命(きみょう)して、安楽国に生まれんと願ず。

（『真宗聖典』一三五頁）

と表明する。釈尊に対し、私天親は、一心に阿弥陀仏に帰命し、安楽国、つまり阿弥陀仏の浄土に生まれたいと願います。このような表明なのである。天親が一心に帰命する「一心」を、親鸞は信心と味わったのである。天親自身が帰依しているようであるが、それは、阿弥陀仏から回向された信心である。そう親

鸞は受け止めたのであろう。親鸞はこの文を一心の華文と呼び、この言葉に出遇った喜びが表れている。

2　三心とは、一心とは

それでは、三心一心問答に入ろう。親鸞は問いを立てる。

> 問う。如来の本願、すでに至心・信楽・欲生の誓いを発したまえり。何をもってのゆえに論主「一心」と言うや。答う。愚鈍の衆生、解了易からしめんがために、弥陀如来、三心を発したまうといえども、涅槃の真因はただ信心をもってす。このゆえに論主、三を合して一と為るか。
>
> （『真宗聖典』二二三頁）

第十八願には、至心、信楽、欲生の三心と書かれている。天親は『浄土論』で一心と言っておられる。なぜなのか。このように問いを立てた親鸞は自答する。愚かな衆生にわかりやすいようにそのように言われたものである。まず、阿弥陀如来は三心を起こしてくださった、と親鸞はここでも独創的である。「三心を発したまう」と敬語を使い、三心を起こした主語を如来にしたのである。第十八願は本来、「十方衆生、心を至し信楽して我が国に生まれんと欲うて」と衆生が起こすように記されている。

親鸞のこの解釈によって、法然がふれなかった問題や明恵からの批判に答えようとしているのではないか。親鸞の言葉は続く。阿弥陀如来が三心を起こしてくださったのであるが、涅槃の真因はただ信心なのである。このゆえに天親は、三心を合わせて一心とされたのであろう、と親鸞は推測した。

涅槃の真因ということにも注目する。法然は「一枚起請文」において、ただ、往生極楽のためには、南無阿弥陀仏と申して、疑なく往生するぞと思とりて申す外には、別の子さい（細）候わず。

（『真宗聖典』九六二頁）

と、往生極楽のためには、念仏を称えよと言う。また『選択集』では、

涅槃の城には信をもって能入とす。

（『岩波・選択集』一一七頁）

と書かれている。

こうした法然の言葉から、親鸞は往生極楽を涅槃ととらえた。極楽は涅槃の世界である。そこへ往生する因が信心だと。そして信心こそが一心であり、愚かな私たちにわかってもらおうと阿弥陀如来は、「至心、信楽、欲生」と誓われた。如来が誓われたので、疑いや煩悩はまじらないものである。親鸞は、さらに細かく見つめる。

私に三心の字訓を闚うに、三はすなわち一なるべし。その意何んとなれば、「至心」と言うは、「至」はすなわちこれ真なり、実なり、誠なり。「心」はすなわちこれ種なり、実なり。「信楽」と言うは、「信」はすなわちこれ真なり、実なり、誠なり、満なり、極なり、成なり、用なり、重なり、審なり、験なり、宣なり、忠なり。「楽」はすなわちこれ欲なり、願なり、愛なり、悦なり、歓なり、喜なり、賀なり、慶なり。「欲生」と言うは、「欲」はすなわちこれ願なり、楽なり、覚なり、知なり。「生」はすなわちこれ成なり、作なり、為なり、興なり。

（『真宗聖典』二二三～二二四頁）

このように、「至心、信楽、欲生」を一字ずつ示すのである。これらの字訓より、

明らかに知りぬ、「至心」はすなわちこれ真実誠種の心なるがゆえに、疑蓋雑わることなきなり。

「信楽」はすなわちこれ真実誠満の心なり、極成用重の心なり、審験宣忠の心なり、欲願愛悦の心なり、歓喜賀慶の心なるがゆえに、疑蓋雑わることなきなり。「欲生」はすなわちこれ願楽覚知の心なり、成作為興の心なり、大悲回向の心なるがゆえに、疑蓋雑わることなきなり。

（『真宗聖典』二二四頁）

と述べる。

至心とは、真実のもとになる心である。

信楽は、真実が満ち満ちている心であり、疑いがなく真実を用いる心、誤ることなく正しい心、願いに親しむ心、喜びにおどる心である。

欲生という語は、願いに目覚める心であり、仏となって衆生を救おうとする心である。

このような心であるがゆえに、三心とも疑蓋がまじることはないのである。疑蓋という語が、これからたびたび出てくる。その字の通り、疑いが蓋となって心をおおうことであろう。疑蓋がまじらないのは、三心とも如来に根拠があるからである。

さらに親鸞は、以下のように述べる。

今三心の字訓を案ずるに、真実の心にして虚仮雑わることなし、正直の心にして邪偽雑わることなし。真に知りぬ、疑蓋間雑なきがゆえに、これを「信楽」と名づく。「信楽」はすなわちこれ一心なり。一心はすなわちこれ真実信心なり。このゆえに論主建めに「一心」と言えるなり、と。知るべし。

（『真宗聖典』二二四頁）

三心を字訓により吟味すると、真実の心にして、虚仮がまじることがない。正しくまっすぐの心であって、邪な心や偽りの心がまじることはない。疑蓋がまじらないから、これを「信楽」と言うと親鸞は述べるのである。これこそまさに、如来よりたまわる信心である。三心に丁寧な字訓をつけて読んできた親鸞であるが、信楽に三心を代表させているのがわかるのである。

そして疑蓋がまじらないからこそ、信楽が一心であり、一心が真実信心であるのだと結論づけた。だから天親は「一心」とおっしゃったのだ。

3　如来の真実心たる至心

親鸞はこう結論づけた後、また問答を立てる。

また問う。字訓のごとき、論主の意、三をもって一とせる義、その理しかるべしといえども、愚悪の衆生のために、阿弥陀如来すでに三心の願を発したまえり、云何が思念せんや。答う。仏意測り難し、しかりといえども竊かにこの心を推するに、一切の群生海、無始よりこのかた乃至今日今時に至るまで、穢悪汚染にして清浄の心なし。虚仮諂偽にして真実の心なし。ここをもって如来、一切苦悩の衆生海を悲憫して、不可思議兆載永劫において、菩薩の行を行じたまいし時、三業の所修、一念・一刹那も清浄ならざることなし、真心ならざることなし。如来、清浄の真心をもって、円融無碍・不可思議・不可称・不可説の至徳を成就したまえり。如来の至心をもって、諸有の一切煩悩・悪業・邪智の群生海に回施したまえり。すなわちこれ利他の真心を彰す。かるがゆえに、疑蓋雑わることなし。この至心はすなわちこれ至徳の尊号をその体とせるなり。

（『真宗聖典』二二四～二二五頁）

親鸞の自問が始まる。三心が一心であることはわかった。それなら、愚悪の衆生のために、阿弥陀如来が、すでに三心の願を発してくださったことをどのように考えたらよいのだろうか。そして親鸞の答えが、一切の群生海の語で始まるが、ここでも親鸞は海という言葉で、迷える衆生の群れを見つめる。われら衆生は、遠い遠い昔より今に至るまで、穢れていて罪深く、汚れに染まって、清浄の心はない。虚しい偽り、諂(へつら)いに満ちて真実の心などこれっぽっちももっていない。こうした親鸞の人間観が描かれている。

だから阿弥陀仏は、苦しみと悩みに満ちた私たち衆生を悲しみ憫(あわ)れまれ、助けようと思われて、はかることもできない長い間、法蔵菩薩として行を行じられたとき、身、口、意の三業によるすべての行が、ほんの一瞬も清浄でなかったことはなく、真実の心でなかったこともなかった。如来は、清浄の真心をもって、円かに融け合い碍(さまた)げなく、思いもはかることのできない功徳を成就されたのである。ここでも親鸞は、真実とか清浄を、如来の側に置いている。

ここに阿弥陀仏という如来の本質が描かれている。衆生に真実の心がなく、迷い苦しんでいる姿を見て、法蔵菩薩として衆生に代わり行をしてくださったのだ。そしてそれが成就して阿弥陀如来となり、如来の至心すなわち真実をもって、あらゆる煩悩と悪業と邪に満ち溢れて生きている衆生に、その功徳を回し向け施されたのである。このことを「利他の真心を彰す」と言う。利他といえば本来、私たちが他者を利する行為であるが、親鸞は如来が衆生のためになさることと受け止めたのである。

至心ということは、如来が衆生を救おうとなさる真実の心である。だから疑蓋がまじることはないと親鸞は述べる。衆生の起こす心であったら疑いが起こるであろう。また各人によって違うであろう。そうではない。如来が起こされた真実心なのだ。だから平等に衆生にそそがれている。

親鸞は、こう締めくくる。至心は至徳の尊号をその本質とするのだと。至徳の尊号とは何か。それこそが名号すなわち「南無阿弥陀仏」だと、こう言うのである。私たちが念仏として称える名号は、このような如来の真実がこもっている。

この名文に感動しながら私の脳裏に浮かんだのは、名号の功徳について『選択集』に書かれている、次の文である。

念仏はこれ勝、余行はこれ劣なり。ゆゑいかんとならば、名号はこれ万徳の帰する所なり。しかれば則ち、弥陀一仏の〈中略〉功徳、皆ことごとく阿弥陀仏の名号の中に摂在せり。故に名号の功徳、最も勝とするなり。〈中略〉しかれば則ち仏の名号の功徳は、余の一切の功徳に勝れたり。故に劣を捨て勝を取つて、もつて本願としたまふか。

（『岩波・選択集』四九〜五一頁）

念仏は勝れている。その他の修行は劣っている。この文は聖道門を怒らせた。法然はここで、「南無阿弥陀仏」の名号にはあらゆる功徳がことごとくこもっていることを述べる。すべての功徳に勝れているのだから阿弥陀仏は念仏を本願となさったと。

親鸞は、『選択集』の精神をふまえ、それに対する明恵たち聖道門の批判を意識して書いたのであろう。名号としてあらわれた阿弥陀仏の至心にはこのような深い背景がある。

親鸞はそのことを裏付けるために、『大経』を引用して法蔵菩薩の精神を確かめる。

ここをもって『大経』に言わく、欲覚・瞋覚・害覚を生ぜず、欲想・瞋想・害想を起こさず。色・声・香・味の法に着せず。忍力成就して衆苦を計らず。少欲知足にして、染・恚・痴なし。三昧常寂にして、智慧無碍なり。虚偽諂曲の心あることなし。和顔愛語にして、意を先にして承問す。勇猛精進にして、志願倦きことなし。専ら清白の法を求めて、もって群生を恵利しき。三宝を恭敬し師長に奉事しき。大荘厳をもって衆行を具足して、もろもろの衆生をして功徳成就せしむ、とのたまえりと。已上

（『真宗聖典』二二五頁）

紙数の関係で詳しく書けないが、法蔵菩薩の菩薩精神（法蔵魂）を感じる名文ではないか。一切の衆生のために、言葉でも言い尽くせないような気高き菩薩精神による功徳が成就したのが、至心であり、それが万人に届くように具体的かつ象徴的に現れたのが「南無阿弥陀仏」の名号だと、親鸞は受け止めたのであろう。

4　如来が与えてくださった信心としての信楽

信楽に入ろう。まず親鸞の自釈を読んでみよう。

次に「信楽」というは、すなわちこれ如来の満足大悲・円融無碍の信心海なり。このゆえに疑蓋間雑あることなし、かるがゆえに「信楽」と名づく。すなわち利他回向の至心をもって、信楽の体とするなり。

（『真宗聖典』二二七頁）

信楽といっても私たち衆生が起こす信心ではない。私たちの信心であれば、心の状態で浅深が、みんな

違うものであろう。疑いも生じるだろう。だから如来が円やかで碍げなき大悲の心でつくってくださった海のように深い信心なのである。そしてそれは、衆生に向けられた如来の真実、すなわち先に述べた至心を本質としている。親鸞の言葉は続く。

> しかるに無始より已来、一切群生海、無明海に流転し、諸有輪に沈迷し、衆苦輪に繫縛せられて、清浄の信楽なし。法爾として真実の信楽なし。ここをもって無上功徳、値遇しがたく、最勝の浄信、獲得しがたし。一切凡小、一切時の中に、貪愛の心常によく善心を汚し、瞋憎の心常によく法財を焼く。急作急修して頭燃を灸うがごとくすれども、すべて「雑毒・雑修の善」と名づく。また「虚仮・諂偽の行」と名づく。「真実の業」と名づけざるなり。
>
> （『真宗聖典』二二七～二二八頁）

ここでは、衆生の現実を書いている。われわれ衆生は、思いはかることのできない昔から、迷いの海に沈んで流転し続け、数多くの苦しみにしばられて、清らかな信心など起こり得ない。だから真実の功徳には遇い難く、最もすぐれた信心を得る道理などないのである。私たちはいつも、貪り執着する心と怒りと憎しみの中で生きている。その中で懸命に励み、功徳を積もうとしても、毒まじりで偽りと諂いに満ちた善行である。親鸞は、生活の中でそう痛感したのであろう。私たちの行為はそういう虚偽に満ちている。真実に生きようと歩んだ人ほど、真実でない自分の姿を感じるだろう。善導も法然もそのように感じたにちがいない。親鸞の言葉は続く。

> この虚仮・雑毒の善をもって、無量光明土に生まれんと欲する、これ必ず不可なり。何をもってのゆえに、正しく如来、菩薩の行を行じたまいし時、三業の所修、乃至一念・一刹那も疑蓋雑わること

> なきに由ってなり。この心はすなわち如来の大悲心なるがゆえに、必ず報土の正定の因と成る。如来、苦悩の群生海を悲憐して、無碍広大の浄信をもって諸有海に回施したまえり。これを「利他真実の信心」と名づく。
> （『真宗聖典』二二八頁）

この毒まじりの人間が起こす善行で、浄土へ生まれようと思っても不可能である。なぜならば、阿弥陀如来は法蔵菩薩として修行なさったとき、身、口、意の三業によるすべての行が、ほんの一瞬も疑いがまじることはなかった。この心は如来の大悲心であるがゆえに、必ず真実の浄土である報土に往生する正しき因と成る。如来が、苦悩して群れて生きることを余儀なくされたわれわれ衆生を悲しみ憐れまれて、碍げなく広くて大きく、浄らかな信心をもってあらゆる衆生に与えてくださったのだ。これが「利他真実の信心」である。この利他も衆生が行う利他行ではなく、如来が回向して、私たちに与えてくださった信心なのである。

まさに親鸞ならではの信心理解である。阿弥陀仏が私たちの苦悩に寄り添ってくださり、法蔵菩薩として修行された心は、偽りや諂い、疑いなど一かけらもなく、その「真実の心」を私たち衆生のために与えてくださったのである。この「真実の心」こそが信心であるのだ。すなわち、如来よりたまわりたる信心である。

私は、長い間こうした親鸞の言われることが理解できなかったが、ようやくうなずくことができた。人間が努力を重ねても、そこには虚仮がまじる。人間が努力して得られるものは、せいぜい能力や条件、心の状態、社会的関係によって成し遂げた自己本位のものに過ぎない。だから、信心も私たちの起こす信心は、偽善性があり、他人と比べてしまうような信心である。『歎異抄』「後序」の「信心一異の諍論」からもわかるであろう。信心は如来からたまわったものでなければならない。ここで、三四頁にも記した『選択集』の言葉を見てみたい。

弥陀如来、法蔵比丘の昔、平等の慈悲に催されて、普く一切を摂せむがために、造像起塔等の諸行をもつて、往生の本願としたまはず。ただ称名念仏の一行をもつて、その本願としたまへるなり。

（『岩波・選択集』五三～五四頁）

法蔵菩薩が平等の慈悲によって、称名念仏のみを選択くださったその心こそが、信楽すなわち真実の信心だと親鸞は受け止められたのではないだろうか。如来が選択された行としての念仏の奥底には、如来が回向して与えてくださった信楽すなわち真実の信心があると、親鸞は理解したと私は推測するのである。

5　如来の呼びかけである欲生

欲生について親鸞はどう述べられるのか。

次に「欲生」と言うは、すなわちこれ如来、諸有の群生を招喚したまうの勅命なり。すなわち真実の信楽をもって欲生の体とするなり。誠にこれ、大小・凡聖・定散・自力の回向にあらず。かるがゆえに「不回向」と名づくるなり。

（『真宗聖典』二三二頁）

ここでも、親鸞は独自の解釈をする。欲生とは従来は、衆生が阿弥陀如来の国に生まれたいと願うことである。ところが、親鸞は、欲生とは、如来があらゆる衆生を招き喚ばれる如来の心だと受け止められた。「招喚したまうの勅命なり」と言う。「勅命」などとかなり断定的な言い方であるが、確信に満ちた思いを感じる。

そしてそれは、さきほど述べた真実の信心たる信楽を欲生の本質としているからである。それは、さまざまな人間の善行による回向ではない。だから不回向と言う。こう述べて、法然が明らかにした不回向の語を持ち出して言うのだ。親鸞は言葉を続ける。

> しかるに微塵界の有情、煩悩海に流転し、生死海に漂没して、真実の回向心なし、清浄の回向心なし。このゆえに如来、一切苦悩の群生海を矜哀して、菩薩の行を行じたまいし時、三業の所修、乃至一念一刹那も、回向心を首として、大悲心を成就することを得たまえるがゆえに。利他真実の欲生心をもって諸有海に回施したまえり。欲生はすなわちこれ回向心なり。これすなわち大悲心なるがゆえに、疑蓋雑わることなし。
>
> （『真宗聖典』二三二〜二三三頁）

ここでも親鸞は、衆生に真実の心がなく、煩悩と苦悩と生死の世界に漂流していることを述べる。だから衆生に回向心などない。親鸞の言葉が響いているのは、そうした衆生の迷いを自分のこととしてとらえているからである。海にたとえて衆生の迷いと苦悩を語るのも、自分を離れてはありえないので、共感できるのである。善導は回向発願心と言うが、とてもそんな心はない。

だから、阿弥陀如来が、苦悩する一切衆生を哀れみて、法蔵菩薩として行をなさったとき、身口意の三業にわたる行業は、どんなときであっても、衆生に回向する心を第一として、大悲心を成就されたのである。如来が衆生を利する真実の欲生心をもってすべての衆生に施されたのである。

親鸞は、衆生が浄土往生を願うもともとの欲生の語を、すべて如来からの回向と受け止めた。衆生が起こす心であれば、そうした往生を願う心が深い人も浅い人も、また状況によってはそうした心がなくなることもあるだろうし、ほんとうに往生できるか疑う心も生じよう。でも如来の心であるから、万人に平等に施されている。親鸞はここでも、「疑蓋雑わることなし」と締めくくっている。親鸞は、至心、信楽、欲生を何度も語っているのであるが、親鸞の真摯な求道と苦悩の跡がにじみ出ている。

親鸞の欲生の解釈を読みながら思い浮かぶのが、『正像末和讃』の一首である。

如来の作願をたずぬれば
苦悩の有情をすてずして
回向を首としたまいて
大悲心をば成就せり

（『真宗聖典』五〇三頁）

これが今見てきた、「欲生はすなわちこれ回向心なり。これすなわち大悲心なるがゆえに、疑蓋雑わることなし」ということであろう。欲生ということを親鸞は、如来が苦悩をする衆生を一人も見捨てることなく、大悲心を成就されたその心と受け止められたのである。

欲生について同時に思うのは、「二河白道の譬喩」の中で、阿弥陀仏が西岸から、

汝一心に正念にして直ちに来れ、我よく汝を護らん。

（『真宗聖典』二二〇頁）

と発する招喚の心であろう。

いずれにしても、親鸞の考える欲生は、如来が、浄土に生まれてくれよ、助かってくれよと、私たち衆生に呼びかけてくださるその心である。

ここまで読んでこられた方は、至心も信楽も欲生も人間の側に根拠があるわけではなく、すべて如来が衆生を憐れみて、回向くださった、ということがわかられたと思う。私もこのあたりを読むときは、如来の広大な慈悲が心にしみるのである。

ただし、如来の本願を受け入れて、念仏する人生を歩む、その決断は、私たち一人ひとりであろうと思う。「二河白道の譬喩」でも、旅人がその道を行こうと決断したとき、釈迦の発遣と弥陀の招喚の声が聞こえたのである。「我が国に生まれんと欲うて、乃至十念せん」と記されている第十八願文をその通りに読むと、阿弥陀仏の国に生まれたいと思って念仏しようと思うことは、やはり一人の衆生である。

しかし、そのことも、如来が、浄土に生まれてくれよ、助かってくれよと、衆生に呼びかけてくださる、如来の欲生心がはたらいてくださっているのだと受け止めた人が親鸞だと思う。

6　三心は一心でそれこそが真実信心で菩提心

親鸞は、三心一心の総括として以下のように述べる。

信に知りぬ。「至心」・「信楽」・「欲生」、その言異なりといえども、その意惟一なり。何をもってのゆえに、三心すでに疑蓋雑わることなし。かるがゆえに真実の一心なり、これを「金剛の真心」と名づく。金剛の真心、これを「真実の信心」と名づく。真実の信心は必ず名号を具す。名号は必ずしも願力の信心を具せざるなり。このゆえに論主建めに「我一心」と言えり。また「如彼名義欲如実修行相応故」と言えり。

（『真宗聖典』二三五～二三六頁）

至心、信楽、欲生と、その言葉は異なるようであるが、その心は同じである。三心一心問答の初めに、親鸞が記すように、「愚鈍の衆生、解了易からしめんがために、弥陀如来、三心を発したまうといえども、涅槃の真因はただ信心をもってす」ということを、ここに確認している。すべて、如来が起こしてくださったので、疑いがまじることはない。だから天親が言うように真実の一心である。それは阿弥陀如来からいただいたダイヤモンドのように壊れない真心であり、これを真実の信心であると述べる。

ところで、一心という言葉から想起されるのは、『高僧和讃』天親章の和讃である。

信心すなわち一心なり
一心すなわち金剛心
金剛心は菩提心
この心すなわち他力なり

（『真宗聖典』四九一頁）

今読んできた『教行信証』の「三心一心問答」に出てくるキーワードとも言うべき信心、一心、金剛心の語がすべて出ている。それが菩提心だと親鸞は言うのである。

ここで、明恵を意識した親鸞の姿が見える。明恵は、法然が菩提心を否定していると非難し、菩提心なしに仏道は成立しないと言う。

『選択集』こそが真実の仏教であることを証明したい親鸞にとって、そこはどうしても論じなければならない点である。親鸞は、菩提心を説明するために三心一心問答を書いたのではないか。そんなことをも思う。『高僧和讃』のこの一首は、簡潔に菩提心を説明する。そしてその菩提心が他力であると結論づけた。

至心、信楽、欲生の三心は、結局のところ一心だと、親鸞は「三心一心問答」で述べる。そして金剛の真心が「真実の信心」であると言う。それが菩提心と親鸞は考えた。

それなら、親鸞と明恵は同じ菩提心を有しているのか。そのことは、またあらためて考えよう。

7　信心には「南無阿弥陀仏」の名号が伴う

三心一心問答の総括にある「真実の信心は必ず名号を具す。名号は必ずしも願力の信心を具せざるなり」の言葉も述べておかなければならない。真実の信心は必ず名号を伴っている。「この至心はすなわちこれ至徳の尊号をその体とせるなり」(『真宗聖典』二二五頁)と言っているからである。至徳の尊号たる名号が、如来の至心たる真実の本質であり、「利他回向の至心をもって、信楽の体とするなり」(『真宗聖典』二二七頁)と親鸞が言うのであるから、真実の信心は、必ず「南無阿弥陀仏」の名号を伴っている。

第十八願に記されている至心・信楽・欲生の説明なしに「ただ念仏」せよと説く『選択集』を受けて親鸞は、三心一心問答を通して至心・信楽・欲生を説明し、それが如来よりたまわる信心だと述べる。そして必ず名号を具すと示す。だから結論は法然と同じく、名号を称えよということである。

ところが、「南無阿弥陀仏」の名号は必ずしも本願力の信心を伴わない場合もあると親鸞は言うのである。それは、法然死後の念仏者の状況があるからであろう。一念多念の争いも深刻である。また法然の弟子の中には、法然が捨てよと言った諸行をも取り入れたりして、法然の精神に反する者が続出した。なぜこうしたことになるのか、念仏を自分の善行として考えるからである。親鸞が「化身土巻」で、

おおよそ大小聖人・一切善人、本願の嘉号をもって己が善根とするがゆえに、信を生ずることあたわず、仏智を了らず。

（『真宗聖典』三五六頁）

と嘆いていることに通ずると思う。

本願によりたまわった信心に基づかない自己の善根としての念仏は、呪文に陥りやすい。また多く称えたほうがよいとか、清き心で称えなければならないなどと言って、さまざまな条件をつけるのである。条件をつけると救いからもれる人が出るし、念仏に生きる朋・同行が分断されるのである。「ただ念仏」せよと言う法然の教えが歪められていることに対する、親鸞の危機感が表れていると思う。

ここで、あらためて、本願に基づいた世界を親鸞は示す。ここで親鸞は、海という表現を使って信心の世界を見つめる。本願力に基づく信心は、海のように深く広いからである。親鸞はそうした信心を具体的に語る。

おおよそ大信海を案ずれば、貴賤・緇素を簡ばず、男女・老少を謂わず、造罪の多少を問わず、修行の久近を論ぜず、行にあらず・善にあらず、頓にあらず・漸にあらず、定にあらず・散にあらず、正観にあらず・邪観にあらず、有念にあらず・無念にあらず、尋常にあらず・臨終にあらず、多念にあらず・一念にあらず、ただこれ不可思議・不可説・不可称の信楽なり。たとえば阿伽陀薬のよく

一切の毒を滅するがごとし。如来誓願の薬は、よく智愚の毒を滅するなり。

（『真宗聖典』二三六頁）

深く広い海のような信心のことを親鸞は思いめぐらせて、この信心は如来よりたまわった信心なので、平等であることを述べる。身分の上下、僧俗、男女、罪の多少、修行期間の長短などとは関係なく、一切が平等の世界である。

さまざまな観念の世界ではなく、臨終や平生を問わないし、称名念仏を一回だけでよいか多く称えなければならないかも全く無関係である。

如来からたまわった信心は、思いはかることも、讃え尽くすことも、説き尽くすこともできない信心である。阿伽陀薬という最高の不死の薬が、あらゆる毒を消してしまうように、如来の誓願の薬は、智愚の毒を滅するのである。

「智愚の毒」を滅するという表現に注目したい。如来の慈悲から見れば、人間の「智」も「愚」も所詮、毒に過ぎない。智者は愚者を蔑み、愚者は智者の前で卑下する。同時に別の愚者には智者として驕る。人間の行う自力の善は、今まで見てきたように、虚仮に満ちている。そして身分や僧俗、修行の長短などさまざまなものさしで、人間に上下関係をつくり出し、不平等の現実を正当化するのである。

如来からたまわった信心は、そうした人間の差異と差別を無化させるのである。まさに阿伽陀薬のようなはたらきをしているのが、信心の世界なのである。

親鸞が、このような表現をして信心の世界を語るのは、何人かの対象があったと思う。まずは亡き師の法然と対話しながら書いたと思う。三三〜三四頁に掲げた法然の名言を意識してのことであると、私は確信する。法然が明らかにした本願に基づく専修（せんじゅ）念仏は、あらゆる人々を往生させる道である。本願による海のような世界が、ここで親鸞が述べる大信海なのである。親鸞は、法然が提唱した本願念仏を信心の世界として明らかにしたのである。

親鸞が語るもう一方の対象者は、法然の弟子たちである。法然の弟子の中には、ある者は一念多念の争いに明け暮れ、ある者は臨終念仏を重視して法然以前の浄土教に戻り、あるいは、念仏が有念か無念かなど観念に陥ったり、定善や散善の世界にこだわったりして、法然が明らかにした阿弥陀仏の平等の慈悲に反する者が続出した。それに対する、親鸞の強い危機感である。

そして、親鸞はどうしても、法然の批判者たる明恵に言いたいのである。明恵が、法然の教えは菩提心を失すると言うが、法然が否定する菩提心は、自力の菩提心である。如来からたまわる信心としてのもう一つの菩提心があるのだと。それを言わんがために、私親鸞は、三心一心問答を立て、大信海まで明らかにしてきた。親鸞の叫びが聞こえるではないか。

三心一心問答を通して、親鸞は、如来からたまわった信心を喜ぶ。しかし単なる「信仰の喜び」ではないだろう。その奥底には、聖道門と法然の教えを歪める者に対する葛藤と悲嘆を感じるのである。こうしたことを念頭に置いて、親鸞が菩提心をどのように考えていたかを考察したい。

四、親鸞にとっての菩提心

1　浄土の大菩提心

ここで、親鸞は菩提心について語る。明恵が『選択集』に対して菩提心を失すると言った非難に、どうしても応えなければならないのである。法然は、『選択集』で、

菩提心等の諸行をもつて小利となし、ないし一念をもつて大利とするなり。

（『岩波・選択集』七五～七六頁）

と、菩提心を小さな利益として述べる。「菩提心等の諸行」と述べているので、法然の「廃立の思想」から見ると、廃すべき諸行に含まれる。

しかし法然は、『三部経大意』では、

菩提心は諸宗おの〳〵ふかくこゝろえたりといへども、浄土宗のこゝろは浄土にむまれむと願ずるを菩提心といへり。

（『法然全集』第一巻　六二頁。原文はカタカナ）

と述べ、菩提心は各宗でそれぞれの心得があるだろうが、浄土宗では浄土へ生まれようと願う心が菩提心だと言っている。親鸞は法然から、こういうことを聞いてきたのであろう。そうしたことをふまえて親鸞は語る。

しかるに菩提心（ぼだいしん）について二種あり。一つには竪（しゅ）、二つには横（おう）なり。また竪について、また二種あり。

一つには竪超、二つには竪出なり。「竪超」・「竪出」は権実・顕密・大小の教に明かせり。歴劫迂回の菩提心、自力の金剛心、菩薩の大心なり。

（『真宗聖典』二三六頁）

菩提心には、竪の菩提心と横の菩提心があると親鸞は言う。竪の菩提心は、竪に上っていく菩提心である。聖道門はこの立場である。竪に上る菩提心も、竪超の菩提心と竪出の菩提心がある。前者は、天台宗、真言宗、禅、華厳宗であり、後者は法相宗であろう。いずれも難行、自力の菩提心で、限りなく長い時間をとてつもなく遠い道のりを歩んで形成される菩提心である。親鸞もこのことを比叡山で実践しようともがいてきた。

自力聖道の菩提心
　こころもことばもおよばれず
常没流転の凡愚は
　いかでか発起せしむべき

（『真宗聖典』五〇一～五〇二頁）

『正像末和讃』で詠われている上記の言葉には、「竪の菩提心」が破綻した親鸞の体験がにじみ出ている。真摯に修行に取り組むがゆえに、それが成就できない姿に悩んだのであろう。同時に、常に流転し苦しみ続けるわれら凡夫に、そのような菩提心が起こせるのだろうかと嘆き悲しむのである。

そういう挫折と苦悩の末、雑行を棄てて本願に帰した親鸞は、それに対して、もう一つの菩提心があるのだと言う。それが、横の菩提心だと。

法然が否定した菩提心は縦の菩提心つまり「自力聖道の菩提心」であり、法然が、「浄土宗のこころは浄土にむまれむと願ずるを菩提心といへり」と言う菩提心は、横の菩提心である。ところが横の菩提心も二つに分けないといけない状況が生まれていた。

また横について、また二種あり。一つには横超、二つには横出なり。（『真宗聖典』二三六頁）

こう述べた親鸞は、

「横出」は、正雑・定散・他力の中の自力の菩提心なり。（『真宗聖典』二三七頁）

と記す。横出について、親鸞は、せっかく法然の教えに出遇いながら、念仏と念仏以外の雑行を一緒に行うような人々や、定善や散善に陥る法然門下を意識したのであろう。別序で「定散の自心に迷いて金剛真信に昏し」と批判したが、こうした人たちの菩提心を横出の菩提心と言うのである。他力の中の自力の菩提心である。

「横超」は、これすなわち願力回向の信楽、これを「願作仏心」と曰う。願作仏心は、すなわちこれ横の大菩提心なり。これを「横超の金剛心」と名づくるなり。（『真宗聖典』二三七頁）

そして浄土真宗の菩提心は、これまでと大きく異なると親鸞は考えた。「横超」の菩提心である。横に超えていく菩提心である。如来が本願力によって回向して与えてくださった信心、これが浄土真宗の菩提心である。親鸞はこの菩提心を「大菩提心」と呼び、「大」の字をつけていることに私は注目する。如来からたまわった信心なので、「竪の菩提心」のように達成の度合いで衆生に上下の差別がある菩提心ではなく、「横出」のように横に一歩一歩達成するものでもない。だから完全に平等である。

しかもこれを「願作仏心」と言う。法然が、浄土へ生まれようと願う心が菩提心だと述べたのを、親鸞は「願作仏心」、すなわち仏に成ろうと願う心だと言う。これも如来から与えられた心として言われるのである。親鸞は『正像末和讃』で、そのことを以下のように詠う。ここでも「浄土の大菩提心」と「大」をつけている。

浄土の大菩提心は
　願作仏心をすすめしむ
すなわち願作仏心を
　度衆生心となづけたり
（『真宗聖典』五〇二頁）

「願作仏心」は「度衆生心」だと親鸞が言っていることに注目されるが、「度衆生心」を、

度衆生心ということは
　弥陀智願の回向なり
回向の信楽うるひとは
　大般涅槃をさとるなり
（『真宗聖典』五〇二頁）

と詠う。私は、『教行信証』を読み始めたとき、「願作仏心」も「度衆生心」も衆生が起こすものだと思っていた。やがて、法蔵菩薩が起こされた心だとさまざまな文献から教えられた。それでも納得できず、もやもやとした気持ちから離れられずにいた。衆生が仏になり、同時に衆生を度することが、仏教の基本だと思ったからである。そうしたとき、この和讃に出遇った。はっきりと「弥陀智願の回向なり」と書かれている。「三心一心問答」にもあるように、人間には真実心の根拠がないという親鸞の深い洞察力が背景

にあるのだろう。そうしたことをふまえて整理してみると、浄土の大菩提心は、仏になることを願う心であり、同時に衆生を度する心である。そしてそれは如来よりの回向によると、親鸞は考えたのではないだろうか。

このことを「信巻」では、『浄土論註』を引用して言うのである。

『論註』に曰わく、王舎城所説の『無量寿経』を案ずるに、三輩生の中に行に優劣ありといえども、みな無上菩提の心を発せざるはなし。この無上菩提心は、すなわちこれ願作仏心なり。願作仏心は、すなわちこれ度衆生心なり。度衆生心は、すなわちこれ衆生を摂取して有仏の国土に生ぜしむる心なり。

（『真宗聖典』二三七頁）

「願作仏心」と「度衆生心」は、法蔵菩薩が根拠であることはまちがいない。「衆生を摂取して有仏の国土に生ぜしむる心なり」と敬語で表されている。法蔵菩薩は、一切の衆生を平等に助けんがために仏になること、つまり「願作仏心」と「度衆生心」をたてられたからである。それなら、私たちとは無関係なのか。

今まで見てきたように、如来が法蔵菩薩として衆生のために気の遠くなるような長い間の修行を経て成就された、その信心を衆生に与えてくださったのである。だから信心をいただくと、私たちも仏に成ろうと願うことになる。仏に成ろうと願う心は、同時に衆生を救おうとする心である。大乗仏教は自利利他の教えである。だから、自分だけが救われて他者には無関心だという態度は成立しない。

「無上菩提心は、すなわちこれ願作仏心なり。願作仏心は、すなわちこれ度衆生心なり」の言葉は、曇鸞の言葉によりながら親鸞思想の本質が書かれており、大乗仏教の根本理念によっている。同時に明恵の批判にも的確に対応していると思う。

『論註』からの引用文は続く。

このゆえにかの安楽浄土に生まれんと願ずる者は、要ず無上菩提心を発するなり。もし人、無上菩提心を発せずして、ただかの国土の受楽間なきを聞きて、楽のためのゆえに生まれんと願ぜん、また当に往生を得ざるべきなり。このゆえに言うこころは、「自身住持の楽を求めず、一切衆生の苦を抜かんと欲うがゆえに」と。

（『真宗聖典』二三七頁）

だから、阿弥陀仏の国に生まれたいと願う者は、菩提心が起こる。もし菩提心が起こらずに、極楽浄土が楽しみに満ちており、楽のために生まれたいと思うのであれば、往生できない。ここで言うことは、浄土へ往生するということは、自分だけの楽を求めることではなく、一切の生きとし生けるものの苦を抜くためである。私は、ここに大乗仏教の精華が表れていると思う。

平安時代の浄土教は、宇治の平等院の阿弥陀信仰など、美的な浄土観である。平安時代、貴族に流行した浄土教は、豪華絢爛な御殿や堂宇に現世を過ごした者が、この世の延長として、死後もそのように過ごしたいと考え、浄土への往生を願うものであった。

そうした浄土教と決別したのが、法然である。すでに述べてきたように、法然は『選択集』で、第一願（無三悪趣の願）、第二願（不更悪趣の願）、第三願（悉皆金色の願）、第四願（無有好醜の願）を挙げる。阿弥陀仏の浄土には、戦争や貧困、抑圧などがなく、そこには、みんなの個性が輝いている。こうして、平和と平等の理念をもたせた浄土教にした。

親鸞は、さらに、大乗仏教の利他精神をもって、浄土の精神を明らかにしたのである。今述べた『浄土論註』の文は、「証巻」還相回向の箇所にも引用されているので、そのときにもふれることにする。

ここで親鸞は、七高僧以外の諸師の文を引用する。「行巻」でもこのような手法を使っているが、諸師の言葉を紹介して念仏の信心が普遍的であることを証明したいのであろう。

特に注目する文は、元照からの次の引用文である。

念仏法門は愚智・豪賤を簡ばず、久近・善悪を論ぜず。ただ決誓猛信を取れば、臨終悪相なれども十念に往生す。これすなわち具縛の凡愚・屠沽の下類、刹那に超越する成仏の法なり。「世間甚難信」と謂うべきなり。（『真宗聖典』二三八頁）

念仏の法門は愚者と智者、富める者と貧しき者を分けへだてせず、また修行が長いか短いかも、善悪も問題にしない。決定の信心さえ得られれば、臨終がたとえ悪相で苦しくても往生できるのである。だから、煩悩にしばられた愚かな人々、生き物を殺し、酒を売って生活する人々、そういう社会的に虐げられ差別される人もたちどころに、すべて超越する成仏の法である。

ここに、はっきりと、富める者と貧しき者が書かれている。まさに三二～三四頁に記した、「念仏は易きが故に一切に通ず。〈中略〉もしそれ造像起塔をもつて本願とせば、貧窮困乏の類は定んで往生の望を絶たむ。しかも富貴の者は少なく、貧賤の者は甚だ多し」に始まる、『選択集』のあの名文の精神が貫かれているではないか。

同時に思い浮かぶのは、『唯信鈔文意』の以下の文である。

りょうし・あき人、さまざまのものは、みな、いし・かわら・つぶてのごとくなるわれらなり。如来の御ちかいを、ふたごころなく信楽すれば、摂取のひかりのなかにおさめとられまいらせて、かならず大涅槃のさとりをひらかしめたまうは、すなわち、りょうし・あき人などは、いし・かわら・つぶてなんどを、よくこがねとなさしめんがごとしとたとえたまえるなり。摂取のひかりともうすは、阿弥陀仏の御こころにおさめとりたまうゆえなり。

（『真宗聖典』五五三頁）

こうした文と関連して、阿弥陀仏の本願が、どういう人を対象にしているのか、親鸞は、「信巻」においても明確にする。如来の誓願を、ふたごころなく信楽すれば、涅槃のさとりを得ることを親鸞は述べるのである。

2　信心をいただくその時

ここから、「信巻」も後半に入る。一部の教学者は、信巻の「末巻」と呼ぶ。浄土真宗本願寺派の『浄土真宗聖典』では、「信文類三（末）」と書かれている。

親鸞は、まずこう語る。

それ真実信楽を案ずるに、信楽に一念あり。「一念」は、これ信楽開発の時剋の極促を顕し、広大難思の慶心を彰すなり。

（『真宗聖典』二三九頁）

親鸞自身の信心体験がここに表れていると思うが、真実の信心に一念があると言うのである。一念というのは、信心が開かれ起こってくる最初の時であり、広大で思いはかることのできない喜びの心を表すのである。

今まで見てきたように、親鸞は、「信巻」に入ってから、真実の信心を記してきた。至心、信楽、欲生の三心として説明したり、一心と述べたりしてきたが、阿弥陀如来が迷い苦しむ衆生を救おうと与えてくださった信心である。それが衆生に届いた時であろう。それが、ここで書かれている「信楽に一念あり。「一念」は、これ信楽開発の時剋の極促を顕し」である。だから喜びに満ち溢れているのである。この短い一文には、真宗における信心の本質的なことが記されている。如来が与えてくださった信心を確かにいただく、その決定的な一瞬のことである。

親鸞は、三心一心問答などを通して、いかに如来が苦悩する衆生を憐れみて、衆生に代わって五劫の思惟と兆載永劫の修行をされたのかを記している。そうしてつくってくださった真実の信心であることを繰り返し述べる。そうした信心が衆生に回施されても、衆生が受け取らなければ成立しない。ここでの親鸞の文は、如来から確かに信心を受け取ったことを表している。

親鸞はすぐにその根拠として、本願成就文を挙げる。

ここをもって『大経』に言わく、諸有衆生、その名号を聞きて、信心歓喜せんこと、乃至一念せん。至心回向したまえり。かの国に生まれんと願ずれば、すなわち往生を得、不退転に住せん、と。

（『真宗聖典』二三九頁）

衆生が、名号を聞いて、信心歓喜して、「南無阿弥陀仏」と称える。これが、「信楽開発の時剋」である。

如来が心から衆生に回向してくださっているからである。一五二頁で述べたように、親鸞が、回向の主語を衆生から如来に読みかえをしたのも、こういう心であろう。そして衆生が浄土へ生まれようと思えば、往生が定まり、もう退転することはない。「信楽開発」についての親鸞のこの自釈を考えるとき私の脳裏に浮かぶのは、『歎異抄』第一章の言葉である。「弥陀の誓願不思議にたすけられまいらせて、往生をばとぐるなりと信じて念仏もうさんとおもいたつこころのおこるとき」、これが「信楽開発の時剋」である。弥陀の誓願が確かに一人の衆生に届いたのである。これが衆生にとっての信心の成立である。親鸞の言う如来回向の信心は、こうして衆生が受け取るのである。さらに「信巻」を読み進むと、以下の文がある。

しかるに『経』に「聞」と言うは、衆生、仏願の生起・本末を聞きて疑心あることなし。これを「聞」と曰うなり。「信心」と言うは、すなわち本願力回向の信心なり。「歓喜」と言うは、身心の悦予の貌を形すなり。「乃至」と言うは、多少を摂するの言なり。「一念」と言うは、信心二心なきがゆえに「一念」と曰う。これを「一心」と名づく。一心はすなわち清浄報土の真因なり。

（『真宗聖典』二四〇頁）

浄土真宗においては、「聞」ということが大事にされている。聞法、聞信などいろいろな語があるが、「仏願の生起・本末」を聞くとは、今まで述べてきたように法蔵菩薩が、一切衆生を救おうとされた本願の由来と、その結果、今は阿弥陀仏となられて衆生を救済しておられることを、確かに私がうなずいていることである。これが、「疑心あることなし」という状態である。教学的に、「聞即信」と言われたりするが、親鸞がここで、「「信心」と言うは、すなわち本願力回向の信心なり」と記すように、信心とは、如来が回向してくださった信心である。それが仏願の由来と結果を聞くことによって、私（衆生）が受け入れたということである。だから、如来の恩徳に対して、大きな喜びが生まれるのである。

「『歓喜』と言う」のは、身も心も喜ばされるのである。そこで「南無阿弥陀仏」と声になって現れるのである。「『乃至』と言うは、多少を摂するの言なり」というのは、喜びの念仏が、ある人は、一声かもしれないし、別の人は、多く称えるかもしれない。でも最初の一念は、みんなに共通している。この最初の一念を、親鸞は、「信心二心なきがゆえに『一念』と曰う」と述べ、信心には二心がないから、一念と言うのであり、天親が語る一心はこのことであろうと感じた。この一心こそ、清浄な真実報土に往生する因である。「信心正因」とは、こういうことではないか。

信の一念とは、生涯を通して相続する信心が私たち衆生のうえに開けた最初の時である。衆生といっても一人ひとりであり、私でありあなたである。このとき、名号としての如来の招喚の勅命が確かに届いて、衆生の信心になるのである。だから、能力や身分、修行の長短を問わず、全く平等にたまわる信心なのである。現生正定聚はまさに、こういう信心がわが身に起こったときに定まる位置である。この位置は不退転であり、浄土への往生が確かに定まったのである。

3　念仏者の現世での利益

ここから親鸞は、念仏者の現世での利益を記す。

金剛の真心を獲得すれば、横に五趣・八難の道を超え、必ず現生に十種の益を獲。

（『真宗聖典』二四〇頁）

信心をたまわった念仏者は、直ちに五趣・八難という迷いの世界を超え、現世に十種の利益があると記す。

> 何者か十とする。一つには冥衆護持の益、二つには至徳具足の益、三つには転悪成善の益、四つには諸仏護念の益、五つには諸仏称讃の益、六つには心光常護の益、七つには心多歓喜の益、八つには知恩報徳の益、九つには常行大悲の益、十には正定聚に入る益なり。
>
> （『真宗聖典』二四〇～二四一頁）

親鸞は現世利益を十種挙げる。

私が注目することを書いておきたい。まず、冥衆護持の益として、念仏者は冥衆、つまり目に見えないものに守られていると述べる。冥衆は具体的に言うと神々や死者であろう。神々といっても、帝釈天や四天王などの諸天から日本の神祇まで幅広い。諸菩薩も冥衆に含める見方もある。人間の歴史において、人々はそれらを崇め恐れてきた。四一～四三頁で述べたが、日本の宗教史において、法然は、神々と人間との関係を逆転させた。人間が神々を恐れ、お祓いや祈禱など祭祀を執り行う行為を否定し、神々が念仏者を守り尊重すると主張した。そして、その思想もさかのぼれば、道綽、善導に至ることを「行巻」で見てきた。ここで親鸞は、冥衆護持の益と述べ、確認しているのであろう。このことは親鸞が詠った「現世利益和讃」（『真宗聖典』四八七～四八八頁）を一首ずつ読んでいくとよくわかる。『歎異抄』第七章の次の文を読めばさらにはっきりするだろう。

> 念仏者は、無碍の一道なり。そのいわれいかんとならば、信心の行者には、天神地祇も敬伏し、魔界

外道も障碍することなし。

（『真宗聖典』六二九頁）

こうした考え方は、迷信に恐れる民衆の心を解放した。また「門徒もの忌みしらず」と言われる念仏者の自立した生き方につながったと思う。

転悪成善の益は、悪をも善に変えるはたらきである。具体的には後に確認することになるが、阿闍世の回心に代表されよう。諸仏護念の益、諸仏称讃の益は、あらゆる仏たちから守られほめたたえられるのである。冥衆護持の益とともに考えると、念仏者の礼拝の対象は弥陀一仏であるが、諸仏、諸菩薩、神々から守られ尊重されるのである。

心多歓喜の益は、念仏する身となった者は、心に喜びが溢れることである。だから知恩報徳の益が生まれるのである。少し注意して考えなければならないと思うが、それが、心の問題にとどまらないということである。それが、常行大悲の益で、念仏者は如来の大いなる慈悲を広める、そういうはたらきをするようになるということだと思う。親鸞の言葉で言えば、自信教人信を尽くすことだろう。まだ念仏に出遇っていない人への伝道もそうであろうし、広い意味での念仏者の社会的実践であろう。本願に出遇えば、わが身の現実が思い知らされ、生き方を変えたいという願いが湧き起こる。そして、わが身もこの生きる場も本願の精神に近づくようつとめる生き方であろう。常行大悲の益ということは、そういう実践を含んだ広い意味があると思う。

最後に親鸞は正定聚に入る益、つまり必ず仏になるべき身と定まる利益を挙げる。まさに親鸞思想の特色である。大乗正定聚の語を初めて使ったのは曇鸞であるが、曇鸞は浄土で得る利益と考えた。親鸞は法然に導かれ自身の研鑽と体験から、それを念仏者の現世での利益だと見出した。

正定聚に入るというは、私たちの拠り所がはっきりすることであろう。身は凡夫であり穢土で生活しながら、本願の精神を生きる者ということであろう。それは、単に心が安らぐだけではなく、常行大悲という如来のはたらきに参画することであると思う。自分だけの欲望に振り回されていた人が、そうした生き方でよいのか、そのような問いかけが生まれ、新しい歩みが始まるのである。だから知恩報徳の益、常行大悲の益と正定聚に入る益には深い関係がある。

4　願作仏心と度衆生心

ここで親鸞は、善導の言う「専念」について語る。

宗師の「専念」と云えるは、すなわちこれ一行なり。「専心」と云えるは、すなわちこれ一心なり。

（『真宗聖典』二四一頁）

善導が「専念」と言うのは、念仏の一行である。これは法然に言わせれば、阿弥陀仏が選択してくださった唯一の往生の行である。同時に善導が「専心」と言うのは、二心のないことで、天親が言われた一心である。

ここで、親鸞は本願成就文を振り返り、

しかれば、願成就の一念は、すなわちこれ専心なり。

（『真宗聖典』二四一頁）

と言う。本願成就文に書かれている「諸有衆生、その名号を聞きて、信心歓喜せんこと、乃至一念せん」

という一念、つまりあらゆる衆生が、「南無阿弥陀仏」の名号のいわれを聞いて、信じ喜ぶまさにその一念が、善導の言う「専心」だと述べるのである。親鸞の言葉は続く。

> 専心すなわちこれ深心なり。深心すなわちこれ深信なり。深信すなわちこれ堅固深信なり。堅固深信すなわちこれ決定心なり。決定心すなわちこれ無上上心なり。無上上心すなわちこれ真心なり。真心すなわちこれ相続心なり。相続心すなわちこれ淳心なり。淳心すなわちこれ憶念なり。憶念すなわちこれ真実一心なり。真実一心すなわちこれ大慶喜心なり。大慶喜心すなわちこれ真実信心なり。真実信心すなわちこれ金剛心なり。金剛心すなわちこれ願作仏心なり。願作仏心すなわちこれ度衆生心なり。度衆生心すなわちこれ衆生を摂取して安楽浄土に生ぜしむる心なり。この心すなわちこれ大菩提心なり。
> （『真宗聖典』二四一頁）

親鸞は、「専心」の言葉を次々に展開させるのである。

専心、深心、深信、堅固深信、決定心、無上上心、真心、相続心、淳心、憶念、真実一心、大慶喜心、真実信心、と願成就文の一念が、最終的に如来よりたまわった真実の信心であり、それはダイヤモンドのように壊れない心、金剛心だと言う。それが仏に成ろうと願う願作仏心であり、願作仏心こそが度衆生心つまり衆生を救おうとする心である。度衆生心は衆生を摂取して安楽浄土に往生させる心となる。この心こそが大菩提心であると結論づけるのである。

長い文章であるが、ここでも親鸞は菩提心を言おうとして記したのであろう。ここでも、やはり明恵を意識しているのではないかと思ったりする。次々と言葉を展開させながら、如来よりたまわった信心こそが、願作仏心であり同時に度衆生心であり大菩提心だと親鸞は言った。

法然が「ただ念仏せよ」と説くことに対して、明恵は、それでは菩提心はどうなっているのかと批判するが、親鸞は、念仏も如来よりたまわる信心から起こるもので、その信心こそが、願作仏心、度衆生心としてはたらいている。願作仏心、度衆生心というのは、大乗仏教の根本原理である。法然は「ただ念仏せよ」と言うだけで、こういう大乗仏教の原理を説かない。だから明恵は批判する。しかし、親鸞は思ったのであろう。『選択集』に書かれているように「一切衆生を平等に往生せしめむ」として弥陀は念仏を選択され、法然はそれを説き続け、多くの人々が喜びを感じ、浄土往生を願った。そして念仏に出遇った人々が、まだ出遇っていない人々に教えを伝えていった。これぞ弥陀の精神が衆生にはたらいているのである。これを願作仏心、度衆生心と言わずして何と呼ぼうか。これこそが大菩提心であると親鸞は肌身で感じたのではないか。親鸞が『正像末和讃』で、

　如来（にょらい）の回向（えこう）に帰入（きにゅう）して
　　願作仏心（がんさぶっしん）をうるひとは
　自力（じりき）の回向（えこう）をすてはてて
　　利益有情（りやくうじょう）はきわもなし

（『真宗聖典』五〇二頁）

と、表しているのはまさにそのことであろう。ここでは、「利益有情はきわもなし」と言っているではないか。

私は長い間、願作仏心、度衆生心を法蔵菩薩が起こされたものか、衆生が起こす心かわからず、悶々と

したことを前述した。

今は、このように理解する。三心一心問答にあるように、法蔵菩薩が一切衆生を救おうとてつもなく長い間、思惟と修行をして阿弥陀仏になられた。そのとき、ほんの一瞬も真実でないことはなかった。その真実の心を衆生に回向されたので、われわれに「本願を信じ念仏もうさんと思う心」が起こることに願作仏心、度衆生心がはたらいているのではないか。だから、先に述べた現生十種の益で、常行大悲の益として挙げられているように、積極的な行動ができるのであろうし、「利益有情はきわもなし」なのである。

同時に、こんなことを思う。私が当初、願作仏心、度衆生心を法蔵菩薩に根拠があるという教義が理解できなかったのは、ともすれば、衆生の歩みを度外視して「如来の一人ばかり」のような、恩寵主義に陥るかのような違和感を覚えたからである。しかし、もともと法蔵菩薩も一人の衆生であったことを思えば、衆生のはかり知れない苦しみと迷いの歴史の中から法蔵菩薩が現れ、衆生のために本願を建ててくださった。そのために仏に成りたいと願う「願作仏心」と、あらゆる衆生を救いたいと願う「度衆生心」を起こされ、衆生に回向してくださったということが、妙にうなずけるのである。

話をもとの菩提心に戻そう。親鸞は願成就の一念を専心ととらえ、次々に語を展開させて、願作仏心、度衆生心まで進めてこれを大菩提心だと言い切った。親鸞は、さらに次のように語る。

この心すなわちこれ大慈悲心なり。この心すなわちこれ無量光明慧に由って生ずるがゆえに。願海平等なるがゆえに発心等し、発心等しきがゆえに道等し、道等しきがゆえに大慈悲等し、大慈悲はこれ仏道の正因なるがゆえに。

（『真宗聖典』二四一～二四二頁）

大菩提心を順序よく説明してきた親鸞は、この心こそが大慈悲心であると言う。それは、はかり知れない阿弥陀仏の智慧によって生じるからである。ここでも親鸞は願海という用語を使う。願海がどんな世界であるか、一二八～一三一頁を振り返っていただきたい。まさにすべての衆生を受け入れる、海のように広くて深い世界である。

ここでは、願海平等と述べられている。弥陀の本願海は平等の世界である。だから発心も等しいし、歩む道も等しい、だから大慈悲も等しい。この大慈悲こそが仏道の正因だと述べる。

親鸞は、ここで大菩提心を大慈悲心と表現し、それが平等であると言うのである。発心も等しいし、歩む道も等しいと先に述べたが、この菩提心こそが、浄土の大菩提心である。聖道の菩提心とは違うところであろう。聖道の菩提心と違うことを強調して、親鸞はあえて大菩提心と言ったのではないか。そんなことを強く感じる。聖道の菩提心は、各人の発心が違うし歩む道も違う。結果も各人の達成度によって違う。法然が菩提心を否定したと明恵が厳しく批判したが、ここで、親鸞はあらためて、「法然が否定したのは聖道の菩提心である」と言っているように見える。

この後、親鸞は、

三心すなわち一心なり、一心すなわち金剛真心の義、答え竟りぬ。知るべしと。（『真宗聖典』二四二頁）

と述べ、本願の三心すなわち、至心、信楽、欲生が一心であると述べ、それこそが金剛の真心であることについて述べ終わったことを記す。

5　迷いを超えて

実は、ここまで、三心一心問答は続いていたのである。実に膨大な紙数を費やして、親鸞は三心一心について記してきた。第十八願で述べられている至心、信楽、欲生の三心が、一心であり、それこそが、真実の信心であることを述べてきたのである。そしてそれこそが「浄土の大菩提心」だと親鸞は結論づけたのである。「大菩提心」の「大」の字についてさらに思う。親鸞は「行巻」で、真実の行を大行と記し、「信巻」では真実の信心を大信と言う。念仏も信心も如来に根拠があるから大行であり大信なのであろう。だから菩提心もこのように大菩提心と記しているのであろう。そして、真実の信心こそが大菩提心であることを表明しているように思う。これが、法然の説く「ただ念仏」の教えが菩提心を失すると言う明恵たち聖道門仏教の批判に的確に対応しているし、宗教対話としても有益だと思う。

この大菩提心に基づく教えが横超断四流だと親鸞は言う。

> 「横超断四流」と言うは、「横超」は、「横」は竪超・竪出に対す、「超」は迂に対し回に対するの言なり。「竪超」は、大乗真実の教なり。「竪出」は大乗権方便の教、二乗・三乗迂回の教なり。「横超」は、すなわち願成就一実円満の真教、真宗これなり。また「横出」あり、すなわち三輩・九品、定散の教、化土・懈慢、迂回の善なり。大願清浄の報土には、品位階次を云わず、一念須臾の傾に速やかに疾く無上正真道を超証す、かるがゆえに「横超」と曰うなり。
>
> （『真宗聖典』二四三頁）

横超断四流は、浄土の大菩提心の徳をもった信心は、横に四流という迷いの世界を超えていくのだと言う。横超の横は、本願他力を表しており、縦は聖道門を表している。横超、横出、竪超、竪出の分類は一九一〜一九三頁で述べた。ここはあらためて教えについて確認しているのである。大事なことは、「大願清浄の報土には、品位階次を云わず」と明確に述べていることである。つまり、本願真実の浄土においては完全に平等である。「化身土巻」で考察するが、三輩や九品のような上下の区別を立てないことを明確にしているのである。親鸞が『観経』に説かれる上品上生から下品下生まで九品に分かれる浄土は、方便の教えであると考えていたことがよくわかる。こういう九品を初めて否定したのは法然で、「十二問答」の中で次のように言い切る。

極楽の九品は弥陀の本願にあらず、四十八願の中になし、これは釈尊の巧言なり。

（『法然全集』第三巻　一七二頁。原文はカタカナ）

私は、横超断四流についての親鸞の自釈の中にも、称名念仏こそが本願で、「念仏は勝、諸行は劣」と言い切った『選択集』の精神を確認していると思う。それは聖道門に対して言っているだけではなく、せっかく法然の教えに出遇いながら、法然の死後、定散の道を歩み、九品往生を勧め、諸行をも兼修する法然の高弟たちに対する批判の目を強く感じる。

親鸞は、横超断四流を述べた後、以下のように言う。

「断」と言うは、往相の一心を発起するがゆえに、生として当に受くべき生なし。趣としてまた到るべき趣なし。すでに六趣・四生、因亡じ果滅す。かるがゆえにすなわち頓に三有の生死を断絶す。かるがゆえに「断」と曰うなり。「四流」は、すなわち四暴流なり。また生・老・病・死なり。

（『真宗聖典』二四四頁）

横超ということは、仏教で一般に言われている善因善果・悪因悪果の因果の道理を断ち切ってしまう。それが「断」であり、真実信心を得ることによって迷いの世界の因果が断ち切られる。六趣とは地獄、餓鬼、畜生、修羅、人間、天の六道であり、四生は胎・卵・湿・化の四つの世界であるが、そういう衆生の業によって限りなく繰り返される流転輪廻である。

さきほど、横超断四流と親鸞は述べたが、超えていく四流の中身をここではっきりと示している。「「四流」は、すなわち四暴流なり」、つまり欲・有・見・無明という四つの迷いの濁流と生・老・病・死である。

釈尊の教えは、無明による人間の迷いと、生・老・病・死の四苦を超えていくことであり、これが仏道の基本である。

親鸞はここで、『大経』と、『大経』の異訳『平等覚経』、そして『涅槃経』を引用して言う。

> 『大本』に言わく、かならず当に仏道を成りて、広く生死の流を度すべし、と。
>
> (平等覚経)また言わく、かならず当に世尊と作りて、将に一切生・老・死を度せんとす、と。已上
>
> 『涅槃経』(師子吼菩薩品)に言わく、また涅槃は名づけて「洲渚」とす。何をもってのゆえに、四大の暴河に漂うことあたわざるがゆえに。何等をか四とする、一つには欲暴、二つには有暴、三つには見暴、四つには無明暴なり。このゆえに涅槃を名づけて「洲渚」とす、と。已上
>
> (『真宗聖典』二四四頁)

浄土往生の信心こそは、生死を超える道である。まさに涅槃である。私は「涅槃を名づけて「洲渚」と

す」というところに注目する。釈尊は、涅槃に入る直前に「自らを洲渚（島）とせよ」「法を洲渚（島）とせよ」と説法せられたが、「洲渚」という言葉を大切にされたのであろう。こういう背景のある言葉を用いて、浄土往生の道が、生死を離れる道であり、浄土は涅槃であり、洲渚なのだと言っているのであろう。

『教行信証』は、念仏と信心の道が大乗仏教の流れに合致するように工夫した跡があちらこちらに垣間見られるが、それだけではなく、釈尊が説かれた仏法の根本思想と常に整合性をもたせている。

『選択集』は、表面上そうした点が弱いように思う。法然は万人が平等に救済される道として、称名念仏を勧めた。親鸞は『教行信証』を記すなかで、念仏の信心が、仏教の思想体系の中で、真実であり、ひいては、念仏者が真の仏弟子なのだと言いたいのであろう。

五、真の仏弟子と愛欲に沈む親鸞

1　真の仏弟子とは

ここで親鸞は、真の仏弟子について述べる。

「真仏弟子」と言うは、「真」の言は偽に対し、仮に対するなり。「弟子」とは釈迦・諸仏の弟子なり、金剛心の行人なり。この信・行に由って、必ず大涅槃を超証すべきがゆえに、「真仏弟子」と曰う。

（『真宗聖典』二四五頁）

真の仏弟子とは何か。それは親鸞の人生そのものを通して問いかけられてきたことである。比叡山での修行、法然との出遇い、弾圧と流罪、越後や関東での民衆の中での活動。そうしたことを通して、常に親鸞自身が自問してきたことである。真の仏弟子は、偽の仏弟子、仮の仏弟子に対して言っているのであろう。

弟子というのは「釈迦・諸仏の弟子」である。親鸞が明らかにされた行法は、第十七願を根拠として、阿弥陀仏から諸仏に伝えられ、諸仏が念仏して弥陀を称讃する。衆生は諸仏が称讃した声を聞いて念仏するので、弟子というのは釈尊の弟子であるだけでなく諸仏の弟子である。諸仏といっても観念的なものではなく、念仏をこの私にまで伝えてくださった人々である。親鸞にとってその代表は、法然をはじめ七高僧なのである。親鸞は、「金剛心の行人なり」と言っている。他力の金剛心のはたらきにうなずき参画している念仏者である。その信心と念仏によってこのうえないさとりを得ることができるので、真の仏弟子と言うのである。

親鸞は、真の仏弟子をこう述べた後、『大経』から第三十三願、第三十四願を引用する。

> 『大本』に言わく、設い我仏を得たらんに、十方無量・不可思議の諸仏世界の衆生の類、我が光明を蒙りてその身に触るる者、身心柔軟にして人天に超過せん。もし爾らずは、正覚を取らじ、と。
> 設い我仏を得たらんに、十方無量・不可思議の諸仏世界の衆生の類、我が名字を聞きて、菩薩の無生法忍・もろもろの深総持を得ずは、正覚を取らじ、と。已上　（『真宗聖典』二四五頁）

阿弥陀仏の光明に触れたならば、身も心も柔軟になる。これが第三十三願であり、名号を聞いて、無生法忍すなわち菩薩としての目覚めを得る、この場合は正定聚不退転のことであろう。深総持を得るとは、さまざまな深い智慧を得るということである。これは、第三十四願である。これらのことは、真の仏弟子の現世での利益である。さらに、『大経』を引用して言う。

（大経）また、法を聞きてよく忘れず、見て敬い得て大きに慶ばば、すなわち我が善き親友なり、と言えりと。

（『真宗聖典』二四五頁）

真の仏弟子は釈尊から、「善き親友」と呼ばれているのである。この心を、親鸞は『正像末和讃』で、

他力の信心うるひとを
うやまいおおきによろこべば
すなわちわが親友ぞと
教主世尊はほめたまう

（『真宗聖典』五〇五頁）

と詠っている。真の仏弟子たる他力信心の念仏者を釈尊は「わが親友」だと言われるのである。ここに真の仏弟子の意味するところが理解できよう。

一般に師匠と弟子とは上下関係である。ここで言う釈尊と真の仏弟子は、よき友、親友という平等の関係なのである。

親鸞は、生涯を通して、門弟と「とも、同朋」として交わった。『歎異抄』第六章には、

専修念仏のともがらの、わが弟子ひとの弟子、という相論のそうろうらんこと、もってのほかの子細なり。親鸞は弟子一人ももたずそうろう。そのゆえは、わがはからいにて、ひとに念仏をもうさせそうらわばこそ、弟子にてもそうらわめ。ひとえに弥陀の御もよおしにあずかって、念仏もうしそうろうひとを、わが弟子ともうすこと、きわめたる荒涼のことなり。

（『真宗聖典』六二八頁）

と書かれ、『口伝鈔』には、

親鸞は弟子一人ももたず、なにごとをおしえて弟子というべきぞや。みな如来の御弟子なれば、みなともに同行なり。（『真宗聖典』六五五頁）

と書かれているのはそのことである。すなわち真の仏弟子は、金剛の信心を弥陀よりたまわった人であり、「願海平等」の精神に生きる人である。

諸仏もそうである。実際、親鸞にとっての諸仏は、法然をはじめ七高僧がその代表であるが、法然や善導に対しても、諸仏であるとともに真の仏弟子と親鸞は見ていたと思う。だから、諸仏と真の仏弟子は、別々ではないのである。

私は、本書の初めに法然のことを述べ、念仏は平等を生み出す宗教原理だと記した。親鸞はそこに「御同朋・御同行」という平等の仏弟子観を見出していったのではないだろうか。

親鸞は菩提心についても、縦の菩提心と横の菩提心があることを見てきた。親鸞の言う「浄土の大菩提心」は横超の菩提心で、上下のない菩提心である。だから真の仏弟子も平等の関係なのであろう。

親鸞が真の仏弟子と言うのは、一六〇頁でも述べた善導の『観経疏』からの引用文に対し親鸞が思索を深めた結果の記述だと思う。もう一度その文を読み直してみたい。

また深信する者、仰ぎ願わくは、一切行者等、一心にただ仏語を信じて身命を顧みず、決定して行に依って、仏の捨てしめたまうをばすなわち捨て、仏の行ぜしめたまうをばすなわち行ず。仏の去てしめたまう処をばすなわち去つ。これを「仏教に随順し、仏意に随順す」と名づく。これを「仏願に

随順す」と名づく。これを「真の仏弟子」と名づく。　（『真宗聖典』二一六頁）

仏が捨てよと仰せられたものを捨て、仏が行ぜよと仰せられたことを行ぜよ。親鸞がこの文を引用するには、法然の廃立の精神を確認していると私は述べたが、法然は、なぜ諸行を捨て、念仏のみを実践せよと言うのかといえば、今まで述べてきたように、称名念仏こそが、すべての衆生を救済し、平等をつくり出す宗教原理だからである。

そうしたことを考えると、平等な仏弟子、「御同朋・御同行」こそが真の仏弟子なのである。親鸞は、

「真仏弟子」と言うは、「真」の言は偽に対し、仮に対するなり。　（『真宗聖典』二四五頁）

と記し、

「仮」と言うは、すなわちこれ聖道の諸機、浄土の定散の機なり。　（『真宗聖典』二五〇頁）

と述べる。仮の仏弟子をはっきりと、聖道の諸機、浄土の定散の機と定義しているのである。

今まで述べてきたように、諸行を実践する聖道門ではすべての人が平等に救済されることはないし、修行者の位置も平等ではない。浄土門にも定散の機は、定善あるいは散善の達成段階によって九品の差がある。だから真の仏弟子たりえないと親鸞は思ったのである。ただ法然が「廃」と否定したことを、親鸞はここでも「仮」と言う。そういう人々も真実の道に入ってほしいと願うからである。

「仮の仏弟子」を記した親鸞は、「偽の仏弟子」についても語る。

「偽」と言うは、すなわち六十二見、九十五種の邪道これなり。　（『真宗聖典』二五一頁）

「六十二見、九十五種の邪道」とは、釈尊の時代のいわゆる外道つまり仏教以外の宗教や思想であるが、

親鸞がここでこのように記すのは、親鸞と同時代の聖道門仏教が、釈尊の精神を受け継いでいるのかという批判になってくる。

『正像末和讃』の終わりに「愚禿悲歎述懐」がある。

五濁増のしるしには
　この世の道俗ことごとく
外儀は仏教のすがたにて
内心外道を帰敬せり

かなしきかなや道俗の
良時吉日えらばしめ
天神地祇をあがめつつ
卜占祭祀つとめとす

（『真宗聖典』五〇九頁）

聖道門仏教が、外面は仏教の姿ではあるが、内心は外道に帰依していると親鸞は言うのである。そして、彼らが、日のよしあしを言い、神々を崇めて占いや祈禱をつとめにしていると非難する。これでは偽の仏弟子ではないかと親鸞は思ったのではないか。

親鸞の批判はさらに厳しくなり、次のように記す。

外道梵士尼乾志に
　こころはかわらぬものとして

如来の法衣をつねにきて
一切鬼神をあがむめり
（『真宗聖典』五〇九頁）

「如来の法衣」つまり袈裟衣をまといながら、多くの神々を拝むこのような神仏習合の信仰のあり方を問題にする。

法然は、聖道門仏教を「群賊、悪獣」と辛辣に批判するが、単に聖道門仏教が、難行苦行だからというだけでなく、こうした聖道門仏教の実態を見て批判しているのではないか。できもしないような苦行を要求し、実際は人々の欲望を煽り立てて、加持祈禱をする。また、祟りや怨霊の恐怖を煽ることによって、鎮魂・霊供養を奨励する。これが当時の聖道門仏教の実態であり、果たしてこれが仏教であるのか、否、「群賊、悪獣」ではないのかと思ったのだろう。

法然が聖道門を「群賊、悪獣」と呼んだことに対して強烈に反発したのが明恵である。明恵は極めて厳格に戒律を守り誠実に修行に励んだ。同時に、神仏習合的世界観をもち、春日明神を生涯信仰し続けた。ここでも親鸞は、明恵を意識しながら、仏弟子論を語っているのではないかと思う。それとともに法然たち専修念仏の弾圧の引き金になった「興福寺奏上」には「霊神に背く失」という項目で、最澄や空海をはじめ日本の名僧は神々を崇めたのに、専修念仏者は日本の神々を崇拝しないと非難している。まさに神仏習合の立場から専修念仏を非難した。こうしたことに対して、「真の仏弟子とは何か」という問題提起をしたのが親鸞であろう。

親鸞は、聖道の諸機を「仮」と呼んでいるが、聖道門仏教が如来の法衣を着て、神々に仕え、呪術を行っているので、「仮の仏弟子」と「偽の仏弟子」の区別をつけるのは難しいのではないかと思う。そのあたりは、「化身土巻」でさらに考えてみたい。

2　念仏者は弥勒菩薩と同じである

親鸞は、真の仏弟子とは何かを探求する中で、『大経』『観経』、そして道綽、善導の文を引用する。さらに、王日休の文章が出てくる。王日休とはどんな人なのか。王は南宋の人で、一一七三年に没している。その年に親鸞が生まれた。「行巻」でもふれたが、親鸞は、半世紀ほどしか違わない人の文を引用するのであるから、最新の中国仏教の事情も把握していたのではないか。親鸞が六十歳を過ぎてから関東から京都に帰った最大の動機はやはり、『教行信証』を完成させるための文献収集だと思う。

王日休はもともと儒者である。後に儒教を捨てて浄土教に帰依したのである。「行巻」で引用した在家の念仏者張掄を述べたときにも記したが、親鸞はこういう在家の人の文をも引用する。真の仏弟子は、僧俗を問わないとする姿勢がわかる。王日休からの引用文を読んでみよう。

王日休云わく、我『無量寿経』を聞くに、「衆生この仏名を聞きて、信心歓喜せんこと乃至一念せんもの、かの国に生まれんと願ずれば、すなわち往生を得、不退転に住す」と。「不退転」は、梵語にはこれを「阿惟越致」と謂う。『法華経』には謂わく、弥勒菩薩の所得の報地なり。一念往生、すなわち弥勒に同じ。仏語虚しからず、この『経』はまことに往生の径術・脱苦の神方なり。みな信受すべし、と。已上

（『真宗聖典』二四九頁）

王日休が『大経』について述べるところによると、衆生がこの仏名を聞きて、信心歓喜する一念の信を起こして、浄土に往生しようと願えば、直ちに往生を得て、不退転の位に住すると。ここまでは、『大経』の文である。不退転を「阿惟越致」と言う。これは龍樹も言ってきたことである。王日休はそれが、『法華経』によると弥勒菩薩が修行して得た位であると言っている。だから信心歓喜の一念によって浄土往生する人は、弥勒菩薩と同じ位だ。だから『大経』は往生の近道であり、衆生が苦悩を脱する不思議な手だてだと言う。

親鸞は、『教行信証』で『法華経』からの直接の引用はしていない。二十九歳で比叡山を下山して法然のところへ行ったのは、雑行を棄てて本願に帰したからであり、棄てた天台宗の根本聖典『法華経』は直接引用しないのである。ただ孫引きとしてのこの文と、「証巻」で『浄土論註』よりの引用文に『法華経』の名があるのみである（『真宗聖典』二九七頁）。

親鸞は、『一念多念文意』にも王日休の文を引用している。

> また王日休のいわく、「念仏衆生　便同弥勒」（龍舒浄土文）といえり。「念仏衆生」は、金剛の信心をえたる人なり。「便」は、すなわちという、たよりという。信心の方便によりて、すなわち正定聚のくらいに住せしめたまうがゆえにとなり。「同」は、おなじきなりという。念仏の人は無上涅槃にいたること、弥勒におなじきひとともうすなり。（『真宗聖典』五三七頁）

親鸞は、正定聚の位が確かに、現世で実現することを述べたいのである。ここでは、『法華経』の名はない。なぜ『教行信証』にはあるのか。私が思うには、『教行信証』は、聖道門に対して念仏の教えこそが真実だということを証明する意図で書かれたため、「『法華経』には謂わく、弥勒菩薩の所得の報地なり」と引用したのであろう。念仏の信によって得た地位は、あなたがた天台宗の根本聖典『法華経』に説かれる「弥勒菩薩の所得の報地」と変わらないのだと。

さらに読み進むと、律宗の用欽の文が引用される。

律宗の用欽師の云わく、至れること『華厳』の極唱・『法華』の妙談に如かんや。かつは未だ普授あることを見ず。衆生一生にみな阿耨多羅三藐三菩提の記を得ることは、誠に謂うところの、不可思議功徳の利なり、と。已上　（『真宗聖典』二四九頁）

『華厳経』は釈尊成道後の究極の法が説かれ、『法華経』は天台宗では、釈尊の「出世本懐経」と尊ばれている。しかし用欽の言葉では、すべての衆生が、将来さとりを得ることは約束されていないと言う。一切の衆生にみな阿耨多羅三藐三菩提の約束をしているのは、阿弥陀仏の不可思議の功徳であると述べる。これも専修念仏の教えの特色である。「教巻」の箇所でも述べたが、いかに理論的に最高の教義でも、一切の衆生が救済されなければ真実と言えない。それゆえ一切の衆生が救済される教義と実践こそが真実である。これは法然と親鸞が生涯を通して貫いた精神である。親鸞は、このことを、律宗の用欽の言葉を引いて言うのだ。他宗の人の言葉をかりて表明するのは、すべての人々が一人もれずに救われていくことが、仏教、さらに広く言えばすべての宗教の根本であると親鸞は言いたいからではないだろうか。

ここで、親鸞の自釈が入る。

真に知りぬ。弥勒大士、等覚金剛心を窮むるがゆえに、龍華三会の暁、当に無上覚位を極むべし。念仏衆生は、横超の金剛心を窮むるがゆえに、臨終一念の夕、大般涅槃を超証す。かるがゆえに「便同」と曰うなり。しかのみならず、金剛心を獲る者は、すなわち韋提と等しく、すなわち喜・悟・信の忍を獲得すべし。これすなわち往相回向の真心徹到するがゆえに、不可思議の本誓に藉るがゆえなり。

(『真宗聖典』二五〇頁)

弥勒菩薩は、五十六億七千万年後にさとりに達する菩薩である。その成道の時が、龍華三会のあかつきである。

私たち念仏の衆生は、本願力によって、横ざまに生死を超える真実信心が与えられているから、この世を終えたその時にさとりに達するのである。だから、「便同」つまり弥勒菩薩と同じである。

なぜ、親鸞は王日休の文を引用し、自釈を付してまで弥勒菩薩のことを述べなければならなかったのであろうか。

奈良時代以降、法相宗の隆盛とともに、弥勒信仰は兜率天に往生する道となる。平安時代に入り、源信や空也が阿弥陀仏の極楽浄土への往生を勧めても、兜率天への往生を願う弥勒信仰は衰えなかったし、極楽と兜率天どちらがすぐれているかの議論もあった。こういう時代背景の中で、法然は『選択集』において、

兜率は近しといへども縁浅く、極楽は遠しといへども縁深し。

(『岩波・選択集』八〇頁)

と、極楽は兜率天より縁が深いと言っている。

一方、「興福寺奏上」を書いて法然たちを攻撃した貞慶は、弥勒信仰を大事にして兜率天への往生を

願った。明恵も深い弥勒信仰があった。二人はそれぞれ、法相宗、華厳宗の中興の祖である。

これらの人々、さらには、さきほど述べたように、『法華経』に基づく天台教学をも意識しながら、親鸞は記したのではないか。

念仏者は、この世で不退転の位、つまり弥勒菩薩と同じ位を得るのだ。だから聖道門より浄土門が勝れているということを言いたいのであろう。

親鸞が「臨終一念の夕、大般涅槃を超証す」と言うことにも注目したい。念仏者は、臨終つまり亡くなると同時にさとりを得るのである。浄土教の伝統的な考え方は、この世は穢土で仏道修行にふさわしくないので、浄土に往生してそこで修行して、その修行が成就したらさとりを得、仏になるという考え方である。

親鸞にとっては、浄土往生と成仏は同時である。ここで往生と成仏の関係を整理すると、信心を得て念仏するその一念に往生が定まり、現世で正定聚の位につくのである。『一念多念文意』では、

おさめとりたまうとき、すなわち、とき・日（ひ）をもへだてず、正定聚（しょうじょうじゅ）のくらいにつきさだまるを、往生をうとはのたまえるなり。（『真宗聖典』五三五頁）

と記されているので、現世で往生すると考える人も少なくない。「往生をう」という表現を、往生が実現したと考えるのか、往生が定まったと考えるのかの違いであろうか。私は、以前は前者だと思い、親鸞は法然にもない画期的な現世往生の思想の持ち主だと感動したものである。しかし、『一念多念文意』の文脈で現世往生と考えるのは無理があるように思う。現世で獲得するのは、「正定聚のくらい」までではな

いかと思う。

そして、命が終わると往生してすぐに成仏するのである。

それでは、なぜ成仏を死後にもってきたのか。やはり、この身はどこまでも「煩悩具足」の「凡夫」である。そしてこの世は、戦争と貧困と差別に満ちた「穢土」であり浄土ではない。だからこの世で成仏することはありえない。ただ本願を信じ念仏を申す身になったことが、正定聚である。将来、仏になることが定まっているのである。身は凡夫であるが、如来の本願を拠り所とする真の仏弟子である。だから命が終わり、煩悩の身が亡くなった時に往生して同時に成仏するのである。親鸞の往生観はこのようなことであろう。

ここから、親鸞は念仏の信心が普遍的であることを表すために、他宗派の人の文を引用する。

（楽邦文類）禅宗の智覚、念仏行者を讃めて云わく、奇なるかな、仏力難思なれば、古今も未だあらず、と。

（同右）律宗の元照師の云わく、ああ、教観に明らかなること、孰か智者に如かんや。終わりに臨みて『観経』を挙し、浄土を讃じて長く逝きんき。法界に達せること、孰か杜順に如かんや。四衆を勧め仏陀を念じて、勝相を感じて西に邁きき。禅に参わり性を見ること、孰か高玉・智覚に如かんや。みな社を結び仏を念じて倶に上品に登りき。業儒才ある、孰か劉・雷・柳子厚・白楽天に如かんや。しかるにみな筆を乗り誠を書して、かの土に生まれんと願じき、と。已上　（『真宗聖典』二五〇頁）

この引用で、禅宗の智覚は、念仏の行者をほめたたえたことを述べ、律宗の元照が言うのには、天台宗の第一祖智者（智顗）ほど教義とその実践に勝れた人はいない。しかし智顗は臨終に『観経』を仰ぎ、阿弥陀仏の浄土を讃えて世を去ったという。これは親鸞の延暦寺に対するメッセージであろう。智顗のような高僧が往生を願った。いかに浄土往生が勝れた道かということを言う。智顗の次は杜順が出てくる。杜順こそ明恵が帰依する華厳宗の第一祖である。大乗仏教にとって存在の根源の意味たる法界（真如）に達した人は、杜順をおいてほかにない。その杜順が念仏して往生を遂げた。これも、明恵を意識しながら引用したのかもしれない。さらに儒家、老荘思想家、白楽天のような詩人の名も記され、彼らも浄土往生を願ったと書かれている。浄土往生が普遍的な道だと言っているように思う。

親鸞は、この引用文を書きながら、「延暦寺による専修念仏の停止要請」を出した天台宗僧侶や、『摧邪輪』を著した明恵に対して、彼らの第一祖が阿弥陀仏の浄土への往生を願ったと示し、念仏の信が正しいことを言おうとしたのではないか。

同時に師である法然が、『選択集』で示された「念仏は勝、諸行は劣」ということをも、他宗の第一祖たち高僧の説が書かれた『楽邦文類』をもとに証明しようとしたのではないだろうか。

3　親鸞の自己凝視

親鸞は、真実信心の人は弥勒と同じであると言う。しかし真の仏弟子を結ぶにあたって、まことに厳しい自己省察を表明する。

誠に知りぬ。悲しきかな、愚禿鸞、愛欲の広海に沈没し、名利の太山に迷惑して、定聚の数に入ることを喜ばず、真証の証に近づくことを快しまざることを、恥ずべし、傷むべし、と。

（『真宗聖典』二五一頁）

愚禿としてのこの私親鸞は、愛欲の海に沈み、また世俗の名利に迷い惑うと言う。初めて『教行信証』を読んだとき、難解な引用文が多い中に、この言葉に出遇って、親鸞に親しみを感じた。同時に、「定聚の数に入ることを喜ばず」の言葉に衝撃を覚えた。あれほど「現生正定聚」の意義を書き、如来よりたまわった信心を讃嘆したはずの親鸞が、正定聚に入ることを喜ばないのである。これはいったい何なのか。

親鸞は晩年『正像末和讃』でも同じように記す。「愚禿悲歎述懐」である。

浄土真宗に帰すれども
　真実の心はありがたし
　虚仮不実のわが身にて
清浄の心もさらになし

（『真宗聖典』五〇八頁）

悪性さらにやめがたし
　こころは蛇蝎のごとくなり
　修善も雑毒なるゆえに
虚仮の行とぞなづけたる

（『真宗聖典』五〇八頁）

信心を得た者は正定聚に入り、現生十種の益を得て喜びに溢れるはずなのに、親鸞自身は喜べないと言う。上記二首の和讃でも、真実の心はないと言っている。

さらに、悪性はやめ難く、心は蛇か蝎のようだと衝撃の告白までしている。私は、これらの親鸞の文に出遇い、親鸞にいっそう親しみを感じるようになった。親鸞は、如来とまっすぐに向き合ったのであろう。そして信心を得た者が、真の仏弟子であり、現生正定聚であり弥勒菩薩と同じとまで言い切った。そう言いながら、わが身を振り返ると、現実のわが身は何たるものか。愛欲と名利そのものの生活ではないか。こういう自己に対する深い悲嘆。これが親鸞の魅力であるばかりか、浄土真宗の真実性を痛感させられる一面でもある。教えに出遇い念仏に生きる身となることは、同時に仏の鏡に照らされた自己を自覚し、自己の愚かさと仏の教えに背いている自身を恥じずにはおられないのである。

私は、親鸞のこうした告白は親鸞の生活とも無関係でないと思う。親鸞は越後から関東に移る折、衆生利益のために「浄土三部経」を千回読誦しようと試み、自力の心がすたらないことに気づき悲嘆したことも挙げられよう。

また関東での活動の中でも、名も無き民衆に向けての布教だけではなく、稲田氏など豪族の帰依をも受けることがあったであろう。そうしたさまざまな関わりから、ときには、名利心も出たであろう。そうしたことに悲嘆したこともあるのではないだろうか。「名利の太山に迷惑」することは、親鸞の実生活とは無関係ではない。

また、親鸞は公然と妻帯し家庭生活を送った僧である。多くの子どももいた。そういう現実の生活を通してわが身の醜い事実を痛感したのだろう。長男善鸞を義絶したのは、『教行信証』を書いた後だが、家庭生活を営む以上、心を悩ませるさまざまな問題に直面したことは想像に難くない。

私は、法然が日本仏教において先鋭的な思想の持ち主であることを、事あるごとに強調してきた。しかし、親鸞に比べ親しまれていないのは、法然が生涯独身の聖僧であり、生活面の機微にふれにくいからだろう。親鸞の文章からは生き生きとした生活実感が伝わるのである。「愚禿悲歎述懐」に、親鸞はさらに記す。

無慚無愧(むざんむき)のこの身にて
　まことのこころはなけれども
弥陀(みだ)の回向(えこう)の御名(みな)なれば
功徳は十方(じっぽう)にみちたまう

（『真宗聖典』五〇九頁）

親鸞は、自己を無慚無愧の身でまことの心がないと告白し悲嘆するのであるが、同時に、そういうわが身にこそ、阿弥陀仏は回向くださり、弥陀が回向してくださった「南無阿弥陀仏」の名号だから、功徳は十方の世界に満ちわたっていると詠う。私は、こういう親鸞の仏法を通した自己と世界に対する感覚に共感する。

同時に思うことは、親鸞は、信仰の喜びと悲嘆を語っているだけではないということである。さきほどの「恥ずべし、傷むべし、と」で終わる自釈に続いて、

それ仏、難治(なんじ)の機を説きて、『涅槃経』（現病品）に言(のたま)わく、迦葉(かしょう)、世に三人あり、その病治(やまいじ)しがたし。一つには謗大乗(ほうだいじょう)、二つには五逆罪、三つには一闡提(いっせんだい)なり。かくのごときの三病、世の中に極重(ごくじゅう)なり。

（『真宗聖典』二五一頁）

と書き、謗大乗、五逆罪、一闡提、つまり救われ難き難治の機を課題にする。「定聚の数に入ることを喜ばず」「恥ずべし、傷むべし」と親鸞が悲嘆するのは、自らを「難治の機」に重ね合わせているのではあるまいか。

それでは、次に、難治の機の救いについて考えてみたい。

六、親殺しなど五逆と正しき教えを誹謗する者は救われるのか

1　なぜ本願に除外規定があるのか

親鸞にとっての信心の拠り所は、言うまでもなく第十八願である。ここでもう一度確認しておきたい。

たとい我、仏を得んに、十方衆生、心を至し信楽して我が国に生まれんと欲うて、乃至十念せん。もし生まれずは、正覚を取らじ。唯五逆と正法を誹謗せんをば除く。（『真宗聖典』一八頁）

『選択集』で法然が、この文を引用するとき、末尾にある「唯五逆と正法を誹謗せんをば除く」という、いわゆる「唯除の文」を削除したことはこれまで述べてきた。そればかりか、「心を至し信楽して我が国に生まれんと欲うて」の箇所、つまり「至心、信楽、欲生」の三心についても、何も語らない。法然は、一切の衆生が平等に往生することと、一人ももらさないという願いがことのほか強かった。だからあえて念仏者の心の問題に踏み込むような三心論は語らない。「ただ念仏せよ」と言うだけである。法然の遺言である「一枚起請文」には、

三心四修と申す事の候うは、皆、決定して南無阿弥陀仏にて往生するぞと思う内に籠り候う也。

（『真宗聖典』九六二頁）

と記されている。三心は、南無阿弥陀仏と称えることで往生すると思うことにこもっていると言う。ここでの三心は『観経』の三心であろうが、一六九〜一七〇頁で示したように、法然は『大経』の三心と『観経』の三心は同じだと言うのであるから、至心、信楽、欲生も「ただ念仏」にこもっていると考えたのであろうと私は推測する。

それに対して親鸞は、法然の教えと経典との整合性にこだわった。そして法然が明確にしなかったことを、経典と整合して証明することを試みた。だから「三心一心問答」などを通して、至心、信楽、欲生を如来が起こしてくださったと解釈したのである。

それでは、「唯五逆と正法を誹謗せんをば除く」という「唯除の文」をどう理解したらよいのだろうか。親鸞は、自分の身に照らし合わせたにちがいない。自分は「唯除」されていないのだろうかと。それとともに、経典を説いた釈尊が、弥陀の本願に、なぜ除外規定を説くのか、深く考えたのであろう。いかにも親鸞らしい几帳面さである。

『尊号真像銘文』に、

「唯除五逆　誹謗正法」というは、唯除というは、ただのぞくということばなり。五逆のつみびとをきらい、誹謗のおもきとがをしらせんとなり。このふたつのつみのおもきことをしめして、十方一切の衆生みなもれず往生すべし、としらせんとなり。

（『真宗聖典』五一三頁）

と示す。五逆と誹謗正法の罪が重いことを示したうえで、一切の衆生が一人ももれることなく往生できると言うのである。法然が「唯除の文」を削除してしまう大胆さに驚きと感動を覚える私であるが、『尊号真像銘文』における親鸞の解釈も法然に劣らず画期的である。二人とも、すべての衆生がもれなく往生するという一点はいささかも異なることはない。

法然は、「一切の衆生を平等に往生せしめむがため」に阿弥陀仏は念仏を選択されたのであるから、一切の衆生に五逆と誹謗正法も含まれているはずだと考えたにちがいない。法然が「四箇条問答」の中で、

十方の衆生と云は、諸仏の教化にもれたる常没の衆生也（『法然全集』第三巻　一六一頁。原文はカタカナ）

と述べていることからうなずける。まさに、『選択集』で「唯除の文」を削除したゆえんである。

それなら、なぜ、経典に「唯除の文」という除外規定が定められているのか。そもそも法蔵菩薩が起こされた四十八の願の中で、除外規定があるのは、第十八願だけである。なぜなのか、親鸞は悩んだであろう。そしてその結論が、逆謗の罪の重きことを示して、一人ももれることなく往生できるということであるが、その根拠に『涅槃経』を示す。『涅槃経』こそ、「一切衆生悉有仏性」と、すべての衆生に仏性があることを説く経典なので、親鸞は問題意識を鮮明にしてこの経典に向き合ったのであろう。

それ仏、難治の機を説きて、

『涅槃経』（現病品）に言わく、迦葉、世に三人あり、その病治しがたし。一つには謗大乗、二つには五逆罪、三つには一闡提なり。かくのごときの三病、世の中に極重なり。ことごとく声聞・縁覚・菩薩のよく治するところにあらず。善男子、たとえば病あれば必ず死するに治なからんに、もし瞻

病随意の医薬あらんがごとし。もし瞻病随意の医薬なからん、かくのごときの病、定んで治すべからず。当に知るべし。この人必ず死せんこと疑わずと。善男子、この三種の人、またかくのごとし。仏・菩薩に従いて聞治を得已りて、すなわちよく阿耨多羅三藐三菩提心を発せん。もし声聞・縁覚・菩薩ありて、あるいは法を説き、あるいは法を説かざるあらん、それをして阿耨多羅三藐三菩提心を発せしむることあたわず、と。已上
（『真宗聖典』二五一～二五二頁）

まず親鸞は、自身で「それ仏、難治の機を説きて」と記すのであるが、救われ難き人々の救いを考えようとする。そしてこの経典を引用し、大乗の正しき教えを謗る者と五逆罪を犯した者、さらには闡提つまり一切の善根を断たれた者の救いを明らかにする。親鸞は、この直前に、自己を凝視して「恥ずべし、傷むべし」と言っているのであるから、どこかに、五逆や謗法のような悪人がいると思っているのではない。親鸞自身と重ね合わせて引用しているのであろう。それは二二七頁で述べた、親鸞の歩みの中でのできごととも関わっているのではないだろうか。単に深い自己凝視では表現できないものがある。

ここの引用文は、五逆、謗法、闡提という重病人を治すのは、声聞、縁覚、菩薩ではなく、仏だと言っているのである。親鸞は自分に重ねて引用しているのであるから、仏の教えを弥陀の本願と考えたのであろう。声聞、縁覚、菩薩の教えで助からないということは、親鸞自身にとっては、声聞、縁覚、菩薩の教えが聖道門と重なり合い、聖道門では助からないと思ったのではないか。私がこの引用文を見て思い出すのは、『選択集』の以下の文である。

下品下生はこれ五逆重罪の人なり。しかもよく逆罪を除滅すること、余行の堪へざるところなり。

ただ念仏の力のみあつて、よく重罪を滅するに堪へたり。故に極悪最下の人のために、極善最上の法を説くところなり。

（『岩波・選択集』一三三頁）

親鸞はこの文を何度も読んだであろう。念仏以外の余行では助からない、本願念仏こそが、極悪最下の人のためにあり、それは、極善最上の教えである。親鸞はわが身にひきかけてこの文を読み、「信巻」を書くにあたって『涅槃経』の文を引用したのではあるまいか。

2　阿闍世王の逆悪

親鸞は五逆、謗法、闡提の代表として、阿闍世王の名を挙げる。『涅槃経』の引用を見てみよう。

（梵行品）また言わく、その時に、王舎大城に阿闍世王あり。その性弊悪にしてよく殺戮を行ず。口の四悪、貪・恚・愚痴を具して、その心熾盛なり。乃至　しかるに眷属のために現世の五欲の楽に貪着するがゆえに、父の王辜なきに横に逆害を加す。父を害するに因って、己が心に悔熱を生ず。乃至　心悔熱するがゆえに、遍体に瘡を生ず。その瘡臭穢にして附近すべからず。すなわち自ら念言すらく、「我今この身にすでに華報を受けたり、地獄の果報、将に近づきて遠からずとす。その時に、その母韋提希后、種種の薬をもってためにこれを塗る。その瘡ついに増すれども降損あることなし。王すなわち母に白さく、「かくのごときの瘡は、心よりして生ぜり。四大より起これるにあらず。もし衆生よく治することありと言わば、この処あることなけん。」

（『真宗聖典』二五二頁）

釈尊在世時のインド最大の国、マガダ国の王舎城に阿闍世王という王がいた。提婆達多にそのかされ、釈尊に帰依した父、頻婆娑羅王を殺害した。そのことを深く悔い、精神的に病むとともに、全身にできものができた。阿闍世は、この身ながら悪業の報いを受けており、地獄に堕ちることはまちがいないと思った。私はここに阿闍世が語った「我今この身にすでに華報を受けたり、地獄の果報、将に近づきて遠からずとす」の言葉に、「唯除五逆」の経文を思い出す。阿闍世は、自分は救いから除外された者であると感じたのであろう。

阿闍世の母は韋提希である。かつて阿闍世は頻婆娑羅王だけではなく韋提希も殺害しようとしたのだが、臣下の諫言で殺害を止めたことが『観経』に書かれている。その韋提希がわが子を思うあまり、阿闍世にいろいろな薬を塗ってやるのだがききめはない。できものは増え続けるばかりである。阿闍世はこう母に言う、「このようにひどいできものは心の悔いから生じたもので、肉体から生じたものではありません。人間の力ではどうすることもできません」と。

そこへ六人の臣下が現れ、それぞれが帰依している思想家の説を紹介する。いわゆる六師外道である。これらの説は、ある者は、運命論であり、ある者はニヒリズム、また唯物論の者もいるが、みな阿闍世に罪はないと言い、阿闍世の行動を正当化し慰める。阿闍世にとっては誰一人として彼の悩みに迫ってこないのである。『涅槃経』よりの引用は続く。

その時に大医、名づけて「耆婆」と曰う。王の所に往至して、白して言さく、「大王、安くんぞ眠ることを得んや、不や」と。

（『真宗聖典』二五七頁）

そのとき、耆婆という名医が登場する。耆婆は大臣でもあり、かつて阿闍世が韋提希にも手をかけようとしたとき、諫言を呈して殺害を止めさせた臣下である。

耆婆は言う、「大王、安眠できますか」と。ここは反語であるので「それは眠られるはずはないでしょう。あなたは父を殺すような大罪を犯したのであるから」という気持ちがこもっている。阿闍世は、自分の犯した罪を語り、そして悩みをありのまま語るのである。その様子が以下に記されている。

王、偈をもって答えて言わまく、乃至　耆婆、我今病重し。正法の王において悪逆害を興ず。一切の良医・妙薬・呪術・善巧瞻病の治することあたわざるところなり。何をもってのゆえに。我が父法王、法のごとく国を治む、実に辜なし。横に逆害を加す、魚の陸に処するがごとし。乃至　我昔かつて智者説きて言うことを聞きき、身口意業もし清浄ならずは当に知るべし、この人必ず地獄に堕せん、と。我またかくのごとし。いかんぞ当に安穏に眠ることを得べきや。今我また無上の大医なし、法薬を演説せんに、我が病苦を除きてんや。

（『真宗聖典』二五七頁）

ここで阿闍世は、「自らは救いがたい罪を犯した者であり、必ず地獄に堕ちる。どんな人でもこの阿闍世を救える者はいないであろう」と言う。私はここを読みながら、一五九頁で見てきた「機の深信」を思うのである。同時に「唯除五逆」の文をも思い浮かべる。これに対して、耆婆が語ったことが、以下に記されている。

耆婆、答えて言わく、善いかな、善いかな、王、罪を作すといえども、心に重悔を生じて慚愧を懐けり。大王、諸仏世尊常にこの言を説きたまわく、「二つの白法あり、よく衆生を救く。一つには慚、二つには愧なり。「慚」は自ら罪を作らず、「愧」は他を教えて作さしめず。「慚」は内に自ら羞恥す、

「愧」は発露して人に向かう。「慚」は人に羞ず、「愧」は天に羞ず。これを「慚愧」と名づく。「無慚愧」は名づけて「人」とせず、名づけて「畜生」とす。慚愧あるがゆえに、すなわちよく父母・師長を恭敬す。慚愧あるがゆえに、父母・兄弟・姉妹あることを説く。善いかな大王、具に慚愧あり、と。乃至

（『真宗聖典』二五七～二五八頁）

阿闍世の煩悶に対して、耆婆は「たいへんいいことです。あなたは大きな罪を犯しましたが、心に深く悔い自分の行為を恥じています」、こう言いながら、仏の教えを紹介するのである。「慚愧」という気持ちが大切であり、そのことにおいて人間が人間たり得るのだ。無慚愧の者は人とは言えず、畜生であると言うのだ。

私はこの言葉が特に心に響く。人間は過ちを犯しやすいもので、縁によっては何をしでかすかわからないのである。問題は、そのことについて慚愧があるかどうかである。

阿闍世は、はっきりとした慚愧の気持ちがあるがゆえに六師外道に惑わされることがなかった。

阿闍世は、耆婆が自分の苦悩の深さを知り、自分に寄り添ってくれるただ一人のよき理解者であることを知った。その耆婆は、釈尊のもとに行き仏法を聴くことを勧めた。そのとき、天から声がする。

「〈略〉王の悪業、必ず勉るることを得じ。やや願わくは、大王、速やかに仏の所に往ずべし。仏世尊を除きて余は、よく救くることなけん。我今汝を愍れむがゆえに、あい勧めて導くなり」と。

（『真宗聖典』二五八頁）

阿闍世に聞こえた声は、「阿闍世王よ、そなたの悪業に対する罪は免れることはできない、釈尊のとこ

ろにすぐに行きなさい。釈尊を除いてそなたを救う者はいない。私はそなたを愍れむがゆえに、そなたに勧めるのである」と言うのである。

その声は自らが殺めた父、頻婆娑羅王の声であった。その声を聞き終わって、阿闍世はさらに苦しみ、できものはさらに広がり、臭気を放つのであった。

阿闍世は、自分が殺した頻婆娑羅王と、殺そうとした韋提希の愛情が、阿闍世の思いを超えてそそがれていることを実感したのであろう。これぞ仏の心に通じているではないか。

そのことはさらに、助かりようもない、自分のありようを痛感させたであろう。さらに頻婆娑羅王は阿闍世に言う。

　汝今当に耆婆の所説に随うべし。邪見六臣の言に随うことなかれ。（『真宗聖典』二五八頁）

このようにして、阿闍世は釈尊のところへ行くことになったのである。

3　阿闍世のために涅槃に入らず

さて、釈尊は阿闍世に対してどのようなお気持ちであったのだろう。釈尊は言われた。

　阿闍世王の「為」に涅槃に入らず。（『真宗聖典』二五九頁）

釈尊は、人生の最期を迎えるところであったが、阿闍世のために涅槃に入らないと言われる。さらに、「阿闍世王の「為」」ということを語る。

　我、「為」と言うは一切凡夫、「阿闍世」は普くおよび一切、五逆を造る者なり。また「為」は、すな

わちこれ一切有為の衆生なり。（『真宗聖典』二五九頁）

一切凡夫のために釈尊はおられ、阿闍世は、阿闍世王一人ではなく、五逆罪を犯す者すべてであると言っているのである。さらに、

「阿闍世」は、すなわちこれ煩悩等を具足せる者なり。（『真宗聖典』二五九頁）

と言われる。ここに『涅槃経』を引用した親鸞の心が顕著に表れている。まさに「悪人正機」と「煩悩具足」の凡夫の救いを、『涅槃経』を引用することで証明していると思う。

それから釈尊は月愛三昧に入られ、光を放たれる。その光明が阿闍世を照らすと、できものはすべて治ってしまったのである。まず釈尊は体を治される。体の具合が悪ければ、心もすっきりしないからである。

釈尊は阿闍世の体にできたものを治したうえで心の病を治そうとされたのである。この時点ですでに阿闍世は、釈尊の慈悲を感じている。

阿闍世は自分の苦悩を理解してくれる耆婆に、自分のようなどうしようもない者に、どうして釈尊は心をかけてくださるのであろうか、と問うのである。耆婆の答えが感動的だ。

耆婆答えて言わく、たとえば一人して七子あらん。この七子の中に、（一子）病に遇えば、父母の心平等ならざるにあらざれども、しかるに病子において心すなわち偏に重きがごとし。大王、如来もまた爾なり。もろもろの衆生において平等ならざるにあらざれども、しかるに罪者において心すなわち偏に重し。放逸の者において仏すなわち慈念したまう。（『真宗聖典』二六〇頁）

七人の子どもの中の一人の子どもが病気になれば、親の心は平等ではあるけれども、病気の子どもには特に心をかけるようなものである。如来もまたそうであり、あらゆる衆生を平等に見ておられるが、とりわけ罪悪深き者に心をかけておられるのである。放逸の者に対して仏は、慈しみの心をかけてくださるのである。私は、この文にも悪人正機の思想があると思う。

さらに読み進むと、以下の文につきあたる。釈尊の直言である。

その時に、仏、もろもろの大衆に告げて言わく、一切衆生、阿耨多羅三藐三菩提に近づく因縁のためには、善友を先とするにはしかず。何をもってのゆえに。阿闍世王、もし耆婆の語に随順せずは、来月の七日、必定して命終して阿鼻獄に堕せん。このゆえに日に近づきにたり、善友にしくことなかれ。

（『真宗聖典』二六一頁）

この箇所も、大事ではないか。よき友に出遇うことほど人生にとって大事なことはない。私は一連の文を読みながら、たった一人でも耆婆のような友人に出遇えば、そのことだけで人生は豊かなものになると思う。遊び楽しむだけの友で、困ったときに慰めや気休めの言葉をかけてくれるだけなら、先に出てくる六人の臣下と変わらない。耆婆は身分を超えて、王である阿闍世に諫言している。そして厳しく叱り、しかも温かく、阿闍世の苦悩に寄り添って、真実の道に導くのだ。

そうした友が私にいるのか。また、自分自身がそうした友になれるのか。ここを読むとき、そうした緊張感と問いかけをいただくのである。それとともに真の仏弟子について、あらためて考えさせられた。耆婆は阿闍世にとってのよき友であるだけではなく、真の仏弟子ではないか。

さて、ここから阿闍世が釈尊のところに行くのであるが、耆婆に次のように言うのである。

> 耆婆、吾、汝と同じく一象に載らんと欲う。たとい我当に阿鼻地獄に入るべくとも、冀わくは汝捉持して、我をして堕さしめざれと。何をもってのゆえに。吾昔かつて聞きき、得道の人は地獄に入らず、と。乃至
>
> （『真宗聖典』二六一頁）

耆婆よ、私はあなたとともに同じ象にのりたい。もし私が地獄に堕ちることになっても、どうか私をつかまえて、堕とさないようにしてほしい。なぜならば、あなたのような得道の人は、地獄に堕ちないと聞いているからである。

一連の文を通して、阿闍世の気持ちがわかる。「阿闍世のために涅槃に入らず」とまで言われ、月愛三昧をなさって体のできものを治してくださった釈尊と、七人の子の中で病気の子を特に気にする親にたとえながら、罪悪深重の者を救う仏の教えをよき友耆婆から聞いてもなお信じ切れない阿闍世である。この阿闍世の心が私たちの心である。罪を犯したので地獄に堕ちると思い込んで本願が信じられない私たちの心。親鸞は自分の身に重ね合わせて引用したのであろう。

そんな阿闍世に対して釈尊はかなり長い説法をされるのである。私が最も惹かれるのは、以下の文である。

> もし汝父を殺して当に罪あるべくは、我等諸仏また罪ましますべし。もし諸仏世尊、罪を得たまうことなくは、汝独り云何ぞ罪を得んや。
>
> （『真宗聖典』二六二頁）

もし、阿闍世が罪の報いを受けて苦しむならば、釈尊自身にも罪があると言うのである。なぜならば、

頻婆娑羅王こそ釈尊に帰依した人であり、そうしたつながりによって僧伽も社会も人間関係も成り立っている。阿闍世一人に罪を背負わせることはないと言うのである。これは、阿闍世の罪に寄り添っていこうとする釈尊の精神が表れている。

この釈尊の精神こそ、逆謗の者を救う弥陀の本願の精神と親鸞はいただいたのであろう。

その後の釈尊の説法は、理解不可能な部分が少なくない。阿闍世の行為を是認しているかのような部分がある。『教行信証』をいくら読んでもその箇所は理解できないのである。そんな私であるが最近になって、『四十八巻伝』に書かれた法然の言葉を思い出した。

> 本願に乗ずるに二の様といふは、一には罪つくる時乗ずるなり。其故は、かのごとく罪をつくれば、決定して地獄におつべし。しかるに本願の名号をとなふれば、決定往生せん事のうれしさよとよろこぶ時に乗ずる也。
>
> （『岩波・法然絵伝』〈上〉二二三頁）

本願に乗じて往生するのに、二つの様がある。一つには罪をつくるときに救われる。というのは、このように、罪をつくったら、必ず地獄へ堕ちるだろう。けれども、阿弥陀仏がお誓いになった本願の名号を称えれば、必ず往生させてもらえる嬉しさに、本願を喜ぶときに救われるのである。

この言葉も理解に苦しんできた。罪をつくるときに救われるなど、恐ろしい言葉ではないか。だが、罪をつくり地獄へ堕ちるその罪に苦しむ者が、弥陀が救わんと誓った本願の名号をいただき受け入れるときに救われると、法然は言うのである。

つまり、本願を信じて念仏するとき、弥陀は罪の有無と全く無関係に救うのである。そう思いながら、

『涅槃経』からの引用の文、『四十八巻伝』の文を考察しながら思い当たるのは、『歎異抄』第一章である。「弥陀の誓願不思議にたすけられまいらせて、往生をばとぐるなりと信じて念仏もうさんとおもいたつこころのおこるとき」に無条件に救われるのであり、善悪は、救済と無関係なのである。むしろ「罪悪深重煩悩熾盛の衆生をたすけんがため」にこそ本願があるのである。これは、釈尊が「阿闍世王の「為」に涅槃に入らず」とおっしゃるのと同じことであり、「「阿闍世」は普くおよび一切、五逆を造る者なり」と説く釈尊の精神そのものである。にもかかわらず、罪の軽重にとらわれ、仏の本願が信じられない阿闍世に対し、釈尊はさまざまな方法で導かれた。

釈尊は、罪を自覚し悩む者に、それ以上罪を追及されない。罪の自覚のあまり本願を疑ってしまわないよう、釈尊はあらゆる方法で導かれたのであろう。それが、さきほど紹介した法然の言葉と重なり合うのである。『涅槃経』からの引用文の理解不可能な箇所をそう受け取ったらよいのではないかと思うのだがどうだろうか。

4 阿闍世に起こった「無根の信」と菩提心

釈尊の教えを聞き続けた阿闍世は、とうとう信を得ることができた。その場面が以下の文である。

(王、仏に白さく)世尊、我世間を見るに、伊蘭子より伊蘭樹を生ず、伊蘭より栴檀樹を生ずるをば見ず。我今始めて伊蘭子より栴檀樹を生ずるを見る。「伊蘭子」は、我が身これなり。「栴檀樹」は、すなわちこれ我が心、無根の信なり。「無根」は、我初めて如来を恭敬せんことを知らず、法・僧を信ぜず、これを「無根」と名づく。世尊、我もし如来世尊に遇わずは、当に無量阿僧祇劫において、大地獄に在りて無量の苦を受くべし。我今仏を見たてまつる。これ仏を見るをもって得るところの功徳、衆生の煩悩悪心を破壊せしむ、と。仏の言わく、「大王、善いかな、善いかな、我いま、汝必ずよく衆生の悪心を破壊することを知れり。」「世尊、もし我審かによく衆生のもろもろの悪心を破壊せば、我常に阿鼻地獄に在りて、無量劫の中にもろもろの衆生のために苦悩を受けしむとも、もって苦とせず。」

（『真宗聖典』二六五頁）

伊蘭は「行巻」の『安楽集』よりの引用文でも出てきたが、悪臭を放つ毒樹であり、子は種である。栴檀樹は香ばしき匂いに包まれた樹である。伊蘭の種子から、栴檀香樹を生ずることはありえない。しかるに阿闍世はそれを見たと釈尊に言うのである。阿闍世によれば伊蘭子は阿闍世自身であり、栴檀香樹は、阿闍世の心に生じた無根の信であると言う。「無根の信」とは自分には全く根拠のない信である。つまり「如来よりたまわった信心」であると、親鸞は考えたのであろう。

阿闍世の獲信の経過を見てきたが、信心をたまわった阿闍世はどうなったのであろうか。これは阿闍世という一個人の問題ではない。獲信し念仏申す身になったらどういう生き方が始まるかという、信心の本質的なことである。

阿闍世は釈尊に、如来に出遇わなかったら地獄の苦を受けていたところだと、信心をたまわったことを喜ぶのである。歓喜の思いであろう。ただ、それだけであれば、自己完結型の信仰で終わるだろう。

阿闍世は、信を得た功徳によって、今度は、衆生の煩悩を破りたい、それができたら、もろもろの衆生のために、常に阿鼻地獄で限りない苦悩を受けるとも、それを苦しみとはしません、と語っている。

阿闍世が釈尊のところに行く道中を振り返り比べてみよう。耆婆と同じ象にのって、地獄に堕ちそうになったらつかまえて堕ちないようにしてほしいと懇願していた阿闍世だが、何と信心を得た後は、衆生済度のためには、地獄で苦を受けてもよいと言う。これが「願作仏心は度衆生心」ということではないか。阿闍世に信心が起こるということは、同時に衆生を救済したいという願いが生じたのである。

願作仏心、度衆生心が起こるのは、法蔵菩薩か衆生か、私は長い間わからなかったと前に述べたが、ここでもはっきりしている。「無根の信」であるから、衆生（ここでは阿闍世）に根拠がない信心なのである。しかし、「無根の信」を得れば、願作仏心だけではなく度衆生心も衆生たる阿闍世に起こったのである。

私は、念仏者の現生十種の益を述べたとき、二〇三頁で転悪成善の益は、悪をも善に変えるはたらきであり、具体的には、阿闍世の回心に代表されようと述べたが、まさにこのことである。親殺しの阿闍世が、仏の教えを聞いて獲信すれば、親殺しという五逆の罪が善に転じたのである。

この章の初めで、本願の文すなわち第十八願に記された「唯五逆と正法を誹謗せんをば除く」という除外規定について考えてきた。法然はあえてこれを削除し、一切の衆生が往生できるように解釈したが、親鸞は、この除外規定を残して引用していることを確認してきた。二三〇頁で示したように親鸞は、「唯除というは、ただのぞくということばなり」と言いながら、「このふたつのつみのおもきことをしめして、十方一切の衆生みなもれず往生すべし」ということが、阿闍世の物語でよくわかるのである。

阿闍世は自分が唯除されていることを知ったがゆえに、仏の教えが身にしみて、教えを生きる者となったのであろう。自分が「唯除」の者であることを知らなければ、「一切衆生」が「我がこと」と気づくことはない。「唯除」された者であると思いつめることで、教えを聞き本願に出遇うのである。そして地獄にしか行くところはない、どうしようもない身である自覚を阿闍世がもったがゆえに、そういう私阿闍世が、如来よりたまわる信心を得て救われた。だから今度は衆生済度のためには、地獄で苦を受けてもよいと言う、このような言葉になったのであろう。阿闍世は耆婆に言う。

耆婆、我いま未だ死せざるにすでに天身を得たり。短命を捨てて長命を得、無常の身を捨てて常身を得たり。

（『真宗聖典』二六五頁）

「死せざるにすでに天身を得たり」と述べ、長命、常身を得たと言うが、親鸞にとっては、即得往生住不退転であり、現生正定聚であろう。菩提心に関しても思うのであるが、阿闍世に起こった「無根の信」は大菩提心であり、横超の菩提心であることの証明に思えてならない。

親鸞が、阿闍世の回心について、『涅槃経』を長々と引用するのも、親鸞が阿闍世をわが身にひきかけて本願に出遇えた喜びを追体験しているように思う。釈尊と阿闍世との関係も、ここでは法然との関係に重ね合わせているように見える。だから、阿闍世の回心の物語の前には、「悲しきかな、愚禿鸞、愛欲の広海に沈没し、名利の太山に迷惑して」という親鸞の厳しい自己凝視が記されていたのではないか。そんな私親鸞が、師法然の導きによって本願に出遇えた。親鸞の喜びが次の御自釈からうかがえる。

ここをもって、今大聖の真説に拠るに、難化の三機・難治の三病は、大悲の弘誓を憑み、利他の信海に帰すれば、これを矜哀して治す、これを憐憫して療したまう。たとえば醍醐の妙薬の一切の病を療するがごとし。濁世の庶類・穢悪の群生、金剛不壊の真心を求念すべし。本願醍醐の妙薬を執持すべきなりと。知るべし。（『真宗聖典』二七一～二七二頁）

上記の御自釈で、通常の教えで救われることの難しい五逆、謗法、闡提は、如来の慈悲たる広大な誓いをたのみ、利他の信海に帰せよと親鸞は言う。ここでも親鸞は「利他」の主語を如来にして、弥陀が衆生を利してくださる信心海に帰依すれば、如来は哀れみ治してくださると言う。薬の中でも最高の醍醐の妙薬が一切の病を療するようなものだと記すのである。そしてこの薬こそ、如来の本願によって与えられた、ダイヤモンドのように壊れない信心だと言っているのだと思う。ここの御自釈は、『選択集』の次の文と似ている。

五無間罪はこれ五逆罪なり。即ち醍醐の妙薬にあらずば、五無間の病、甚だ療し難しとす。念仏もまた然なり。往生の教の中に、念仏三昧はこれ捴持の如く、また醍醐の如し。もし念仏三昧の醍醐の薬にあらずは五逆深重の病は甚だ治し難しとす。まさに知るべし。（『岩波・選択集』一三六～一三七頁）

法然は、五逆の救いは念仏にしかなく、念仏三昧こそ醍醐の妙薬で、これこそが五逆を救うと言うのである。親鸞はこれを受けて、念仏三昧を信心と表現する。念仏三昧だと念仏の数の多さを誇ったりするような法然門下がいるからであろう。親鸞は、利他の信海と受け止め、如来よりたまわった信心が涅槃への道であるとする。そして「難化の三機・難治の三病」という表現で、救済対象が謗法、闡提にも及ぶことを明確にしている。

繰り返し強調するようだが、法然は謗法、闡提の救いを除いたのではない。法然が「十方の衆生と云は、諸仏の教化にもれたる常没の衆生なり」と述べるのであるから当然、五逆、謗法、闡提すべてが含まれている。

それではなぜ、経典には救いから除かれた者が説かれているのか、次に考えてみよう。

5　唯除と摂取

阿弥陀仏は、一切衆生を救済の対象とすることは、法然も親鸞もいささかもぶれないのであるが、経典によって除外規定があり、しかも除外の対象が異なるのである。それをどう読んだらよいのだろうか。まずは親鸞の御自釈から見ていこう。

それ諸大乗に拠るに、難化の機を説けり。今『大経』には「唯除五逆誹謗正法」と言い、あるいは「唯除造無間悪業誹謗正法及諸聖人」（如来会）と言えり。『観経』には五逆の往生を明かして謗法を説かず。『涅槃経』には、難治の機と病とを説けり。これらの真教、いかんが思量せんや。

（『真宗聖典』二七二頁）

経典には、除外規定として、『大経』は、五逆と謗法を除くとしている。『観経』では五逆は往生できると説かれるが、謗法の救いにはふれていない。『涅槃経』には、さきほど見てきたように難化の三機・難治の三病、つまり五逆、謗法、闡提の救いが説かれている。これらの経典をどのように考えたらよいのだろうか。親鸞の問題提起である。いかにも親鸞らしい論理的な問題の立て方である。

親鸞はこの答えとして、曇鸞の『浄土論註』を引用して言う。『大経』での除外規定は、「五逆も謗法も」犯している。だから救われない。『観経』では「五逆だけで」謗法は犯していない。一種類の罪だけだから「往生できる」と言う。一種類だけの罪であれば往生できるということであったら、「謗法だけ」で、五逆は犯していない人は往生できるのだろうか。その問いに対して、「往生できない」と述べる。親殺しのような五逆罪より謗法の罪が重いと言うのだ。以前私は、五逆罪のほうが重罪だと考えていた。しかし『浄土論註』からの引用文では、

また正法はすなわちこれ仏法なり。この愚痴の人、すでに誹謗を生ず。いずくんぞ仏土に願生するの理あらんや。（『真宗聖典』二七三頁）

仏法を謗るということは、そもそも仏の浄土へ往生する理そのものがないと言うのである。さらに問答を立てて誹謗正法とは何かを述べている。

問うて曰わく、何等の相かこれ誹謗正法なるや。答えて曰わく、もし無仏・無仏法・無菩薩・無菩薩法と言わん、かくのごときらの見をもって、もしは心に自ら解り、もしは他に従いて、その心を受けて決定するを、みな「誹謗正法」と名づく、と。（『真宗聖典』二七三頁）

仏はいない、仏法なんてないなどと言い、仏道を歩む菩薩も否定する。このような考え方を自ら起こし、あるいは人から聞いて、吹聴するのである。これが謗法である。さらに以下の問いを立てる。

問うて曰わく、かくのごときらの計は、ただこれ己が事なり、衆生において何の苦悩あればか、五逆の重罪に踰えんや。（『真宗聖典』二七三頁）

謗法ということは、自分自身に関わることであり、他の人々に苦痛や危害を加えていないではないか。

にもかかわらず、なぜ五逆より罪が重いと言うのか。まさに、私が考えていた疑問そのものである。それに対して言う。

答えて曰わく、もし諸仏菩薩、世間・出世間の善道を説きて、衆生を教化する者ましまさずは、あに仁・義・礼・智・信あることを知らんや。かくのごとき世間の一切善法みな断じ、出世間の一切賢聖みな滅しなん。汝ただ五逆罪の重たることを知りて、五逆罪の正法なきより生ずることを知らず。このゆえに謗正法の人はその罪もっとも重なり、と。

（『真宗聖典』二七三頁）

仁・義・礼・智・信といった世間の倫理観も、世間を超えた仏教の価値観も正法があってその根拠がある。それを誹謗すれば、人間の生き方そのものの否定になる。さらに五逆が悪いことは誰もが知っているが、それは、正法がないから起こるのだと結論づける。いかにも中国の大地に根差した倫理に基づく仏教観である。こうした問答により正法を誹謗する罪が一番重いと言うのである。

この問答はなかなか深いものがある。私たち現代人は、ともすれば、無宗教であることが進歩的であるかのように言説するし、社会的にも究極的な拠り所などないというようなニヒリズムが横行して、何でもあり、といった風潮もある。特に、昨今の「今だけ、金だけ、自分だけ」という社会現象、これが、謗法ではないかと思うことがある。『浄土論註』に「無仏・無仏法・無菩薩・無菩薩法と言わん」と書かれていたではないか。

直接には自分だけのことであり、他者に被害を与えていないようにも見えるが、そうした社会現象そのものが、あらゆる罪のもとであり、平和に生きることの根底を否定するものだろう。だから五逆罪も正法がないことから生じているのではないか。こうしたことから、五逆より謗法の罪が重いのである。

それでは、謗法は永遠に救われないかといえば、そうではないと親鸞は考えた。それが次の文で、善導の『観経疏』からの引用である。

> 四十八願の中のごとき、謗法・五逆を除くことは、しかるにこの二業、その障極重なり。衆生もし造れば、直ちに阿鼻に入りて、歴劫周章して出ずべきに由なし。ただ如来、それこの二つの過を造らんを恐れて、方便して止めて「往生を得ず」と言えり、またこれ摂せざるにはあらざるなり。
> （『真宗聖典』二七六頁）

謗法・五逆が最も罪が重い。この罪を犯せば、阿鼻地獄に堕ちる。そう言いながら、同時に如来は、衆生がその罪を犯すことを恐れられて、方便を説き、「往生できない」と言うのである。「決して救わない」と断定しているのではない、と言う。『観経疏』からの引用は続く。

> また下品下生の中に、五逆を取りて謗法を除くことは、それ五逆は已に作れり、捨てて流転せしむべからず、還りて大悲を発して摂取して往生せしむ。しかるに謗法の罪は未だ為らざれば、また止めて「もし謗法を起こさばすなわち生まるることを得じ」と言う。これは未造業について解するなり。もし造らば還りて摂して生を得しめん。
> （『真宗聖典』二七六頁）

なぜ、『観経』の下品下生のなかで、五逆の救いが説かれながら謗法を除くのか。それは、五逆はすでに犯してしまっているからである。つまり「已造業」である。だから如来は、大悲を発して摂取してくださるのである。

けれども謗法の罪はまだ犯していないので、謗法の罪を起こさないように、「もし謗法を起こしたら往生できない」と言われる。「未造業」つまりまだ犯していない罪だから、こう言って止めるのである。もし謗法の罪を犯してしまえば、その者を摂取して往生させてくださると言う。弥陀が除外規定を定められたのは、その罪を犯さないように抑止されているということである。「抑止門」と呼び、このことに尽きると善導は思ったのであろう。

私がこの箇所を読んで注目するのは、五逆は「已造業」、謗法を「未造業」としていることである。五逆は自分で手をくだしているのであるから、罪の自覚を生ずる。だから、「已造業」なのであろう。他方、謗法は、罪を犯した自覚のない場合が多い。罪の自覚がないので、当人は「未造業」と感じているのであろう。だから、謗法の人に罪を認識させ、慚愧を生ぜしめ、回心させるためであろう。『観経疏』を引用して抑止門を明らかにした親鸞は、『法事讃』を引用して締めくくる。

（法事讃）また云わく、永く譏嫌を絶ち、等しくして憂悩なし。人天、善悪、みな往くことを得。彼に到りて殊ることなし、斉同不退なり。何の意か然るとならば、いまし弥陀の因地にして、世饒王仏の所にして、位を捨てて家を出ず、すなわち悲智の心を起こして、広く四十八願を弘めしめたまいしに由ってなり。仏願力をもって、五逆と十悪と、罪滅し生を得しむ。謗法・闡提、回心すればみな往く、と。

（『真宗聖典』二七六～二七七頁）

浄土では永久に謗られたり嫌われたりすることなく、平等であり、憂いや悩みがないのである。善人も悪人もみんな往けるのである。浄土に往生すれば、平等のさとりを得るのである。なぜそうなるのかと言えば、阿弥陀仏が法蔵菩薩であったとき、広く四十八願を建てられたことによるのである。この本願のはたらきにより、五逆や十悪の者が往生すると言う。「仏願力をもって」と記されていることが重要である。人間の力や功徳が根拠なら往生できない人もいよう。しかし「仏願力」つまり本願の力が根拠であるから、五逆や十悪も排除されないのである。

そして最も重要な結論が、「謗法・闡提、回心すればみな往く」ということである。

謗法も回心すれば往生できると言う。一連の引用文の中で、謗法という罪の重さが他の罪と比べて極端に重いことを学んできた。しかし同時に、他の罪との性質も違うのではないだろうか。たとえば、虫を一匹殺しても、他者を害したのだから殺生の罪は永遠に消えないだろう。しかし、正法を誹謗する罪は、「己が事」なるがゆえに、そのことを回心すれば、謗法罪が残り続けることはない。往生できると善導はもとより、親鸞も考えてきたのではないか。

たとえば山伏弁円は、親鸞の説法を誹謗し妨害したばかりか親鸞の命まで狙ったという。しかし、回心した弁円は熱心な念仏者となり往生を遂げた。親鸞は『御消息集』（広本）で、

明法の御坊の御往生のことを、まのあたりにききそうろうもうれしくそうろう。（『真宗聖典』五六三頁）

と書いている。謗法の者が回心すれば往生できることも、親鸞は自らの体験の中で確かめたのであろう。「回心すれば」ということであるが、阿闍世の回心で述べたように、慚愧ということと重なり合う言葉であると私は思っている。慚愧あってこそ回心があるからである。同時に、回心といった語にも、人間の反

省などとは違った、如来の心が根底に流れているとも思われてならない。如来のはたらきで心が転ぜられると親鸞は思ったのではないだろうか。

善導の『法事讃』からの引用文である「謗法・闡提、回心すればみな往く」は、ここでの結論である。親鸞はこれが言いたくて、『涅槃経』を長々と引用して阿闍世の回心を語ったのではあるまいか。

親鸞は、闡提については「信巻」では具体的に語らないが、阿闍世を、五逆、謗法、闡提の代表として『涅槃経』を引用して、親鸞自らとも重ね合わせて考えたにちがいない。闡提については、さらに「真仏土巻」において考えたいところである。

ところで、私たち真宗門徒は毎日、「正信偈」の勤行で、「凡聖逆謗斉回入　如衆水入海一味」と唱和している。親鸞は自らの文を『尊号真像銘文』で、以下の通り解説する。

「凡聖逆謗斉回入」というは、小聖・凡夫・五逆・謗法・無戒・闡提みな回心して、真実信心海に帰入しぬれば、衆水の海にいりて、ひとつあじわいとなるがごとしとたとえたるなり。

（『真宗聖典』五三二頁）

小聖・凡夫・五逆・謗法・無戒・闡提みな回心して、真実の信心海に帰入すれば、如来の救済にあずかって、一味の大いなる喜びを得ることが書かれている。こうしたことからも、親鸞にとって「唯除」ということは、救いを拒絶するような排除ではなく、五逆、謗法、闡提の罪の重さを知らせて、その者をこそ救うぞとの如来の心を伝えることだと私は確信する。

「唯除の文」を削除してまで、一切の衆生の平等往生を説き続けた法然に対し、親鸞がその心を、『大経』『観経』だけでなく『涅槃経』さらには、曇鸞、善導の文を引用しながら明らかにしたその粘り強さに感嘆の気持ちを覚える。これも、『選択集』と経典との整合性をはかるための作業だと私には感じられるが、どうだろう。法然が「唯除の文」を削除したからこそ、親鸞の大いなる問いと深い思索が始まり、唯除の中身と、その心を明らかにすることができたのではないかと思うのである。

ところで、「信巻」は、締めの御自釈がない。「五逆」について、経典を引用するのである。父母を殺す、仏の身を傷つける、仏弟子を迫害する、僧伽を破壊するなど、かなり詳しく引用して、大乗経典ばかりか、『倶舎論』の言葉も記す。

なぜ、「信巻」がこんな終わり方をするのか。なかなか理解に苦しむが、私は、法然、親鸞たちを流罪にし、住蓮、安楽たちを処刑した承元の法難のことを述べているのではないかと思う。特に『薩遮尼乾子経』を引用して、以下のように記していることが印象的である。

> 三つには、一切出家の人、もしは戒・無戒・破戒のものを打罵し呵責して、過を説き禁閉し、還俗せしめ、駆使債調し断命せしむ。四つには、父を殺し、母を害し、仏身より血を出だし、和合僧を破し、阿羅漢を殺すなり。（『真宗聖典』二七七頁）

あらゆる出家の人、その中には戒を持つ者、持てない者、戒を破る者と記されていることが、いかにも法然を中心とする吉水の僧伽にふさわしい。そうした多様性のある僧伽の人々をたたき、罵り、責め立てて還俗させる表現も、還俗させられた法然、親鸞に重なるようである。「断命せしむる」という表現は住蓮、安楽たちのことを思いながら親鸞は記したのではないか。「和合僧を破し」の表現も、吉水の僧伽が解体に追い込まれたことを思い浮かべての引用ではないだろうか。

あなたたちのやったことは、五逆であり謗法である。親鸞は後鳥羽上皇たち弾圧者を批判、糾弾するのであるが、その人たちも、回心して救われてほしいと願ったのではあるまいか。

親鸞が晩年に書いた消息に、以下の文がある。

念仏を御こころにいれてつねにもうして、念仏そしらんひとびと、この世のち(後)の世までのことを、いのりあわせたまうべくそうろう。　（『真宗聖典』五七八頁）

念仏を謗る人々を、この世から後の世まで、いのってあげてほしいと言う。親鸞はさらに記す。

ただ、ひごう(僻)だる世のひとびとをいのり、弥陀の御ちかいにいれとおぼしめしあわば、仏の御恩を報じまいらせたまうになりそうろうべし。よくよく御こころにいれてもうしあわせたまうべくそうろう。　（『真宗聖典』五七八頁）

まちがったこの世の人々のことをいのり、弥陀の本願に帰入するよう願われるならば、仏の恩に報いることでしょうと書いている。当時、法然の毎月の命日二十五日に人々が寄り合って念仏していることにも、

聖人の廿五日の御念仏も、詮ずるところは、かようの邪見のものをたすけん料にこそもうしあわせたまえと、もうすことにてそうらえば、よくよく、念仏そしらんひとをたすかれとおぼしめして、念仏しあわせたまうべくそうろう。　（『真宗聖典』五七八頁）

と記し、法然聖人の月命日の念仏も、あやまった考え方の者を助けるための念仏であるので、念仏を誹謗する人が助かるようお思いになって念仏していただきたいと言う。親鸞は、ここでは、「弾圧者のために

いのれ」と言っている。弾圧した側の人々も、回心して本願の信に帰入してほしいと願ったのであろう。まさに、「凡聖逆謗斉回入」の世界である。親鸞の「信」とはそのような信心の世界ではないだろうか。如来よりたまわりし信を得て念仏申す身になれば、そういう世界が開かれていくことが、親鸞の文から理解できるのである。

第五章　浄土門におけるさとりとは――「証巻」

一、往相回向による証果

1　真実の証とは

それでは「証巻」に入るが、親鸞はどうしても、浄土の教えに、証果を表さなければならないと思ったのであろう。証果つまりさとりである。いったい浄土門におけるさとりとは何であろうか。

法然は「ただ念仏」を説き、本願念仏こそが極楽浄土への道であることを示してきた。法然は「聖道門」仏教から「浄土門」を独立させて、専修念仏という全く新しい仏教を立てた。この新しい仏教の教義をまとめたものが『選択集』であるが、この画期的な書物も、「証」という面では、体系的に明らかになっていない。もしかしたら、極楽に往生することが、「証」を得ることであり、あえて説明するまでもなかったのかもしれない。

親鸞は、法然の教えが弾圧され、吉水の僧伽が解体されるなかで、法然の教えが真実であることを証明するために、「真実の証」を明らかにすることを迫られたであろう。

「証巻」では、「行巻」「信巻」で示された行（念仏）と信（信心）によって得られる証、すなわち浄土に往生して得る真実のさとりがいかなるものかを明らかにするとともに、浄土に往生した衆生は、単にさとりにとどまることなく、この世に還相して衆生済度のはたらきをすることが述べられている。そして往相回向、還相回向の二種回向も、浄土へ往き、穢土へ還るのは私たち衆生であるが、そうさせていただくのは阿弥陀如来の回向のはたらきと考えたのが親鸞である。

今まで学んできた「行巻」「信巻」は、往相回向に関することである。「証巻」前半も往相に関することで、念仏者が浄土で得るさとりとは何かを示す。浄土で証果を得ることは、往相の終着点であり、同時に還相の出発点でもある。だから「証巻」は、往相と還相の両方にまたがっているのである。

「証巻」は「行巻」「信巻」に比べて短いだけではなく、親鸞の御自釈も極めて少ない。おそらく、浄土でのさとりは未来であり、それは、まだ体験していないからではないか。

それでは浄土でのさとりとは、何であろうか。親鸞はまず標願として「必死滅度の願」と記している。まずは証の根拠となる願文から見てみよう。

> 必至滅度の願文、『大経』に言わく、設い我仏を得たらんに、国の中の人天、定聚に住し、必ず滅度に至らずは、正覚を取らじ、と。已上　（『真宗聖典』二八一頁）

これは、法蔵菩薩が起こされた四十八願の第十一願である。法蔵菩薩自ら建立する浄土の人々は、正定聚の位にあり、必ず滅度つまりさとりに至らなければ、法蔵は仏にならないと誓うのである。この願文を先に確認したうえで、親鸞の御自釈を見てみよう。

2 現世で得る正定聚と死による滅度

「証巻」の冒頭は、親鸞自身の次のような文で始まる。

> 謹んで真実証を顕さば、すなわちこれ利他円満の妙位、無上涅槃の極果なり。すなわちこれ必至滅度の願より出でたり。また証大涅槃の願と名づくるなり。（『真宗聖典』二八〇頁）

親鸞は、真実のさとりということを述べる。まず「利他円満の妙位」、ここでも親鸞は利他の主語を阿弥陀仏にして、阿弥陀仏が与えてくださった他力のはたらきが満ち満ちた境地だと述べる。「無上涅槃の極果」とは、阿弥陀仏がさとられた同じ境地だと言う。つまり、念仏者が浄土往生を遂げると、阿弥陀仏と同じさとりを得るのである。この思想も平安浄土教とは違い、極楽をこの世の延長と考え死後に楽をするところとは全く考えていない。浄土はさとりの世界なのだ。親鸞の自釈は続く。

> しかるに煩悩成就の凡夫、生死罪濁の群萌、往相回向の心行を獲れば、即の時に大乗正定聚の数に入るなり。正定聚に住するがゆえに、必ず滅度に至る。（『真宗聖典』二八〇頁）

煩悩にまみれ、生死に迷い罪に濁りながら生きる衆生が、如来より回向された信と行を得ると、たちどころに大乗正定聚に入るのである。正定聚は現世に得る利益である。親鸞は、「行巻」「信巻」を通して、信心を得るときに往生は定まると言い、この位置を正定聚と言ったり、不退の位、即得往生と言ったりしている。

正定聚はもともと、「国の中の人天、定聚に住し」と願文に記されているように、浄土へ往生した後に得るはずである。親鸞は現世で得る利益としていることが注目される。そのことは、「行巻」「信巻」を通して学んだ。

正定聚につくと、どんな生き方が始まるのか。それは、念仏者の現生十種の益でも学んできたし、阿闍世の回心の話の中でもふれた。親鸞が弥勒菩薩と同じとまで言った位置が、現生正定聚である。この位置は、信心をたまわり報恩の生活に入るだけではなく、常行大悲の益をも得て、他者のためにも尽くすのであるから、念仏者の信心は現世で完結していると言ってもよいかもしれない。

しかし、現世を生きるのは、肉体をもった生身の人間であり、愛欲の広海に沈没する煩悩具足の凡夫である。だからこの身をもつ限り、現世でのさとり、成仏はありえない。だから、さとりを得るのは、この肉体が消滅したときである。「正定聚に住するがゆえに、必ず滅度に至る」と親鸞が言うのは、今、現世で正定聚にいるがゆえに、肉体が無くなったときにすぐにさとりを得るのである。滅度、すなわちさとりとはどんな状態なのか、親鸞の言葉を聞こう。

> 必ず滅度に至るは、すなわちこれ常楽なり。常楽はすなわちこれ畢竟寂滅なり。寂滅はすなわちこれ無上涅槃なり。無上涅槃はすなわちこれ無為法身なり。無為法身はすなわちこれ実相なり。実相はすなわちこれ法性なり。法性はすなわちこれ真如なり。真如はすなわちこれ一如なり。
>
> （『真宗聖典』二八〇頁）

さとりの世界とは、常楽すなわち永遠の安楽であり、これは畢竟寂滅つまり究極の静けさに満ちたさとりであり、寂滅とは無上涅槃、このうえなき涅槃の世界である。無上涅槃は、無為法身という形なき真理の身である。無為法身とは、実相すなわち存在の真実なのである。これは真理の本性たる法性である。法性とは、すべてのものの究極のあり方たる真如である。真如とは、唯一絶対の真実の姿である一如なのである。

浄土へ往生して得るさとりとはこのようなものである。法然をも含め従来の浄土教ではほとんど言われなかった考え方であるが、親鸞は釈尊の教えと大乗仏教の流れもふまえて、浄土で得る証果をこのように表したのだと思う。私たちが浄土で得られるさとりの内容を究極的に言えば一如である。そしてそのさとりは阿弥陀如来と同じさとりである。阿弥陀如来のさとりと同じなのであるから、親鸞は以下のように締めくくる。

> しかれば弥陀如来は如より来生して、報・応・化種種の身を示し現わしたまうなり。
>
> （『真宗聖典』二八〇頁）

無上涅槃をさとられた阿弥陀仏は、唯一絶対の真実の姿である一如から現れて、報身、応身、化身などさまざまな姿で、一人ひとりの衆生にふさわしく教化してくださるのだと親鸞は考えた。ここで親鸞が考える「証」ということがわかる。

私たちは、如より来生した阿弥陀仏のさまざまなはたらきに出遇えたがゆえに、本願を信じ念仏申す身となった。そして必ず往生することを約束された正定聚の位置に、現世の今立って往生浄土の道を歩んでいる。そして命が終われば、すぐに成仏して、「一如」という弥陀と同じさとりを得るのである。だから、私たちも、今度は「如より来生」して衆生を救うのである。この考え方は還相回向に通じていると思う。つまり親鸞の言う「真実の証」とは、「静」のはたらきと「動」のはたらきをそなえたさとりである。「証巻」の初めのこの御自釈は往相回向による「証」であり、まだ還相回向の説明には入っていない。しかし還相しない往相はありえないと親鸞は思ったのではないだろうか。この御自釈の後に、最初に述べた第十一願の引用文がくるのである。

3　浄土の人の姿は平等

さて、衆生が往生する阿弥陀仏の浄土はどのような世界であろうか。親鸞は『大経』を引用して述べるのである。

> かの仏国土は、清浄安穏にして微妙快楽なり。無為泥洹の道に次し。それもろもろの声聞・菩薩・天・人、智慧高明にして神通洞達せり。ことごとく同じく一類にして、形異状なし。ただ余方に因順するがゆえに、人・天の名あり。顔貌端政にして世に超えて希有なり。容色微妙にして天にあらず人にあらず。みな自然虚無の身、無極の体を受けたるなり、と。（『真宗聖典』二八一頁）

阿弥陀仏の浄土は、清浄にして安穏であって奥深く妙なる喜びに満ちた世界である。無為涅槃の世界へと続いている。さまざまな声聞や菩薩や天や人は、智慧がすぐれ自由自在な神通力をそなえている。姿かたちもみな同じ（一類）で何の違いもない。ただ他の世界にならって人間や天人の名があるのである。顔立ちは端正で世を超えて希有なる姿をしている。姿かたちは細やかですばらしく、妙にして天人や人間のたぐいではない。みな自然に有無のはからいを超えた身、このうえなくすぐれたさとりの身を受けるのだと。

親鸞が言う往生して往く浄土と、浄土で生きる者の姿が現れている。「清浄安穏にして微妙快楽なり」と言うように、平和の世界である。「ことごとく同じく一類にして、形異状なし」と言うように、平等の世界である。

私は、この引用文を読むたびに思い出すのが、四十八願の中の第一願から第四願までの願文と、それを述べた『選択集』による法然の解釈である。もう一度二七頁から記した「法然にとっての「浄土」」を見ていただければ幸いであるが、第一願は、極楽浄土は、地獄、餓鬼、畜生がない世界なので、ここで表現されているように「かの仏国土は、清浄安穏にして微妙快楽なり」である。

第三願では、浄土には肌の色による差はないことを述べているのであるから、この引用文にも通じる精神である。特にこの引用文に通じるのは、第四願についての法然の解釈である。ここは、『選択集』でもう一度確認しよう。

第四に無有好醜（むうこうしゅ）の願は、かの諸仏の土の中において、或いは人天の形色（ぎょうしき）、好醜不同の国土あり。或いは形色一類にして、好醜あることなきの国土あり。即ち好醜不同の麁悪の国土を選捨して、好醜あることなき善妙（ぜんみょう）の国土を選取す。故に選択と云ふなり。

（『岩波・選択集』四六～四七頁）

法然によると阿弥陀仏の浄土は、形や色、美醜などの差異を超えた世界である。「黄白二類」と「好醜」をもってすべての差別を象徴し、そうした差別のない世界が極楽浄土である。親鸞はそのことを、「ことごとく同じく一類にして、形異状なし」と思ったのではないだろうか。それは同時に、「顔貌端政にして世に超えて希有」であり、「容色微妙」の世界と認識した。親鸞は『選択集』をふまえながら、『大経』のこの文を引用したのではないかと思う。そして浄土に往生すると、「自然虚無の身、無極の体」すなわち有無のはからいを超えた身、このうえなくすぐれたさとりの身を受けるのだと親鸞は思ったのであろう。

法然が『選択集』で引用する願文は、第一願から第四願と第十八願だけである。それほど大事にした第一願から第四願の願文が、『教行信証』には一度もふれられていない。なぜなのだろうか。私はずっとわからなかったが、法蔵菩薩が、「麁悪の国土を選捨して」「善妙の国土を選取す」という「選択」して建立した浄土の人の姿を、親鸞は『大経』を引用してこのように表現したのではないかと思うのである。

4　浄土の命を捨てるということ

さらに浄土はそのような、妙なる世界であるだけではない。浄土に生まれたらどうなるのか。親鸞は『浄土論註』を引用する。

> もし人ひとたび安楽浄土に生ずれば、後の時に意「三界に生まれて衆生を教化せん」と願じて、浄土の命を捨てて願に随いて生を得て、三界雑生の火の中に生まるといえども、無上菩提の種子畢竟じて朽ちず。
> （『真宗聖典』二八二頁）

ひとたび浄土に生まれたならば、後に、「迷いの世界に生まれて衆生を救おう」と願い、浄土の命を捨てて、願いの通り迷いの世界の火の中に生まれても、このうえないさとり（無上菩提）の種子は決して朽ちることはない。

この文も浄土という世界と、往生人の精神が表れている。浄土に生まれるということは、同時に浄土の命を捨ててこの世に還り、苦悩する衆生を救おうと火の中に生まれても、無上菩提の種子は朽ちないということである。浄土のさとりすなわち無上菩提をもって、今度は、まだ救われていない衆生を救おう、これが浄土の精神であり、浄土を拠り所として迷いの世界に還るのである。ここも親鸞が往相のさとりを表現するために書いたものであり、まだ還相回向の説明の部分に入っていないのである。還相しない往相はありえないと親鸞は思ったのではないだろうか。私は、往相して浄土に往くのは、還相してこの世の衆生を救済するためであると思うのである。

この文は、「信巻」で学んだ「願作仏心」は同時に「度衆生心」の心に通じるという、私が特に感動する部分であるが、そうした浄土の精神の根拠が次の文である。

何をもってのゆえに。正覚阿弥陀の善く住持を径るをもってのゆえにと。

(『真宗聖典』二八二頁)

なぜ、こういうことが言われるかというと、浄土の功徳は正しくさとられた阿弥陀如来によって保たれたものであるからである。如来のはたらきが根拠にならなければ、各人によってそのはたらきが違うし、そうした精神が萎えてしまう人もいるだろう。だから、「正覚阿弥陀の善く住持を径るをもってのゆえに」ということでおさえている点は、大事な視点だと思う。

5　四海の内みな兄弟

次は浄土の眷族（住人）とこの世の住人が対比するように書かれて、浄土のすばらしさを讃えている。

> 「荘厳眷属功徳成就」は、「偈」に「如来浄華衆　正覚華化生」のゆえにと言えり。これいかんぞ不思議なるや。おおよそこの雑生の世界には、もしは胎、もしは卵、もしは湿、もしは化、眷属若干なり、苦楽万品なり、雑業をもってのゆえに。かの安楽国土は、これ阿弥陀如来正覚浄華の化生するところにあらざることなし。同一に念仏して別の道なきがゆえに。遠く通ずるに、それ四海の内みな兄弟とするなり。眷属無量なり。いずくんぞ思議すべきや。　（『真宗聖典』二八二頁）

浄土は、相等しい姿をした人々のみが住むという功徳で荘厳されている。ところが、この世での生まれ方はさまざまであり、苦も楽も千差万別である。雑業（さまざまな業）をもっているからである。阿弥陀如来の浄土は、如来の清らかなさとりの花より生まれなかった者はいない。すべての者が同じく念仏して往生したのであり、別の道はないことを明らかにする。だから遠くあらゆる世界に通じてみな兄弟である。

ここで、私たちが考えなければならないことは、私たちのさまざまな生まれ方、生き方、そして苦楽は、雑業によっているからであり、そうした不平等な苦悩の現実を生きている。しかし、浄土の世界は如来の本願による世界で、同一に念仏して往生する世界である。「別の道なきがゆえに」と言うといかにも、不寛容に見える。しかし、私はこう考えている。念仏は平等のはたらきであり、その他の諸行、雑行は不平等な結果をもたらすということを、第一章で法然の思想を通して見てきた。だから法然は、阿弥陀仏が諸行、雑行を「選捨」して念仏のみを「選取」してくださった「選択本願」の念仏を提唱した。そういうことを熟慮して親鸞は、『浄土論註』のこの部分を引用したのであると思う。

この引用文の一部は「行巻」で『選択集』引用の後の御自釈に続いて引用されている。そこのところを再度確認してみたい。

大小の聖人・重軽の悪人、みな同じく斉しく選択の大宝海に帰して、念仏成仏すべし。

ここをもって『論註』に曰わく、「かの安楽国土は、阿弥陀如来の正覚浄華の化生するところにあらざることなし。同一に念仏して別の道なきがゆえに」とのたまえり。已上

（『真宗聖典』一八九〜一九〇頁）

「行巻」では、『選択集』を受けて、みな等しく弥陀の選択本願に帰依して念仏成仏すべきであると親鸞は自釈して、さらに『浄土論註』につなげて、念仏成仏の根拠をはっきりさせるのである。龍樹から法然まで、七高僧の文を引用しながら、念仏こそが真実の行であることを明らかにした親鸞は、「証巻」でもこの文を挙げ、さらに「遠く通ずるに、それ四海の内みな兄弟とするなり。眷属無量なり。いずくんぞ思議すべきや」を加えて、往生すると「四海の内みな兄弟」で「眷属無量」の広いひろい世界に生きることを述べるのである。さらに『浄土論註』からの引用が続く。

また言わく、往生を願う者、本はすなわち三三の品なれども、今は一二の殊なし。また淄澠食陵の反の一味なるがごとし。いずくんぞ思議すべきや。

（『真宗聖典』二八二頁）

三三の品というのは九品のことである。上品上生より下品下生まで、多くの相があると『観経』に

書かれている。親鸞が生きた時代は、そのような往生信仰が主流であった。二一〇頁でも記したように、法然は「極楽の九品は弥陀の本願にあらず」と明確に九品を否定している。

しかし、法然の死後、法然が否定したはずの諸行を修した弟子たちは、九品往生を主張した。専修念仏は、朝廷や聖道門から圧迫されただけではなく、内部から教義が壊されていくのを目にした親鸞が、そうしたことへの厳しい批判の目で「本はすなわち三三の品なれども、今は一二の殊なし」と引用したのではないか。私たちの生きている現実は、身分や貧富などさまざまな姿ではあるが、本願を信じ念仏申す身となった者の浄土におけるさとりは、「一二の殊なし」だ。だから九品のような差別は真の浄土にはないと言ったのである。親鸞は、法然の精神を、曇鸞（どんらん）の言葉で証明しようとしたのではないだろうか。

「淄澠の一味なるがごとし」と淄水（しすい）と澠水（じょうすい）というように、中国の川にたとえているところもたいへん共感する。私は中国を何度も旅しているが、大陸の川は黄河や長江など海のように広大なものから小川までさまざまである。長さは数千キロメートルに及ぶものもある。そして川はそれぞれの条件によって形や色を変える。私たちの人生そのもので、さまざまな環境にある。それでも、その川が海に入ると一つの海水となる。私たちも浄土へ往くと平等一味の世界に入るのである。だから九品往生など真実の姿ではないことを、親鸞は主張したいのであろう。

6　往相回向のまとめ

親鸞は、『浄土論註』の引用の後は、道綽（どうしゃく）の『安楽集』を引用する。

『安楽集』に云わく、しかるに二仏の神力、また斉等なるべし。ただ釈迦如来己が能を申べずして、故にかの長ぜるを顕したまうことは、一切衆生をして斉しく帰せざることなからしめんと欲してなり。このゆえに釈迦、処処に嘆帰せしめたまえり。須らくこの意を知るべしとなり。

（『真宗聖典』二八三頁）

ここで言われていることは、釈尊と阿弥陀仏の不思議なはたらきは同じはずであるが、なぜ、釈尊は自分自身のはたらきを述べず、ことさらに阿弥陀仏がすぐれていることを明らかにされるのか。それは、あらゆる衆生を阿弥陀仏に帰依させたいからである。

ここが、法然、親鸞につながる浄土教の伝統で「二尊教」と言われる。釈尊は「教主」で、阿弥陀仏は「救主」という位置づけをしているのである。阿弥陀仏は、帰依の対象つまり「本尊」である。釈尊は、本尊である阿弥陀仏に帰依せよと勧める。だから釈尊も一人の祖師であり、神秘的な存在ではない。釈尊は、自身に帰依せよとは言わない。ここに宗教の健全さがあるのである。

「教主」と「救主」が同じであると、教祖が「私に帰依せよ」と言うことになる。そうすると、教祖は神秘的なカリスマとなる。現在のさまざまなカルトの問題はここにあるのである。そこに「二尊教」の大きな意義がある。

私は、「二尊教」を明らかにしたのは善導で、「二河白道」の譬えがそれであると思ってきたが、道綽にはっきりと「二尊教」の教義があることをこの文で確認できた。

同時に親鸞が、この文を引用したわけは、法然たちを弾圧した「興福寺奏上」に「釈尊を軽んずる失」

があり、仏教徒なら釈尊を大切に思うべきであり、専修念仏の徒は、阿弥陀仏だけを礼拝し、釈尊を軽視しているという批判を意識しているのではないか。だから、釈尊自身が自らのすぐれたはたらきを述べず、阿弥陀仏がすぐれていることを言われたと道綽の言葉を引用したのではないかと思う。『安楽集』からの引用文は続く。

　このゆえに曇鸞法師の正意、西に帰るがゆえに、『大経』に傍えて奉讃して曰わく、「安楽の声聞・菩薩衆・人天、智慧ことごとく洞達せり。身相荘厳殊異なし。ただ他方に順ずるがゆえに名を列ぬ。顔容端政にして比ぶべきなし。精微妙軀にして人天にあらず、虚無の身、無極の体なり。このゆえに平等力を頂礼したてまつる」（讃弥陀偈）と。已上　（『真宗聖典』二八三頁）

道綽が言うのには、曇鸞も西方浄土に帰依するように勧めたと言い、浄土のすばらしさを讃えている。この文は先に述べた、親鸞が『大経』を引用した文と似ている。「身相荘厳殊異なし」「顔容端政にして比ぶべきなし」と、姿かたちが異なることはないと言うのである。これは、法然が重視する平等の精神であり、法蔵菩薩の第三願、第四願の精神である。

親鸞は、「興福寺奏上」の「釈尊を軽んずる失」に対して、『安楽集』を引用して、その釈尊こそが、阿弥陀仏に帰依することを勧め、阿弥陀仏を讃えるわけは、阿弥陀仏の浄土の住人が平等で、その国土がこのうえなくすばらしいからであると言う。法然が説く、阿弥陀仏が「麁悪の国土を選捨して、善妙の国土を選取」するという選択のはたらきを、親鸞が確認しているのではないだろうか。だから、この引用文は、「平等力を頂礼したてまつる」つまり、すべての衆生に平等のさとりを得させる阿弥陀仏に帰依します、ということで終わっている。

親鸞は、このあと善導の『観経疏』を引用する。親鸞は、曇鸞、道綽、善導、こうした七高僧の流れに基づいて、「証果」を語るのであろう。

> 西方寂静無為の楽には、畢竟逍遙して、有無を離れたり。大悲、心に薫じて法界に遊ぶ。分身して物を利すること、等しくして殊なることなし。あるいは神通を現じて法を説き、あるいは相好を現じて無余に入る。変現の荘厳意に随いて出ず。群生見る者、罪みな除こる、と。
>
> (『真宗聖典』二八三〜二八四頁)

西方の浄土のさとりの世界は、実に悠々とした世界で、すべてのとらわれを離れている。如来の大悲が心に染み透って、この世界に往くと自由自在に法界が開かれるのである。またあらゆる世界に至り、さまざまな姿に変わって、衆生を利益するのである。そしてそれも、平等にできるのである。この他さまざまな神通力をもって仏法を説き、あるいはさまざまな形を現して、究極のさとりに入るのである。

親鸞は、善導の言葉を引用しながら、本願を信じた念仏者が往く浄土は、こうしたさとりの世界である。そしてそのさとりは静かなさとりにとどまるだけではなく、今度は衆生救済の還相のはたらきをすると考えた。それがよくわかる文である。親鸞が善導のこの文を「証巻」前半の結文に引用した意味がよくわかる。善導からの引用文はこう締めくくる。

> また賛じて云わく、帰去来、魔郷には停まるべからず。曠劫よりこのかた六道に流転して、尽くみな径たり。いたるところに余の楽なし、ただ愁歎の声を聞く。この生平を畢えて後、かの涅槃の城

に入らん、と。已上

（『真宗聖典』二八四頁）

さあかえろう。この世は、魔郷であり、その迷いの世界にとどまるべきではない。はかりしれない昔から、地獄、餓鬼、畜生、修羅、人、天の魔界を生まれ変わり死に変わりしてきた。どこにも平安なよき世界はなく、愁歎の声つまり悲しみとなげき、うめく声でいっぱいである。善導は人間の迷いの現実と人々が苦しむさまを的確に表現している。愁歎の声は、人間の生老病死だけではなく、戦争や飢餓の現実も含めてであろう。『法事讃』で善導は、

願はくは修羅戦諍を息め、餓鬼飢虚を除き、地獄と畜生と倶時に解脱を得ん。

（本願寺出版『浄土真宗聖典』七祖篇――註釈版――五九三頁）

と記すように、修羅と戦争の惨さ、飢餓の現実を見てきたにちがいない。だから、この世は苦しみに満ち溢れ、愁歎の声ばかりである。だからこの命が終わったら、涅槃の城、浄土へ往こうと。

こうした考え方は、死後往生だとして、近現代の学びの中で軽視してきたきらいがあるかもしれない。これについて私が思うことだが、親鸞は、現生正定聚、現生不退転を強調して、現世での積極的な生き方を目指したことは確かであり、「信巻」で学んだように「現生十種の益」など、積極的な「願作仏心」「度衆生心」の生き方を提唱しているし、何よりも親鸞の生涯からもうなずける。

しかし、この世は穢土だと認識することは、浄土教の基本であり、だからこそ、浄土に生まれることを願うのである。その視点を離れて、今、浄土を生きるという現世往生は、どうかと私は思う。私たちは、現生正定聚、現生不退転にいるといっても、身は凡夫、生きている社会は戦争と暴力がうずまき、人間に

よる人間に対する抑圧と搾取が行われている穢土そのものであり、貧困と飢餓がこの世の悲しい姿である。ここが浄土ではありえない。そうした穢土の現実を見つめて、善導は、「この生平を畢えて後、かの涅槃の城に入らん」と言っており、親鸞がこれを結文に引用している意味は大きいと思う。この結文の「涅槃の城」の語にも注目する。浄土はさとりの世界であると言っており、平安貴族の浄土教に見られたような単に快楽に生きる場所ではないのだ。

ここで親鸞は、御自釈を書く。

それ真宗の教行信証を案ずれば、如来の大悲回向の利益なり。かるがゆえに、もしは因もしは果、一事として阿弥陀如来の清浄願心の回向成就したまえるところにあらざることあることなし。因浄なるがゆえに、果また浄なり。知るべしとなり。

（『真宗聖典』二八四頁）

『教行信証』をここまで読んできたが、ここで一番初めに戻って確認したいが、親鸞は、浄土真宗には二種の回向があると言う。往相回向と還相回向である。往相とは、この世から浄土へ往く相（すがた）であり、還相とは、浄土往生を遂げた者が、衆生済度のため、再びこの世に還る相である。そして、往相も還相も、そうさせていただけるのは阿弥陀仏の回向があるからである。ここでは往相の終わりの御自釈である。

「真宗の教行信証を案ずれば」と言うように、「教巻」で見てきた教え、「行巻」で見てきた念仏、「信巻」で見てきた信心、そして「証巻」で描かれた浄土でのさとり、これはすべて阿弥陀仏のはたらき、すなわち回向によると親鸞は言うのである。だから、行と信、つまり念仏と信心が浄土往生の因であるが、これも阿弥陀仏のはたらきによって、「南無阿弥陀仏」の名号となり、衆生に念仏させるように与えられ、信心も如来が起こされた、至心、信楽、欲生という心が、衆生に回向され衆生が受け入れる。そしてそれが因となり、浄土での涅槃に入ることになる。だから行と信という因が、阿弥陀仏が与えてくださった清浄なものなので、浄土での証果もまた清浄なのである。

私は、このようにこの御自釈をいただきながら、こうも思う。阿弥陀如来の清浄願心の回向が成就されることによって、浄土真宗の教・行・信・証があるのだと。法蔵菩薩が一切の衆生を助けようとして本願を建てられたその本願の回向が清浄だから、教・行・信・証すべてが清浄なのである。

いずれの考え方でも、人間の能力や修行と全く無関係に成り立つのである。

法然が、阿弥陀仏が本願として念仏を選択してくださったと考える選択本願の心を、親鸞は、阿弥陀仏よりの回向と受け止め、念仏の行だけではなく、教・行・信・証と、論理的に緻密に構築したのだと私は思う。

「証巻」の前半のこの御自釈までが、往相回向に関することであり、この後は還相回向に入るのである。

二、この世に還って衆生済度（還相回向）

1　還相回向について考えたきっかけ

ここから、還相回向について考えてみたい。浄土に往生した人は、再びこの世に還って、まだ救われない人を救うのが還相であり、そうさせていただくのも阿弥陀仏の回向がはたらいているからである。『浄土文類聚鈔』で親鸞は語る。いわゆる「文類偈」の部分である。

> 蓮華蔵世界に至ることを得れば、すなわち寂滅平等の身を証せん。
> 煩悩の林に遊びて神通を現じ、生死の園に入って応化を示す、と。
>
> （『真宗聖典』四一二頁）

浄土に往生すると、煩悩が滅した平等のさとりの身を証するのである。しかし、そのさとりの身にとどまらないのである。今度は、煩悩がうずまく迷いの世界に入って自由自在に人々を救うことができると述べている。親鸞の理念がよくわかる。「正信偈」にも、

> 蓮華蔵世界に至ることを得れば、すなわち真如法性の身を証せしむと。
> 煩悩の林に遊びて神通を現じ、生死の園に入りて応化を示す、といえり。
>
> （『真宗聖典』二〇六頁）

と書かれている。これらの文は真宗における証ということと、なぜ浄土へ往生するのかを考えさせられる。浄土に往生することは、さとりの身を得ることであり、同時に再びこの世に還って衆生を救うのである。

こうした還相がなかなかわからなかった。私は、浄土宗の檀信徒の家に生まれ、幼いころから念仏に親しんできた。中学一年の歴史の授業で鎌倉仏教を習い、浄土宗は、「念仏すれば、死後に極楽に往生する」と習った。若い私は死後往生ということに、違和感を覚えていたのであった。

大学三年のときのことだった。一九八〇年、韓国で光州事件が起こった。民主化を求める多くの学生と市民に対し、軍は無差別に発砲し、多くの犠牲者が出た。そして民主化運動の象徴で後に大統領となる金大中氏が逮捕され、軍事裁判で死刑の判決を受けた。私は隣国で同じ年代の若者が次々に殺されていく

ことに強い衝撃を受けた。金大中氏の親友で、日本の保守政治家の良心ともいわれた宇都宮徳馬氏らが呼びかけられた、金大中氏と韓国の学生・市民を支援する集会に参加した。

そのとき、光州で犠牲になった学生の遺書が読み上げられた。その学生は仏教徒であることが文面でわかったが、自分は死んで、浄土へ往き楽になりたくない。この世で、地獄のような暴政が続いている。死後においても、どこまでも、この世の現実と関わり続けたい。そういう内容だった。

私は、この学生の遺書で、念仏信仰が大きく揺らいだのである。念仏して死後極楽に往くという浄土宗の信仰でほんとうによいのかという疑問が生まれ、次第に念仏から離れていった。

二十代後半、サラリーマンをしていたときのことだ。仕事や人間関係、将来のことに悩んでいたとき、書店で『歎異抄』が目に入り、それから親鸞の教えについて学ぶようになった。念仏から離れていった私だが、阿弥陀仏は私を見捨てなかったと思った。そして再び念仏する身となった。

私は、「正信偈」と「文類偈」の学びの中から、浄土へ往生した者は、この世に還って、人々を救済することを知った。そのとき、光州で亡くなった学生が残した遺書のことを深く思った。浄土は往ったら楽をするところではない、浄土を拠り所としてこの世に再び還り、衆生を救うのだと。私は次第に親鸞の教えに惹かれていった。

2　法然にとっての還相回向

ところで、法然には還相回向はないのであろうか。還相回向の有無が法然と親鸞の違いだと言う人すら

いる。ほんとうだろうか。『選択集』には、

また廻向と言ふは、かの国に生じ已(おわ)つて、還(かえ)つて大悲を起して、生死(しょうじ)に廻入(えにゅう)して、衆生を教化するをまた廻向と名づくるなり。

（『岩波・選択集』一一三頁）

と、書かれている。善導の『観経疏』からの引用である。「かの国に生じ已つて」つまり往相して浄土に往生した後、迷いの世界に回入して衆生を教化するのも、回向だと言っているのである。この回向は明らかに、還相回向である。

法然の教えは、法然が親鸞に語ったと言われる『歎異抄』第二章に書かれているように、「ただ念仏して、弥陀にたすけられまいらすべし」ということに尽きる。しかし、弥陀に助けられて浄土に往生して仏になった者は、この世に還って一切の衆生を教化するのだと法然が考えたからこそ、『観経疏』からこの文を引用したのであろう。還相回向について、『選択集』に書かれているのはこの一文だけである。

ところで、法然の「御消息」に、以下の文がある。

とく〳〵浄土にむまれて、さとりをひらきてのち、いそぎこの世界に返りきたりて、神通方便をもて、結縁の人をも无縁のものをも、ほむるをもそしるをも、みなこと〴〵く、浄土へむかへとらんとちかひをおこしてのみこそ、当時の心をもなぐさむる事にて候に、このおほせこそ、わが心ざしもしるしある心ちして、あまりにうれしく候へ。

（『法然全集』第三巻　一二三〜一二四頁）

ここでは、浄土に生まれてさとりを開く、これは往相である。急ぎこの世界に還ってきて、神通方便を使って、縁の有無にかかわらず、教えをほめる人も誹謗する人をも浄土に往生させようとすることは還相

である。

法然の消息や問答の中に、還相について述べている文がかなり多くある。還相のはたらきがあってこそ、自身のさとりだけではなく、他者を利する大乗仏教の精神につながるのである。親鸞も法然から還相のことを聞いたにちがいない。

何よりも、親鸞は『選択集』を付属された数少ない一人である。当然、還相回向についての『観経疏』からの引用文を自ら書き写した。親鸞が還相回向を語るのは、『選択集』の文を受けてのことであろうと私は考える。

法然が、消息、問答などで還相を説くのであるが、理論的に体系化されたものではない。『選択集』の付属を受けた親鸞は、還相回向を体系化することは、自分の仕事と考えたのであろう。今まで学んできたように、親鸞は、法然がもっていながら明らかにしていなかったことを明らかにしてきた。念仏の教えを、仏教理論の根本たる「教行証」の道だと示し、さらに「信心」とは何かを明らかにして、「教」「行」「信」「証」の四法にまとめてきた。そして浄土真宗は二種の回向の仏道だと示す。言うまでもなく往相回向と還相回向である。それでは、親鸞が体系化した還相回向とは何か、学んでいきたい。

3　親鸞にとっての還相回向

今まで述べてきたことを前提に、親鸞の還相回向論を考えてみよう。親鸞は言う。

二つに還相の回向と言うは、すなわちこれ利他教化地の益なり。すなわちこれ「必至補処の願」より出でたり。また「一生補処の願」と名づく。また「還相回向の願」と名づくべきなり。『註論』に顕れたり。かるがゆえに願文を出ださず。『論の註』を披くべし。（『真宗聖典』二八四頁）

還相回向というのは、思いのままに衆生を利し教化できる位置につく利益だと親鸞は言う。浄土に往生した者は、自由自在に、この世に還り、まだ救われていない人々を救うのだ。これは法蔵菩薩の第二十二願に誓われており、「必至補処の願」「一生補処の願」「還相回向の願」と呼ばれている。ところが、親鸞はここに第二十二願の願文を出さないと言う。「『浄土論註』を見よ」と言うのだ。

なぜなのか。理由は二つあると思う。一番目の理由として、言うまでもないことであるが、還相回向は、「証巻」に書かれていることである。「証巻」の根拠は、すでに学んだように、第十一願である。証果の中から還相回向を述べているので、あえて第二十二願の願文を示さないのであろう。

それでは、親鸞が言うように、『浄土論註』を開いてみよう。親鸞は、第二十二願文を直接出さずに、『浄土論註』からの引用文の中で記している。まずそこを見てみたい。

『無量寿経』の中に、阿弥陀如来の本願に言わく、「設い我仏を得たらんに、他方仏土のもろもろの菩薩衆、我が国に来生して、究竟して必ず一生補処に至らん。その本願の自在の所化、衆生のためのゆえに、弘誓の鎧を被て、徳本を積累し、一切を度脱せしめ、諸仏の国に遊びて、菩薩の行を修し、十方諸仏如来を供養し、恒沙無量の衆生を開化して、無上正真の道を立せしめんをば除く。常倫に超出し、諸地の行現前し、普賢の徳を修習せん。もししからずは正覚を取らじ」と。

（『真宗聖典』二八六頁）

浄土往生した者は、必ず最高の菩薩たる一生補処の位につく。ただし除かれる者がいる。衆生のために大いなる願いを起こし、功徳を積み重ねて、一切の衆生を教化してさとりに至らしめようとはたらき、諸仏の国土で自由自在に菩薩行をして、諸仏を供養して、一切衆生を救済しようと思う者は、願いのままにしよう。そういう者は普賢（ふげん）菩薩の慈悲の徳を身につけるだろう。これが第二十二願の心である。

親鸞は、この願で除かれる人々こそ、阿弥陀如来の精神に最も近い人と感じたのである。浄土へ生まれて、浄土でのさとりに安住するのではなく、苦悩がうずまく生死の世界に還ってきて思うままに衆生を救おう。こうしたことが誓われている。

浄土に生まれると最高の菩薩の位を得る「必至補処の願」「一生補処の願」は親鸞以前から言われていた願名である。願文の構造から見ればこれが主たる文であろう。しかし親鸞はそこから除かれている人々（還相の菩薩）こそが、如来の正意だと考えたがゆえに、「「還相回向の願」と名づくべきなり」と言われたのである。ここに親鸞が、「願文を出ださず」と言ったもう一つの理由があるように思う。願文を出すと、「必至補処」「一生補処」が主になり除かれる「還相の菩薩」のほうは重視されない可能性がある。親鸞はそうしたことで、「願文を出ださず」と願文を省いたのかもしれない。

「信巻」で学んだように、すでに真実の信心を得た念仏者は、この世で「正定聚」の位置につき、まだ念仏に出遇っていない人々に教えを広め、縁に従いさまざまな行動ができるのである。そうした社会的実践を還相ととらえる向きもあるが、現世でのそうした行動は、「現生十種の益」の中の「常行大悲の益」であって還相ではないと思う。なぜならば、私たちが行う行為は不完全であり、まちがいも起こす。他者のためと行動しても、結果的に人を苦しめることすらある。そういう不確かな行動を思うとき、『歎異抄』の文が頭をよぎる。第四章に、

慈悲に聖道・浄土のかわりめあり。聖道の慈悲というは、ものをあわれみ、かなしみ、はぐくむなり。しかれども、おもうがごとくたすけとぐること、きわめてありがたし。（『真宗聖典』六二八頁）

という文がある。「ものをあわれみ、かなしみ、はぐくむ」ことは大事なことである。けれども、思うように助けることはできない。これは、社会的な実践や世のため人のための行動を否定しているのではない。行動したゆえの限界を感じてのことではないだろうか。親鸞は言う。

浄土の慈悲というは、念仏して、いそぎ仏になりて、大慈大悲心をもって、おもうがごとく衆生を利益するをいうべきなり。（『真宗聖典』六二八頁）

念仏して仏になるということは往相である。仏になると自由自在に衆生を利益することができるという。これが還相であり、そうしたはたらきができるのも阿弥陀仏の回向によるからである。

今生に、いかに、いとおし不便とおもうとも、存知のごとくたすけがたければ、この慈悲始終なし。しかれば、念仏もうすのみぞ、すえとおりたる大慈悲心にてそうろうべきと云々（『真宗聖典』六二八頁）

現世で行う行動は、思うように他者を助けることができない。だから、念仏して浄土に往生して、今度は還相して思うように衆生を救いたいと親鸞は語っているのである。私は親鸞の実体験が語られていると思う。

親鸞は、『正像末和讃』で、

如来の回向に帰入して
　願作仏心をうるひとは
　自力の回向をすてはてて
　利益有情はきわもなし
（『真宗聖典』五〇二頁）

と詠う。本願に出遇い、念仏申す身になり、念仏の教えを広め、「利益有情はきわもなし」と思ったのであろう。しかし、それが、末通らない事態も生まれた。門弟の中に、まちがった教えを伝える者も現れ混乱した。何よりも長男の善鸞がそうだった。親鸞は悲嘆にくれたのである。そうしたことが多かった。だから、『正像末和讃』の終わりにある「愚禿悲歎述懐」で、

小慈小悲もなき身にて
　有情利益はおもうまじ
　如来の願船いまさずは
　苦海をいかでかわたるべき
（『真宗聖典』五〇九頁）

と詠う。願作仏心を得て、常行大悲を実践しようとすればするほど、「小慈小悲もなき身」の自分の姿を思い知らされ、「有情利益はおもうまじ」という気持ちにおそわれるのである。だから、衆生が衆生を助け教化することには限界がある。親鸞は、そうしたことを悲嘆したうえで、「還相回向」を深く考えたのではないかと思う。

私は最初に『歎異抄』を読んだとき、一番理解に苦しんだのが、この第四章である。「念仏して、いそ

ぎ仏になりて」は明らかに死後往生である。死後に人を自由自在に救うことでよいのか、と疑問をもった。

今はこう思う。親鸞は現世で「常行大悲」を尽くした。積極的にあらゆる階層の人々に教えを説き、多くの念仏者が次々に生まれた。そうした人々と「とも、同朋」の関係をつくり上げ、同朋精神に基づく民衆仏教僧伽を打ち立てた。しかし、人間が行う「常行大悲」という行為は末通らないものである。それは生身の人間がすることで、身の状況次第ではできないことも多い。それでも親鸞は歩み続け、挫折を経験しながら、最後まで歩みを止めなかった。それでも歩みは完成しない。

だからこの肉体が消滅して、浄土往生を遂げたら、今度は還相して、如来から回向された大慈大悲心をもって、思うがごとく衆生を利益しようと親鸞は考えたのであろう。

私は、死後の救済活動だと疑問を感じた『歎異抄』第四章は、死後もこの世の衆生を救済する積極的意味だと今は理解している。このことの意義は大きいと思う。世界の多くの宗教の中で極楽あるいは天国に往き、そこに安住せず、そこからまたこの世に還り人々を救済する、そのような宗教はほかにないように思うがいかがであろうか。

4　還相回向の根拠

親鸞は、還相回向があるからこそ、自己のさとりにとどまらず、他者を救済することになると考えたにちがいない。『浄土和讃』で親鸞は詠う。

安楽浄土（あんらくじょうど）にいたるひと

五濁悪世にかえりては
釈迦牟尼仏のごとくにて
利益衆生はきわもなし

（『真宗聖典』四八〇頁）

浄土へ至る人は、五濁悪世のこの世に還り、釈尊と同じように教化活動をするのである。だから、衆生を利益することは際限がない。親鸞はこう詠い、自分自身も浄土に往生をすれば、今度はまたこの世に還り、釈尊のように衆生を救おう、と思ったであろう。先に述べたように、もちろん、この世で、「常行大悲の益」を得て活動してきたが、それは末通らず限界がある。だから、浄土往生を遂げたら、すぐにこの世へ還って、自由自在に衆生済度を行おう。こう親鸞は思ったのであろう。私は、このことも「浄土の大菩提心」だと思う。

繰り返し述べてきたように、親鸞は『選択集』の付属を受け、これが真実の仏道だと証明してきた。還相回向という法然が抱いていながら体系化していないことを、成し遂げようとしたのであろう。それが明恵から出された、菩提心についての法然への批判に対する一つの答えでもあった。還相回向を体系化するために、親鸞が用いたのは『浄土論』と『浄土論註』である。まず天親の『浄土論』を引用する。

『浄土論』に曰わく、「出第五門」とは、大慈悲をもって一切苦悩の衆生を観察して、応化の身を示す。生死の園、煩悩の林の中に回入して、神通に遊戯して教化地に至る。本願力の回向をもってのゆえに。これを「出第五門」と名づく、と。已上

（『真宗聖典』二八四頁）

天親によると、浄土には五つの門があるという。そのうち初めの四つの門は、浄土へ入る門で、親鸞に

とっては往相である。第五の門は、浄土から出る門である。これこそ、親鸞が言いたい還相のはたらきである。天親は言う。ひとたび浄土へ往生した者は、大慈悲心をはたらかせて、苦しみ悩み迷っている一切の衆生を救おうと、迷いの世界に還ってきて、迷い苦しむ人のそれぞれの機に応じて活動するのである。そして自由自在に、あたかも遊ぶがごとく衆生を教化するのである。

なぜそうしたことができるのか。それは阿弥陀仏の本願力による回向がはたらいているからである。「遊戯して」つまり遊ぶがごとくというところがよいのである。一生懸命努力して衆生を救うのではない。それなら誰もができるものにはならない。遊ぶがごとくできる。ここが本願力の有難いところで、本願がはたらいているから、遊ぶがごとく衆生を救えるのである。

次に親鸞は、曇鸞の『浄土論註』を引用する。

『論註』に曰わく、「還相」とは、かの土に生じ已りて、奢摩他・毘婆舎那・方便力成就することを得て、生死の稠林に回入して、一切衆生を教化して、共に仏道に向かえしむるなり。もしは往、もしは還、みな衆生を抜いて、生死海を渡せんがためなり。このゆえに「回向を首として、大悲心を成就することを得たまえるがゆえに」(論)と言えりと。(『真宗聖典』二八五頁)

「還相」とは、「かの土に生じ已りて」と記しているから、浄土へ往ってからのことであり、現世で還相することはない。

「奢摩他・毘婆舎那・方便力成就することを得て」は、雑念を止め静かに瞑想して、衆生を救済する方便力を成就することである。これも浄土での修行である。曇鸞も親鸞も、そういう具体的な修行マニュアルを示さない。だから本願力によって成し遂げられると考えたのであろう。そしてすぐに還相に向かうのである。浄土に往生することは、苦悩がうずまくこの世の衆生を救うためだからである。ここにも、苦悩する衆生を救おうと本願を建ててくださった如来の回向がはたらいているのである。

親鸞は、引き続き『浄土論註』を引用する。

親鸞は、還相回向を語るときは、最初に先に述べた『浄土論』の文、その他は『浄土論註』で占められており、親鸞の御自釈は、初めと終わりのみである。まずなぜ、親鸞は『浄土論註』をこれだけ多く引用しているのかということである。浄土に生まれた者が、還相の菩薩としてこの世に還って、衆生を利益するということはどういうことなのか。どうしてそういうことができるかということを明らかにしているのであろう。

還相回向を論じるなら還相の部分だけで十分なのに、如来の智慧より生ずる信心や浄土の世界観、如来の願心や方便を使っての衆生救済、菩提に順ずることと、菩提を妨げること、智慧、慈悲、方便の意味、菩薩の清浄心、五念門など、引用文だらけであり、その間に親鸞の御自釈がないから、さらに読みづらいのである。私が思うのは、浄土から穢土に向かってはたらく還相の菩薩と、その根源を示そうと親鸞が考えたからであろう。

法然は、還相回向の視点をもちながら、それを体系化せずに亡くなり、親鸞がその遺志を引き継いだのではないかと私は記したが、そのためには還相回向の根拠を述べなければならない。そのゆえに、厳密に引用したのだと思う。『選択集』に記された「また廻向と言ふは、かの国に生じ已つて、還つて大悲を起して、生死に廻入して、衆生を教化するをまた廻向と名づくるなり」の文は『観経疏』からの引用であり、これだけなら、論理体系になることは難しい。親鸞はこのことの根拠を求めて、『浄土論』そしてその真髄が明らかにされた『浄土論註』を引用して証明したのである。

それによって、法然が明らかにしていない親鸞独自の教義も生まれたと思う。その一つが、そもそも阿弥陀仏とは何なのかということである。

> 諸仏菩薩に二種の法身あり。一つには法性法身、二つには方便法身なり。法性法身に由って方便法身を生ず。方便法身に由って法性法身を出だす。この二つの法身は、異にして分かつべからず。一にして同じかるべからず。（『真宗聖典』二九〇頁）

親鸞は、『浄土論註』を引用して右のように法性法身と方便法身を述べるが、内容は、『唯信鈔文意』の次の文を読むほうがわかりやすい。

> 法性すなわち法身なり。法身は、いろもなし、かたちもましまさず。しかれば、こころもおよばれず。ことばもたえたり。この一如よりかたちをあらわして、方便法身ともうす御すがたをしめして、法蔵比丘となのりたまいて、不可思議の大誓願をおこして、あらわれたまう御かたちをば、世親菩薩は、尽十方無碍光如来となづけたてまつりたまえり。（『真宗聖典』五五四頁）

法性法身は、色も形もなく、心にも言葉にも表しようがない。これは一如という一切の存在の根源で、そこから、形を現して方便法身としての姿を現して、法蔵比丘と名のられて四十八の誓願を起こして、それを成就して阿弥陀仏になられたのである。これが、「法性法身に由って方便法身に由って法性法身を出だす」ということで、法性法身という究極の真理は、方便法身としての阿弥陀如来にならなければ衆生を救えない。同時に阿弥陀如来は、法性法身という究極の真実（一如・真如）を根源とするということをおさえなければ、人格神のような理解になる。法然にはそういうきらいがある。拙著『日本仏教を変えた　法然の先鋭性』でも記したが、法然は、ときには仏教の論理をも超えて、万人の救済を目指し、阿弥陀仏の「平等の慈悲」を語ったため、どうしても阿弥陀如来を人格神のように表現せざるを得なかったのであろう。これに対して親鸞は、大乗仏教の原理に立って如来を説明しているのである。

　阿弥陀如来といっても、真如のはたらきとしてあるので、そのはたらきが、私たちの生きる現実に実現しているからこそ、私たちは教えに出遇え、念仏申す身となったのである。だから、この世の人生が終わったら真如の世界に帰っていく、そして還相するのである。

　還相回向ということは、浄土往生を遂げた後、衆生を救済するため、迷いのこの世に還るそのはたらきを言おうと親鸞は書くのであるが、それは同時に、私たちが今、如来のはたらきを受けていることを示しているのではないだろうか。だから私たち衆生が「還相」するのは、命終えてからであるが、「回向」は如来のはたらきで、今、はたらいてくださっている。

　そして還相回向についての『浄土論註』からの引用に以下の文がある。一九五〜一九六頁でも示したが、「信巻」にも引用された文である。なぜ親鸞は二度も引用したのかを考えながら読んでいこう。

> 王舎城所説の『無量寿経』を案ずるに、三輩生の中に、行に優劣ありといえども、みな無上菩提の心を発せざるはなけん。この無上菩提心は、すなわちこれ願作仏心なり。願作仏心は、すなわちこ

れ度衆生心なり。度衆生心は、すなわちこれ衆生を摂取して有仏の国土に生ぜしむる心なり。このゆえにかの安楽浄土に生まれんと願ずる者は、かならず無上菩提心を発するなり。もし人、無上菩提心を発せずして、ただかの国土の受楽無間なるを聞きて、楽のためのゆえに生まれんと願ずるは、また当に往生を得ざるべきなり。このゆえに「自身住持の楽を求めず、一切衆生の苦を抜かんと欲すがゆえに」と言えり。住持楽とは、謂わくかの安楽浄土は、阿弥陀如来の本願力のために住持せられて、楽を受くること間なきなり。おおよそ回向の名義を釈せば、謂わく己が所集の一切の功徳をもって、一切衆生に施与して、共に仏道に向かえしめたまうなりと。

（『真宗聖典』二九二～二九三頁）

親鸞は、「信巻」では、無上菩提心たる浄土の大菩提心として、願作仏心すなわち仏になろうと願う心を言い、それはそのまま度衆生心つまり衆生を救済する心だと述べる。

「証巻」のこの部分は、還相する菩薩の巧方便回向を簡潔に示した後に出てくる。還相回向を語っているのであるから、ここでの願作仏心は往相であろう。それは、そのまま還相としての度衆生心につながる。往生して仏になるのは、衆生を救い衆生を浄土に往生させるためだ。だから、浄土が楽しみに満ちており、楽のために生まれたいと思うのであれば、往生できないと言っているのであろう。ここで言うことは、浄土へ往生するというのは、自分だけの楽を求めるためではなく、一切の生きとし生けるものの苦を抜くためだということである。そのために浄土へ往けば還相することを示している。そしてこうした心こそが、このうえない大菩提心（無上菩提心）であると親鸞は言いたいのであろう。ここでも親鸞は、菩提心をめぐる明恵の法然批判に反論しているのかもしれない。

いずれにしても、私たちはなぜ阿弥陀仏の浄土へ往生しようとしているのか。本質的なことであり、親鸞が「信巻」と「証巻」、二度も引用する心がうなずけるのである。

このあとも、親鸞は『浄土論註』を引用し続ける。このあたりが特に長く難しいが、以下のようなことではないかと感じる。

浄土はどのような国土なのか。浄土の菩薩はどんな菩薩なのか。どんなはたらきがあるのか。そしてどういう心なのかを示しているのであろう。この心が還相の菩薩の心で、法蔵菩薩の願心と共通するとともに、大乗仏教の菩薩の理想像と親鸞は考えたのであろう。浄土へ往生すると仏になるのであるが、あえて仏にならず菩薩として衆生を済度することこそが、如来が望まれたことであり、これが、第二十二願の精神だと親鸞は思ったにちがいない。

仏教徒の目標は涅槃の世界に到達することであるが、親鸞は念仏者の目的地を還相の菩薩に置いたように思う。

5　阿修羅の琴と還相の菩薩

長い長い『浄土論註』の引用文は、いよいよ最後に次の文で終わる。

「出第五門とは、大慈悲をもって一切苦悩の衆生を観察して、応化身を示して、生死の園、煩悩の林の中に回入して、神通に遊戯し、教化地に至る。本願力の回向をもってのゆえに。これを出第五門と名づく」（論）とのたまえり。示応化身とは、『法華経』の普門示現の類のごときなり。遊戯に二の義あり。一には自在の義。菩薩、衆生を度す。譬えば師子の鹿を搏つに所為難らざるがごときは、遊戯するがごとし。二には度無所度の義なり。菩薩、衆生を観ずるに畢竟じて所有なし。無量の衆生を度すといえども、実に一衆生として滅度を得る者なし。衆生を度すと示すこと、遊戯するがごとし。本願力と言うは、大菩薩、法身の中において、常に三昧にましまして、種種の身、種種の神通、種種の説法を現ずることを示すこと、みな本願力より起これるをもってなり。譬えば阿修羅の琴の鼓する者なしといえども、音曲自然なるがごとし。これを教化地の第五の功徳相と名づくとのたまえり。

已上抄出

（『真宗聖典』二九七～二九八頁）

出第五門とは、まさに還相のはたらきである。浄土から出て、すべての苦しみ悩む衆生をしっかりと見て、それぞれの衆生に応じて身を変じて、生死の苦しみの園であり煩悩の林であるこの世に還り入ってきて、神通力をもって遊戯する。つまり遊ぶがごとく衆生を教化するのである。それは阿弥陀仏の本願力の回向があるからである。この文から親鸞は、還相ということは、衆生が往生して、今度は還相する菩薩になったことを示しているが、そうさせていただける回向は、阿弥陀仏のはたらきであることを、曇鸞の文から確認しているのであろう。

応化身つまり「衆生に応じて身を変じる」とは、『法華経』の「普門品」に説かれる観音菩薩のはたらきのようなものだという。ここでも親鸞は、当時の天台宗が最高の経典とした『法華経』を意識していると思う。還相の菩薩も、『法華経』「普門品」に説かれる観音のようなはたらきができるのだと。

ここからは遊戯についてである。遊ぶがごとく衆生を救う遊戯という行為に二つあるという。一には自由自在に衆生を救う。獅子（ライオン）が鹿をとらえるのに何の苦労もないようなものである。もう一つは、多くの衆生を救いながら救うというとらわれがないのである。私たち人間が行う行為は、ともすれば私が誰かを助けたというような思いから抜けきれないものである。そしてそれが、他者を助けるように見えながら、恩着せがましく、逆に他者を苦しめている場合があるので、ここのところは大切だと思う。

大菩薩が、法身の中において、常に三昧にあって、数々の身、神通力、いろいろな説法を自由自在に行うことは、すべて本願力よりなされるのである。ここの大菩薩は、還相の菩薩なので、私たちも往生するとそういう身になれるのである。ここで阿修羅の琴の譬えが出てくる。

阿修羅の琴は、弾く者がなくても、自然に音楽が奏でられるようである。これは教化地の第五の功徳相、つまり還相の姿である。

浄土に往生して浄土での楽を受けたいと往生を願う人は少なくない。浄土へ往生した後は還相して、娑婆の衆生を救うと言えば、そんなことはできず嫌だと思う人もいるであろう。しかしそれでは、自分の救いのみを求めることであり大乗仏教の精神に合わない。願作仏心と度衆生心は一つなので、親鸞は、還相の菩薩を念仏者の最終目標と考えたと思うことはすでに述べた。しかし苦心と苦労のうえに衆生を救うとなると、誰もができるものではない。親鸞は、如来の本願力がはたらいているので、遊ぶがごとく自由自在にでき、そして衆生を救ったことに対するとらわれもない。こう考えて、『浄土論註』を引用したのであろう。

ここで「証巻」最後の親鸞の御自釈が入る。

しかれば大聖の真言、誠に知りぬ。大涅槃を証することは、願力の回向に藉りてなり。還相の利益は、利他の正意を顕すなり。ここをもって論主（天親）は広大無碍の一心を宣布して、あまねく雑染堪忍の群萌を開化す。宗師（曇鸞）は大悲往還の回向を顕示して、ねんごろに他利利他の深義を弘宣したまえり。仰ぎて奉持すべし、特に頂戴すべしと。

（『真宗聖典』二九八頁）

親鸞は言う。釈尊が『大経』でおっしゃったことを知ることができた。このうえないさとりを得ることは、本願力の回向によるものであり、還相の利益は、阿弥陀仏が衆生を救おうとされるお心を表しているのである。親鸞は利他の主語を如来にしていることは一貫している。衆生の利他行為は、はからいがまじるうえ不完全だからである。しかしこの箇所の利他は、阿弥陀如来ばかりでなく、還相の菩薩を主語にして読むことも許されるのではないか。われわれ衆生は往生したら、阿弥陀如来と同じさとりを得る。そして還相の菩薩として、この世の衆生を済度するのであるから、ここでの利他の主語は、われわれの未来の姿たる還相の菩薩とも考えられる。私たち衆生の利他は還相して完成するのである。

こうしたことから、天親菩薩は、広大にして妨げられることのない一心としての真実信心を示して、煩悩と善悪にしばられ耐え忍んで生きざるを得ないこの世の衆生を導かれたのである。曇鸞大師は、往相も還相も阿弥陀仏の回向がはたらいており、他利利他の深義を広めてくださったと親鸞は記す。

ここでの他利利他の深義とは何であろうか。「行巻」で引用されている『浄土論註』の言葉が思い浮かぶ。

他利と利他と、談ずるに左右あり。もしおのずから仏をして言わば、宜しく利他と言うべし。おのずから衆生をして言わば、宜しく他利と言うべし。
(『真宗聖典』一九四頁)

阿弥陀仏の衆生を救うはたらきを、仏の側からは利他と言う。仏が他(衆生)を利するからである。衆生の側からは他利と言う。他(仏)が衆生を利するからである。衆生が衆生を利することを否定しているように見える。

しかし、「証巻」最後の御自釈は、そのように限定されたものではないかもしれない。私は最近、次のように味わっている。

親鸞がここでは、還相のことを言っているのだから、還相の菩薩は利他する菩薩である。だから、衆生の側からは、私たちは他たる阿弥陀仏のはたらきにより利され往生させていただくのであるから他利と受け止めている。そして往生を遂げたら還相してこの世の衆生を救うのであるから、われわれも還相の菩薩となれば、仏と等しい利他行為ができる。このように読むことも許されるのではないか。

こう読むことによって、往相の終着点である大涅槃に安住することなく、そこを出発点として還相し、この世に還って、衆生を済度する身になることに対する親鸞の喜びが味わえるのである。ここでの親鸞の喜びは静かな喜びである。それはまだ、涅槃に達していないからであり、還相もまだ実現していない。しかし往還二種の回向は常にはたらいてくださり、そのことに出遇えた喜びをしみじみと味わえるのである。

この章を結ぶにあたって、私はあらためて、親鸞が「証巻」で還相回向を書いた意味をかみしめる。念仏者の証果は、寂滅の涅槃に安住することではなく、むしろ如来回向のはたらきにより、還相して一切の衆生を救済することにある。その姿を、あえて仏にならない還相の菩薩だと述べたが、同時に還相の菩薩こそが真の仏だと親鸞は思ったのではないだろうか。

還相を死後のことだと軽く思ってはならないのである。浄土往生を遂げた後まで、衆生済度を行うたゆみなき歩みだと思う。

そういう還相回向の精神にふれると、親鸞が「信巻」で示した「現生十種の益」、なかでも「常行大悲の益」について、さらに深く考えさせられるのである。現世での「常行大悲」の実践は、念仏者が、未来に還相の菩薩となる準備かもしれないと思ったりするが、いかがであろうか。

いずれにしても、還相回向の精神を学ぶと、この世をいかに生きるべきなのか、あらためて問いかけられているように思う。

第六章　真の浄土とは——「真仏土巻」

一、経典から見る仏土と涅槃

1　光のはたらき

これまで、親鸞は、浄土の真宗を、「教」「行」「信」「証」と論理的に明らかにしてきた。『教行信証』と言うなら、これで終わっていいようなものかもしれないが、親鸞はこれから真の仏土について述べようとする。すなわち、真の仏、真の浄土とはそもそもどういうものなのかと私たちに問いかけているように思う。「証巻」でも親鸞は、浄土とはいかなるところか、どんなはたらきがあるのかを記していた。

浄土宗、浄土真宗に属する人は、「浄土三部経」に親しんできたためか、浄土の姿を次のように考えてきたきらいがあると思う。『大経』で説かれているように、金、銀、瑠璃の樹が鬱蒼と繁り、その森の樹は宝石でできている。『観経』では、浄土の池は瑠璃でできていて、金の縄が道のように敷かれ、美しい音楽が聞こえる。『阿弥陀経』では、浄土の池は蓮が咲き乱れ、七宝の功徳の水に満たされ、さまざまな美しい鳥がいて、美妙な音楽が聞こえてくる。

しかし、親鸞はそうしたことは何も語らない。むしろ、そうした実体的な世界を拒絶したような感すらある。

親鸞にとって真の仏土は何が根拠なのか。「真仏土巻」を開けて親鸞の言葉を聞いてみよう。

謹んで真仏土を案ずれば、仏はすなわちこれ不可思議光如来なり、土はまたこれ無量光明土なり。しかればすなわち大悲の誓願に酬報するがゆえに、真の報仏土と曰うなり。すでにして願います、すなわち光明・寿命の願これなり。

(『真宗聖典』三〇〇頁)

真の仏と真の浄土を考えると、仏は思いはかることのできない光明の如来であり、浄土は限りない光明の世界である。これは法蔵菩薩の起こされた大いなる慈悲の誓願に報われて成就された真実の報仏、報土であると言うのである。

報仏・報土の語が大切である。浄土は空想の世界でもなければ、単なる理想郷でもない。阿弥陀仏も全知全能の人格神ではない。誓願があって、その誓いを成就して成立した。それが阿弥陀仏であり浄土である。だから、「大悲の誓願に酬報するがゆえに、真の報仏土と曰うなり」と親鸞は書いている。その願は光明無量の願(第十二願)・寿命無量の願(第十三願)である。

親鸞は二つの願名を一緒に書いている。阿弥陀仏の「阿弥陀」ということは、サンスクリットで、アミターバ(限りなき光)、アミターユス(限りなきの命)なので、親鸞はそのことを意識して一緒に書いたのであろう。「正信偈」には初めに「帰命無量寿如来　南無不可思議光」と記されているのは、まさに光と命に帰依することの表明である。

それでは、願文を見てみよう。

『大経』に言わく、設い我仏を得たらんに、光明よく限量ありて、下百千億那由他の諸仏の国を照らさざるに至らば、正覚を取らじ、と。

また願に言わく、設い我仏を得たらんに、寿命よく限量ありて、下百千億那由他の劫に至らば、正覚を取らじ、と。

（『真宗聖典』三〇〇頁）

第十二願で、法蔵菩薩が仏になったとき、光明に限りがあり、数限りない仏たちの国々を照らさないなら、法蔵は仏にならないと誓うのである。第十三願では、法蔵菩薩が仏になったとき、寿命に限界があって、はかりしれない遠い未来にでも命が尽きることがあれば、仏にならないと誓っている。

このように、二つの願を一緒に引用している。

法然はこのことをどう考えていたのであろうか。『選択集』には、十二願、十三願は引用されていないが、『三部経大意』では、

光明无量の願、横に一切衆生をひろく摂取せむがためなり。寿命无量の願は竪に十方世界をひさしく利益せむがためなり。

（『法然全集』第一巻　四一頁。原文はカタカナ）

と述べ、阿弥陀仏による衆生の救済が、空間においても時間においても制約がないことを述べる。

親鸞は、サンスクリットのアミターバ、アミターユスの語、そして、上記の法然の言葉などをふまえて、真仏土の根拠を第十二願、第十三願に置いたのであろう。

『正像末和讃』で親鸞は詠う。

超世無上に摂取し
選択五劫思惟して
光明 寿命の誓願を
大悲の本としたまえり

（『真宗聖典』五〇二頁）

光明無量の願と寿命無量の願は、阿弥陀仏による衆生救済の根源を表すと親鸞は考えたのではないか。だから「大悲の本」としているのである。だから、往相回向と還相回向の根源となっているものこそ、真仏土すなわち真の仏と真の浄土なのである。だから法然が、空間においても時間においても制約なき救済の根拠としていることにもつながる。

親鸞は、第十二願、第十三願によって、「真仏土」つまり「真の仏」と「真の浄土」がつくられたとしている。実際は、光如来、光明土といって、あまり寿命のことを述べず、光明を中心にとらえているように思う。仏の光はすべての衆生をもれなく照らす。それだけではなく、光によって、闇の部分が明らかになる智慧のはたらきがあるからである。私たちが、勤行を通して親しんでいる『浄土和讃』に、

弥陀成仏のこのかたは
いまに十劫をへたまえり
法身の光輪きわもなく
世の盲冥をてらすなり

智慧の光明はかりなし
　有量の諸相ことごとく
　光暁かぶらぬものはなし
　真実明に帰命せよ
（『真宗聖典』四七九頁）

と詠われていることでもわかる。

親鸞は、光明無量の願（第十二願）を根拠に、浄土の仏つまり阿弥陀如来を不可思議光如来、浄土を無量光明土と言うのである。

親鸞は願成就の文を引用する。

「無量寿仏の威神光明、最尊第一にして、諸仏の光明の及ぶことあたわざるところなり。乃至　このゆえに無量寿仏は、無量光仏・無辺光仏・無碍光仏・無対光仏・炎王光仏・清浄光仏・歓喜光仏・智慧光仏・不断光仏・難思光仏・無称光仏・超日月光仏と号す。
（『真宗聖典』三〇〇頁）

阿弥陀仏の光明は、最も尊く、あらゆる仏たちの光明にとうてい及ぶところではない。このように阿弥陀仏の光のはたらきを讃えるのである。これは「正信偈」に、

あまねく、無量・無辺光、無碍・無対・光炎王、
清浄・歓喜・智慧光、不断・難思・無称光、
超日月光を放って、塵刹を照らす。一切の群生、光照を蒙る。
（『真宗聖典』二〇四頁）

と詠われていることにつながる。

親鸞は阿弥陀仏の本質を光のはたらきとしてとらえ、そのような光によって救われたと讃嘆していることがよくわかる。さらに親鸞の引用は続く。

> それ衆生ありて、この光に遇う者は、三垢消滅し、身意柔軟なり。歓喜踊躍し、善心生ず。もし三塗勤苦の処にありて、この光明を見ば、みな休息を得て、また苦悩なけん。寿終えての後、みな解脱を蒙る。
>
> （『真宗聖典』三〇〇～三〇一頁）

この光明にあえば、貪欲、瞋恚、愚痴の三毒の煩悩が抑えられ、身も心も和らぎ、喜びが満ち溢れ、善い心が生まれると言う。

身は凡夫であるが、弥陀の光明のはたらきにより、私たちは育てられ、自然と柔和な心と喜びが生まれるのであろう。地獄、餓鬼、畜生の三塗の苦しみにあえいでいても、この光明にふれれば安らぎを得て、苦しみ悩むことはなく、命が終われば解脱を得るのである。

2　解脱とは、如来とは、涅槃とは

解脱とは何か。親鸞は『涅槃経』を引用する。

> 『涅槃経』（四相品）に言わく、また解脱は、名づけて虚無と曰う。虚無すなわちこれ解脱なり。解脱すなわちこれ如来なり、如来すなわちこれ虚無なり。非作の所作なり。乃至　真解脱は不生不滅なり。このゆえに解脱すなわちこれ如来なり。如来また爾なり。不生不滅・不老不死・不破不壊にして、有為の法にあらず。この義をもってのゆえに、名づけて如来入大涅槃と曰う。乃至

（『真宗聖典』三〇三頁）

解脱というのは、煩悩によるとらわれから解き放たれた状態である。私たちは現実世界の中でいろいろなものにとらわれているが、そういうことが迷いでありそこから脱却する。そういう絶対無の世界がここで言う虚無であり、それが解脱である。そして解脱が如来なのである。真の解脱は生滅や老死を超えている。だから如来であり涅槃なのである。親鸞の引用は続く。

また解脱は無上上と名づく。乃至　無上上はすなわち真解脱なり。真解脱は、すなわちこれ如来なり。乃至　もし阿耨多羅三藐三菩提を成ずることを得已りて、無愛無疑なり。無愛無疑はすなわち真解脱なり。真解脱はすなわちこれ如来なり。乃至　如来はすなわちこれ涅槃なり。涅槃はすなわちこれ無尽なり。無尽はすなわちこれ仏性なり。仏性はすなわちこれ決定なり。決定はすなわちこれ阿耨多羅三藐三菩提なりと。

（『真宗聖典』三〇三～三〇四頁）

解脱はこのうえなくすぐれたものである。親鸞は解脱をさとりととらえた。このうえないさとりを成就できたならば、貪りや疑いの思いはない。

真実のさとりは如来である。如来はすなわち涅槃であり、仏性である。親鸞は『涅槃経』のこうした心を『浄土和讃』で詠う。

無上上は真解脱
真解脱は如来なり
真解脱にいたりてぞ

無愛無疑とはあらわるる

（『真宗聖典』四八七頁）

如来すなわち涅槃なり
涅槃を仏性となづけたり
凡地にしてはさとられず
安養にいたりて証すべし

（『真宗聖典』四八七頁）

『涅槃経』よりの引用文や上記の和讃で、親鸞が、さとりである解脱こそが如来であり、真の解脱に至ってこそ、貪りや疑いの思いはなくなる。そして如来は涅槃であり、仏性だと述べる。こうした考え方がなかなか理解できなかった。これでは聖道門とどう違うのか、と長い間思ってきた。

法然が聖道門を全否定するのに対して、法然の教えこそが真の仏教だと証明しようとする親鸞は、どうしても仏教全般から教えを確認することを迫られた。だから法然がほとんど使わない旧仏教の用語がとても多い。あらゆる経典を見つめ直し、多くの経典などを引用するなかで、親鸞自身がそうした思想の影響を受けたのであろう。

真の解脱は如来であり、真の解脱に至ってこそ、貪りなど煩悩を超えることができる。解脱こそが如来であり、如来は涅槃であり仏性であると言う。ここまでなら、聖道門と変わらない。親鸞は、「凡地にしてはさとられず　安養にいたりて証すべし」と言っており、そうした、解脱、涅槃、無愛無疑の境地に至ることは、凡地すなわちこの世では得られないのであり、安養つまり浄土へ往ってからさとるのだと言っている。

親鸞は、法然が明らかにした往生浄土の意義を、浄土へ往ったら、私たちは阿弥陀如来と同じさとりを得るので、解脱を得ることであり、涅槃の身となり、仏性を見ることができるものと考えたのであろう。二九六～三〇一頁で見たように、親鸞は、阿弥陀仏を光のはたらきとみて、光明にふれれば、「身意柔軟なり。歓喜踊躍し、善心生ず」と引用するのは、念仏者の現世での利益であり、「寿終えての後、みな解脱を蒙る」と引くのは、その言葉の通り死後のことである。しかし、死後往生と言っても、平安浄土教に見られるように、極楽浄土に往生して快楽を極めるという発想はない。だから親鸞自身、浄土について「極楽」と表現することは極めて少ない。浄土は解脱を得る場なのである。解脱は、如来であり涅槃であり仏性であると親鸞が言うのは、私たちも浄土へ往生するならば、解脱を得て、仏性を見る。そして如来になれるのである。

一方、法然は凡夫と仏をきっちりと分けている。だから解脱や仏性という語はほとんど使わないのである。

しかし、そもそも仏教は、仏の教えであるだけではなく、仏になることを目指す道である。親鸞は『涅槃経』を引用しながら、浄土教が正しく仏教であることを証明しているのではないだろうか。

私たちは、浄土に往生すると、如来と同じく、解脱を得て涅槃に入ると親鸞は考えた。同時にこのような文をも引用している。

如来は実に畢竟涅槃（ひっきょうねはん）にあらざる、これを菩薩（ぼさつ）と名づく、と。已上

（『真宗聖典』三〇七頁）

如来は、究極の涅槃に入ることはない。だから菩薩と言う。矛盾しているようにも見えるが、ここが親

鸞の言いたいことなのではないのだろうか。如来は、涅槃にとどまらない。まさに親鸞における仏教の理想像である。「証巻」で還相の菩薩を明らかにした親鸞だが、真の仏とは迷いの世界で活動されている菩薩なのだ。

だから、私たちも仏になれば、還相して、限りなく衆生を救済するのである。

3 闡提の救い

親鸞は、引き続き『涅槃経』を引用し、仏性が未来であることと、闡提の救いを課題にする。「信巻」の末に、阿闍世の回心を課題にしながら、五逆と謗法の救いを述べるのだが、闡提については語っていない。親鸞はここで闡提の救いを明らかにするのである。

> （迦葉品）また言わく、迦葉菩薩言わく、「世尊、仏性は常なり、なお虚空のごとし。なにがゆえぞ、如来説きて未来と言うやと。如来、もし一闡提の輩 善法なしと言わば、一闡提の輩、それ同学・同師・父母・親族・妻子において、あに当に愛念の心を生ぜざるべきや。もしそれ生ぜば、これ善にあらずや」と。仏の言わく、「善いかな、善いかな、善男子、快くこの問を発せり。仏性はなお虚空のごとし。過去にあらず、未来にあらず、現在にあらず。一切衆生に三種の身あり、いわゆる過去・未来・現在なり。衆生、未来に清浄の身を具足荘厳して、仏性を見ることを得ん。このゆえに我、仏性未来と言えりと。
> （『真宗聖典』三〇七～三〇八頁）

迦葉が釈尊に問う。仏性は、常住であり虚空のごときものとおっしゃったが、なぜそれを未来と言われるのか。闡提には善なるものが全くないと説かれているが、闡提には、友人や先生、家族を愛する心が起こらないのか。もしそういう心が起こったら善ではないのか。

これに対し、仏性は虚空のようなものであると釈尊は答える。だから実体的にとらえるものではなく、過去、現在、未来にあるとかないとかいうものではない。しかし、衆生には、過去、現在、未来の三種の姿がある。だから、未来に清浄の身になり仏性を見ることができる。だから、「仏性未来」と言ったのである。

私たちは念仏の教えに生き、現生正定聚としての積極的な生き方をするのであるが、煩悩におおわれた身をもっているがゆえに、仏性を見るのは未来であると釈尊は言うのであろう。そう言いながら、

もろもろの衆生ことごとくみなこれあり。衆生の仏性もまたかくのごとし。（『真宗聖典』三〇八頁）

と言う。親鸞はこの言葉に、すべての衆生に仏性があるという「一切衆生悉有仏性」の大乗仏教の原理を確認しているのではないだろうか。ところで、闡提はどうなのか。「もろもろの衆生」に闡提は含まれるのか。

闡提は、断善根とも言われ、ただ快楽だけを求めて正法を信ぜず、仏になる可能性がない者のことを言う。私は闡提を単に仏教用語にとどめるべきではないと考える。「信巻」において五逆と謗法の救いを見てきたが、親鸞は曇鸞の文を引用して、謗法の罪が五逆より重いことを述べた。謗法は仏が説いた正法を誹謗する者だが、誹謗する行為によってなお仏教とつながりがあるが、闡提はそれすらない。「愛の反対は、憎しみではなく、無関心である」とマザー・テレサが言ったが、その無関心が闡提とつながるように

思えてならないのである。それは私たちの姿そのものである。二四九頁でも述べたように、他者が苦しんでいても無関心で、「今だけ、金だけ、自分だけ」という現在の社会状況を、私は謗法と重ね合わせて考えたが、むしろ、闡提の状況であると思ったりもする。釈尊は言う。

あるいは説きて、犯四重禁、作五逆罪、一闡提等みな仏性ありと言うことあり」と。乃至

（『真宗聖典』三〇九頁）

婬戒など四種の戒を犯した者にも、親を殺すなど五逆の罪を犯した者、仏になる可能性をもたないとされた闡提にも、すべて仏性があると言うのである。

原文を記すと長くなるので省略するが、釈尊は、人間の資質は、決して固定的に定まったものではなく、すべてに仏性がある。どのような者でも、ついには仏になることができることを明らかにしている。

親鸞は「信巻」で善導の言葉「謗法・闡提、回心すればみな往く」を引用したが、ここでは釈尊の言葉でそれを確認しているように思えてならない。

二、真仏土を祖師の言葉で確かめる

1　光の如来と広大な浄土

親鸞は経典を引いて証明した真の仏と真の浄土を、今度は祖師の論釈で確かめる。

まずは、天親の『浄土論』である。

『浄土論』に曰わく、世尊、我一心に尽十方の無碍光如来に帰命したてまつりて、安楽国に生まれんと願ず。かの世界の相を観ずるに、三界の道に勝過せり。究竟して虚空のごとし、広大にして辺際なし、とのたまえり。已上

（『真宗聖典』三一三〜三一四頁）

天親が、自らの信仰表明をしている箇所を親鸞が引用していることに注目する。世尊は釈尊なので、「釈尊よ、私天親は、無碍光如来に帰命したてまつり、安楽国に生まれようと願うものです」と誓うのである。

これは、親鸞の信仰表明でもある。ここにも、釈迦、弥陀の二尊教がはっきりと示されている。釈尊に対して、阿弥陀仏に帰依しますと表明しているのである。浄土教の信仰形態である二尊教も、道綽、善導ばかりでなく天親に原点があることを確認できた。

「興福寺奏上」で、法然たちが釈尊を大切にせず、弥陀のみを礼拝しているとの批判にも応えている。「一心に」であるから、礼拝の対象は阿弥陀仏だけであり、善導、法然が強調する礼拝正行、称名正行を確認している。阿弥陀仏のみを礼拝し「南無阿弥陀仏」と称名することの根拠を、天親にさかのぼって証明しているのだと私には思える。

そして、阿弥陀仏を無碍光如来つまり光のはたらきととらえている。浄土も、蓮の花が咲き七宝の池があるような実体的なものではなく、迷いの世界を超えているばかりか、虚空のごとくすべてを包み込み、広大で極まりないのである。そして欲界、色界、無色界の三界つまり迷いの世界を超えている。欲界の代表的なものが、地獄、餓鬼、畜生の三悪趣であり、法然が重視する無三悪趣の願もふまえて引用している

と思われてならない。

2　平等の大道

次に引用するのは、曇鸞の『浄土論註』である。

『註論』に曰わく、「荘厳清浄功徳成就」とは、「偈」に「観彼世界相　勝過三界道故」と言えり。これいかんが不思議なるや。凡夫人、煩悩成就せるありて、またかの浄土に生まるることを得んに、三界の繋業畢竟じて牽かず。すなわちこれ煩悩を断ぜずして涅槃分を得。いずくんぞ思議すべきや、と。　（『真宗聖典』三一四頁）

浄土は、迷いの世界である三界を超えて清浄な世界であるが、煩悩具足の凡夫が、浄土へ往生することが定まれば、迷いの世界につなぎとめられるこれまでの行為は、もはや効力を失うのである。だから、涅槃の分際を得るのである。浄土は、人間がつくってきた業が全く問題にならないのである。もしこれまでの業が往生の邪魔になるようであれば、誰もが平等に往けないことになる。そんな世界は真の浄土とは言えない。親鸞はそう思ったのではないだろうか。

『浄土論註』からの引用は続く。

また云わく、「正道の大慈悲は出世の善根より生ず」（論）とのたまえり。この二句は「荘厳性功徳成就」と名づく。乃至　性はこれ本の義なり。言うこころはこれ浄土は、法性に随順して、法本に乖かず、事、『華厳経』の宝王如来の性起の義に同じ。また言うこころは、積習して性を成ず。法蔵菩薩を指す。もろもろの波羅蜜を集めて、積習して成ずるところなり。また性と言うは、これ聖種性なり。序めに法蔵菩薩、世自在王仏の所にして無生忍を悟る。そのときの位を聖種性と名づく。この性の中にして四十八の大願を発して、この土を修起したまえり。すなわち安楽浄土と曰う。

（『真宗聖典』三一四頁）

「正道の大慈悲は出世の善根より生ず」は『浄土論』の偈文のままで、「正道の大慈悲」は、世間を超えた善根であることをまずおさえている。世間の善根は、各人によって善根をつくり出す条件も価値観も違う、だから結果も不平等である。

「正道の大慈悲は出世の善根より生ず」ということが、『浄土論註』で言う「荘厳性功徳成就」で、親鸞は『浄土論註』を引用することで、浄土の性とは何かということを述べている。性は根本ということであり、浄土は、何を根本とするのかということである。浄土は法性つまり真如によって成就されたものであり、法の原理に背くものではない。これは『華厳経』の性起という概念である。性は修行を積み重ねて本性とする。法蔵菩薩は、因位で修行をしてそれによって浄土を建立したことによるのであろう。同時に性は聖種性である。このあたりの概念を調べることは、私自身たいへん苦心するところであるが、聖種性は聖者となる性質ということであろうか。法蔵菩薩は、因位のとき、世自在王仏のもとで無生法忍をさとられた。そのときの位を聖種性と言うのである。この聖種性の位において四十八の願を起こされたという。

私は、このことから気づかされた。四十八願は、平和と平等に生きたいという民衆の願いと合致する。

だから真実だと長い間思ってきた。でも民衆には、凡夫として不純な願いもあるだろう。

だからここで、法蔵菩薩が聖種性の位において四十八願を起こされたと書かれているのであろう。だから、四十八願はすべて不純なものはなく、真実で四十八願が成就したのであるから、果位としての阿弥陀仏も真仏、阿弥陀仏の浄土も真土だと、親鸞は『浄土論註』を引用して証明しているのではないかと思う。

では、浄土に往生するとどうなるのか。それが以下の文である。

安楽浄土は、もろもろの往生の者、不浄の色なし、不浄の心なし、畢竟じてみな清浄平等無為法身を得しむ。安楽国土清浄の性成就したまえるをもってのゆえなり。

（『真宗聖典』三一四頁）

浄土に往生した者は、不浄の色も心もない。真如そのものである清浄なさとりの身を得るのである。清浄という浄土の性質が成就されており、そのはたらきが、往生した人に、そうさせてくださるのである。

ここで、「正道の大慈悲は出世の善根より生ず」というところをさらに深く掘り下げている。

「正道の大道大慈悲は、出世の善根より生ず」というは、平等の大道なり。平等の道を名づけて正道とする所以は、平等はこれ諸法の体相なり。諸法平等なるをもってのゆえに発心等し。発心等しきがゆえに道等し。道等しきがゆえに大慈悲等し。大慈悲はこれ仏道の正因なるがゆえに、「正道大慈悲」と言えり。慈悲に三縁あり。一つには衆生縁、これ小悲なり。二つには法縁、これ中悲なり。三つには無縁、これ大悲なり。大悲はすなわちこれ出世の善なり。安楽浄土はこの大悲より生ぜるがゆえなればなり。かるがゆえにこの大悲を謂いて浄土の根とす。ゆえに出世善根生と曰うなり、と。

（『真宗聖典』三一四～三一五頁）

ここは「正道の大道大慈悲は、出世の善根より生ず」と、「大道」の字を親鸞が入れていることに注目してみよう。正道の大道というのは、平等の大いなる道であり、平等の道を名づけて正道とするわけは、平等こそが、あらゆるもののあるべき姿である。だから法蔵菩薩の起こされた願心も平等であり、願心が平等であるから、さとりの智慧も平等である。智慧が平等で、大慈悲が仏のさとりの正因なので、「正道の大慈悲」と言う。

ここで目につくのは、「平等」の語の多さである。私がここを読むたびに感じることは、法然の平等精神である。三四頁でも記したが、『選択集』に次のような文がある。

> しかれば則ち、弥陀如来、法蔵比丘の昔、平等の慈悲に催されて、普く一切を摂せむがために、造像起塔等の諸行をもつて、往生の本願としたまはず。ただ称名念仏の一行をもつて、その本願としたまへるなり。
>
> （『岩波・選択集』五三～五四頁）

「平等の慈悲」という願心から、浄土が建立された。だから平等に衆生を摂取するために、弥陀によって易行の称名念仏が選び抜かれたという『選択集』を意識しながら、親鸞は『浄土論註』を読み引用したように思われてならない。

「正道大慈悲は、出世の善根より生ず」と「大道」を付けた箇所は、『浄土論』にも『浄土論註』にもない「大道」の語をあえて入れていることからもうなずけるのである。平等の慈悲が、浄土の根源であり、浄土への「大道」の根拠なのである。曇鸞は、慈悲には、小悲、中悲、大悲があると言うが、法然の薫陶を受けた親鸞にとっては「平等の慈悲」こそが大悲である。そのことを、『浄土論註』で確かめているように思う。

次に、声聞の救いが書かれている。声聞というのは、「自利」のみを求める行者である。だから自利利他の大乗仏教の道とは相容れない。けれども、阿弥陀仏の本願のはたらきをもって、摂取して浄土へ往生させ、このうえない菩提心を起こさせるのである。曇鸞は、犀牛に触れれば、死んだ者がみな生き返るようだと、犀牛を譬えにして以下のように記している。

声聞は実際をもって証とす。計るに更によく仏道の根芽を生ずべからず。しかるを仏、本願の不可思議の神力をもって、摂して彼に生ぜしむるに、必ず当にまた神力をもってそれをして無上道心を生ぜしむべし。譬えば鴆鳥水に入れば、魚蚌ことごとく死す。犀牛これに触るれば、死する者みな活えるがごとし。かくのごとき生ずべからずして生ぜしむ、所以に奇とすべし。しかるに五不思議の中に、仏法最も不可思議なり。仏よく声聞をしてまた無上道心を生ぜしめたまう。真に不可思議の至りなり。

（『真宗聖典』三一五頁）

ここで大事なことは、声聞を例としながら、菩提心を起こすことができない者に菩提心を起こさせるから、不思議であると言っていることである。

阿弥陀仏と浄土は、そういうはたらきをするのである。だから真仏であり真土である。私は、親鸞がこの文を引用しているのは、やはり明恵を意識しているのではないかと思う。法然の教えは菩提心を失すと言う明恵に対し、親鸞は、菩提心は自力で起こすものではなく、阿弥陀仏と浄土のはたらきにより起こってくるものである、とする。だから「真に不可思議の至りなり」と結ばれているのではないかと思う。

3　本願のはたらきとしての不虚作住持功徳

この後、浄土のはたらきが詳しく述べられ、自利と利他が満ちていることなどが記されている。特に不虚作住持功徳の文が印象的である。

また云わく、「何者か荘厳不虚作住持功徳成就。「偈」に「仏の本願力を観ずるに、遇うて空しく過ぐる者なし、よく速やかに功徳の大宝海を満足せしむる」がゆえにと言えり」（論）。「不虚作住持功徳成就」は、蓋しこれ阿弥陀如来の本願力なり。乃至　言うところの不虚作住持は、本法蔵菩薩の四十八願と、今日の阿弥陀如来の自在神力とに依ってなり。願もって力を成ず、力もって願に就く。願徒然ならず、力虚設ならず。力・願あい府うて畢竟じて差わず。かるがゆえに成就と曰う、と。抄出

（『真宗聖典』三一六頁）

初めは天親の文章で、不虚作住持功徳成就とは、阿弥陀仏の本願のはたらきで、この人生がむなしく過ぎることも、いたずらに迷いの生死が繰り返されることもなく、速やかに功徳の大宝海を満足させてくださることである。

次は曇鸞の解説であり、不虚作住持功徳成就は、法蔵菩薩（因位）の四十八願と、それを成就された阿弥陀如来（果位）の威神力（自由自在で不可思議な力）に基づくのだと、因と果をはっきりさせている。本願によって、威神力が成り立つ。その威神力は本願に基づいている。本願はいたずらに起こされたのではなく、威神力はむなしいものではない。威神力と本願が相応じてどこまでもたがうことがないから、この不虚作住持功徳が成就していると言うのである。

本願力に遇うということは、むなしく人生が過ぎず、生死流転から解放されるだけではなく、阿弥陀仏の功徳がその人に満ち溢れて、煩悩が障りとならないのであり、念仏者にとってこれほどの利益はないのであるが、親鸞は、『浄土論』『浄土論註』からその根拠を述べているのであろう。

続いて親鸞は、『讃阿弥陀仏偈』を引用する。

『讃阿弥陀仏偈』に曰わく、曇鸞和尚造　南無阿弥陀仏、釈して『無量寿傍経』と名づく。賛め奉りてまた安養と曰う。

（『真宗聖典』三一六頁）

親鸞は、曇鸞の『讃阿弥陀仏偈』を、『無量寿傍経』と言っている。『大経』に準ずる聖教と認識しているのであろう。最初の部分だけを書いておこう。

成仏より已来十劫を歴たまえり。寿命まさに量あることなけん。法身の光輪法界に遍じて、世の盲冥を照らす。かるがゆえに頂礼したてまつる。智慧の光明量るべからず。かるがゆえに仏をまた無量光と号す。有量の諸相、光暁を蒙る。このゆえに真実明を稽首したてまつる。〈以下略〉

（『真宗聖典』三一六頁）

二九九～三〇〇頁でもふれたが、私たちが日々の勤行で、毎日順番に六首ずつ読誦している「弥陀成仏のこのかたは」から始まる親鸞の『浄土和讃』の大半は、「讃阿弥陀仏偈和讃」であり、そのもととなったのが、曇鸞の『讃阿弥陀仏偈』である。

ただし、『讃阿弥陀仏偈』原文や「讃阿弥陀仏偈和讃」には、浄土を、実体的、快楽的に描いた文がある。ところが、親鸞がここで引用する『讃阿弥陀仏偈』の文章には実体的、快楽的なものはない。やはり

「真仏土巻」なので、阿弥陀仏と浄土を光明のはたらきと考えた、親鸞の心が読み取れるのである。
ところで、『讃阿弥陀仏偈』からの引用文を読み進むと、突然、龍樹に関する文が出てくる。

本師龍樹摩訶薩、形像を誕ず、始めて頽綱を理る。邪扇を関閉して、正轍を開く。これ閻浮提の一切の眼なり。尊語を伏承して、歓喜地にして阿弥陀に帰して安楽に生ぜしむ。（『真宗聖典』三一七頁）

龍樹菩薩は、釈尊滅後の五百年を過ぎた像法の時代初期に生まれ、廃れた仏教を整えて、誤った教えを批判して、大乗仏教を開顕してくださった。龍樹菩薩は釈尊の教えを受けて、歓喜地にあって阿弥陀仏に帰依し、浄土に往生されたと文は続いている。親鸞自身が、龍樹の業績を重く受け止めたのであろう。「行巻」で詳しく述べたが、親鸞は浄土の教えは、大乗仏教の祖である龍樹から始まることを明らかにしたのであるが、ここでもそうした気概が感じられる。

4　阿弥陀仏の浄土は報土である

曇鸞の文章を引用した後、親鸞は、善導の『観経疏』を引用し、阿弥陀仏の浄土が報土であることを示す。

あらためておさえておきたいことは、法然が明らかにした教えは、「南無阿弥陀仏」と称える易行ですべての人が往生できるということである。

それに対して、易行により往生できるならば、そんな浄土は、真実の浄土たる報土ではなく、仮の浄土である化土である。そのような説があった。おそらくそうした声を意識したのであろう。『四十八巻伝』

に、法然の以下の言葉が見られる。

われ浄土宗をたつる心は、凡夫の報土にむまるゝことをしめさむためなり。

（『岩波・法然絵伝』〈上〉五八頁）

法然が、浄土宗を開宗した心は、凡夫が報土に往生することを示そうとしたと明確に語っている。

法然が出る前も、念仏往生は盛んであった。しかしそれは天台宗の寓宗としての念仏であり、『法華経』に基づく修行が本道であるが、それができない劣った人のため、念仏往生という脇道が用意されているようなものだ。だから念仏は愚者のための方便であり、往生する土も化土だという考え方である。

法然は、念仏は阿弥陀仏が選択してくださった唯一の行であり、浄土は阿弥陀仏の願が成就してできた報土である、とする。そうしたことをふまえて、法然は言う。

諸宗の所談ことなりといへども、すべて凡夫報土にむまるゝことをゆるさゞるゆへに、善導の尺義によりて浄土宗をたつるとき、すなはち凡夫報土にむまるゝ事あらはるゝなり。

（『岩波・法然絵伝』〈上〉五八～五九頁）

諸宗の説は、凡夫が報土に往生することを認めないので、善導の釈義によって、浄土宗を開宗し、凡夫が報土に往生することを明らかにした、と法然は言っている。そうしたことをふまえて、親鸞は『観経疏』を引用したのであろう。

（玄義分）光明寺の和尚云わく、問うて曰わく、弥陀浄国は当これ報なりや、これ化なりとやせん。答えて曰わく、これ報にして化にあらず。いかんが知ることを得る。『大乗同性経』に説くがごとし、西方の安楽・阿弥陀仏はこれ報仏報土なり、と。

（『真宗聖典』三一八頁）

善導が、問答を立てながら、阿弥陀仏の浄土は、報土であって化土ではないと言う。善導が生きた七世紀唐代の中国でも、阿弥陀仏の浄土は化土であり報土ではないという説があり、善導がそうした人々に反駁しているのであろう。『観経疏』からの引用は続く。

また『無量寿経』に云わく、法蔵比丘、世饒王仏の所にましまして、菩薩の道を行じたまいし時、四十八願を発して、一一の願に言わく、「もし我仏を得たらんに、十方の衆生、我が名号を称して、我が国に生まれんと願ぜん、下十念に至るまで、もし生まれずは正覚を取らじ」と。いま既に成仏したまえり。すなわちこれ酬因の身なり。

（『真宗聖典』三一八頁）

私は、この部分は特に惹かれるのであるが、法蔵菩薩が起こされた四十八願の各願に、称名念仏する者はすべて、浄土に生まれることができるという第十八願の誓いがこめられていると善導は考えている。おそらく、法然もこの文に感動したのであろう。そして法蔵菩薩はすでに成仏されているのであるから、阿弥陀仏は「酬因の身」であり、阿弥陀仏の浄土は報土であると善導は確信したのであろう。

それではなぜ、法然が報土と化土にこだわったのであろうか。『四十八巻伝』では法然に対する批判者の声が出てくる。

我等凡夫むまるゝ事をえば、応身応土なりとも足ぬべし、なんぞ強に報身報土の義をたつるや

（『岩波・法然絵伝』〈上〉五九頁）

私たち愚かな凡夫が往生できるなら、応身応土で十分ではないか。なぜ、報身報土でなければならない

と法然上人は強調されるのかという批判であろう。この批判を認めてしまえば、さきほど述べた寓宗としての浄土教にしかならない。法然は次のように述べて反論する。

もし別の宗を立せずば、凡夫報土に生ずる義もかくれ、本願の不思議もあらはれがたきなり。しかれば善導和尚の尺義にまかせて、かたく報身報土の義を立す。（『岩波・法然絵伝』〈上〉五九頁）

天台宗の寓宗ではなく、別の宗すなわち「浄土宗」を立てなければ、凡夫が報土へ往生することが隠れ、本願の真実が明らかにならない。だから、善導の釈義により、「報身報土の義」を立てたのだと法然は言っている。

私は、第一章で詳しく書いたように、法然が浄土宗を開宗したのは、『選択集』で、

諸行は廃せむがために説き、念仏は立せむがために説く。（『岩波・選択集』六九～七〇頁）

と言うように、諸行(しょぎょう)を捨てて念仏のみを実践する廃立(はいりゅう)の思想の確立であり、三九頁で述べたように諸行は人間の不平等を正当化するからであり、念仏によって人間の差異が無化すると考えてきた。

それだけではなく、浄土宗開宗の意義は、凡夫を報土へ往生させるためということも大きいのではないかと思うようになった。ここにも、法然の平等思想があると思う。化土は、「化身土巻」で詳しく述べるが、実体化した浄土であり、九品(くほん)に象徴されるように、平等とは言えない浄土である。だから、凡夫の往生する浄土は報土でなければならない。

法然は、阿弥陀仏が、平等の慈悲によって本願を建ててくださったのであるから、その願が成就してつくられた浄土は、平等なる報土であると確信していたのだろう。

ところが、法然の死後、有力な弟子の中には、法然が捨てたはずの諸行を復活させる者、当麻曼荼羅を信仰の対象とする者、九品の思想を吹聴する者などが現れる。そうすると、往生する浄土も、化土か応土か報土か、不明確になり、「凡夫の報土にむまる、ことをしめさむためなり」という立教開宗の精神が見失われるのである。だから、そうした動きに危機感を抱いた親鸞がここで善導の文を引用して述べる。ここはかなり長い。しかし本質的なことだと親鸞が認識したからであろう。読み進むと、善導が問答を立てる。

問うて曰わく、「かの仏および土、既に報と言わば、報法高妙にして小聖階いがたし。垢障の凡夫いかんが入ることを得んや。」答えて曰わく、「もし衆生の垢障を論ぜば、実に欣趣しがたし。正しく仏願に託するによって、もって強縁と作りて、五乗斉しく入らしむることを致す」と。

（『真宗聖典』三二〇頁）

阿弥陀仏が報身であり、その浄土が報土であるならば、かなりの修行を積んだ菩薩でなければ至ることはできないではないか。ましてや、煩悩におおわれたふがいなき凡夫が入ることなどできようか。このような考え方の人が、善導のまわりにも多くいたのであろう。それに対して、善導は、もし衆生がもつ煩悩の障りを問題にすると報土たる阿弥陀仏の浄土への往生を願い求めることはできないが、阿弥陀仏の本願にゆだねることにより、その不可思議な力が強い縁となって、凡夫も聖者もみな阿弥陀仏の浄土に入ることができると説くのである。

平等に浄土に迎えたいとの阿弥陀仏の本願が、各人の差異を無化して、ともに往生人となるのである。

凡夫が往生できるような浄土は化土だとの主張に対して、善導、法然、親鸞がそれを批判して、阿弥陀仏の浄土は、化土ではなく報土であると強く主張した。凡夫を報土に生まれさせようというのが、阿弥陀仏の願いであり、称名念仏の教えの真の意味はそこにある。

こうしたことは、今日あまり議論されていないが、平等思想と関連して学ばなければならないと思う。阿弥陀仏の浄土が報土であることは、真仏土の本質的なことなのである。

5　涅槃を得る浄土

さらに読み進むと、『法事讃』からの引用文にいきつく。

（法事讃）また云わく、極楽は無為涅槃の界なり。随縁の雑善、恐らくは生まれがたし。かるがゆえに如来、要法を選びて、教えて弥陀を念ぜしめて、専らにしてまた専らならしめたまえり。

（『真宗聖典』三二一頁）

極楽浄土は、無為涅槃界であるというところに親鸞が注目したのであろう。そこは、煩悩から解脱した無為平等のさとりの世界である。ここは、法然が『選択集』でも引用している（『岩波・選択集』一六一頁）ので、法然も浄土をそうとらえたのであろう。「随縁の雑善」、つまりそれぞれが行う自力の善では往生できない。だから如来が、最も大事な要法を、選び抜いてくださったのである。ここにも、「選択」がはたらいている。それは「専らにしてまた専ら」だと、唯一の行である念仏を称えて涅槃の世界に往こうと呼びかけているのである。親鸞は、法然が明らかにした専修念仏によって、涅槃界であり報土である真仏土へ往生しようと勧めている。

善導の引用文の後は、憬興の『無量寿経連義述文賛』からの引用で、阿弥陀仏の光のはたらき十二光の説明である。初めの部分だけを記しておこう。

〈述文賛〉憬興師の云わく、無量光仏算数にあらざるがゆえに、無辺光仏縁として照らさざることなきがゆえに、〈以下略〉

（『真宗聖典』三二二頁）

「真仏土巻」の初めのほうで十二光を述べているのであるが、あえてここで憬興の言葉で確認しているのはなぜだろうか。真仏土の意味を親鸞は、まず経典で確認し、その後、インド、中国の祖師たちの言葉で再確認している。憬興は新羅の僧である。「行巻」の引用と同じように、親鸞は、教義の流れの伝統に、インド、中国のみならず朝鮮をも入れているように私には感じられる。

そしていよいよ、「真仏土巻」の結びの御自釈である。

しかれば、如来の真説、宗師の釈義、明らかに知りぬ、安養浄刹は真の報土なることを顕す。惑染の衆生、ここにして性を見ることあたわず、煩悩に覆わるるがゆえに。『経』（涅槃経）には「我、十住の菩薩、少分仏性を見ると説く」と言えり。かるがゆえに知りぬ、安楽仏国に到れば、すなわち必ず仏性を顕す、本願力の回向に由るがゆえに。また『経』（涅槃経）には「衆生、未来に清浄の身を具足荘厳して、仏性を見ることを得」と言えり。

（『真宗聖典』三二二頁）

親鸞は言う。経典による釈尊の真実の説法、祖師たちの解釈によって、阿弥陀仏の浄土は真の報土である。

親鸞は、今まで述べてきたように天親、曇鸞、善導などの言葉を引用して、弥陀の浄土は真実報土だと言うように、報土にこだわり続けたのであろう。阿弥陀仏は私たち一人ひとりのために、誓いを起こしてくださり、それが成就したのだ。浄土は、私たちを抜きにしてあるのではない。衆生のために起こされた誓願に酬報している。だからこそ浄土は平等に涅槃を得る国土だ。親鸞は、そう言っているのだと思う。

そして、仏性について述べる。この世で仏性を見ることはない。私たちは煩悩にまみれているからである。これまで学んできたように、釈尊が『涅槃経』で「仏性未来」ということを確認しているのであろう。

注目されるのは、「我、十住の菩薩、少分仏性を見ると説く」というところである。十住の菩薩という高位の菩薩は少し仏性を見るが、われら凡夫は、そうではないから、安楽浄土へ往ってから仏性を見るという解説が多く、ごく一部に、「十住の菩薩」をわれら念仏者ととらえる説がある。

私は長い間、そのことがわからなかった。今はこう思う。

十住は、龍樹の『十住毘婆沙論（じゅうじゅうびばしゃろん）』では十地の異名であるから、龍樹の考え方によると、仏道を歩む十地の中の初地に至ったなら不退転を得ることになる。この位は歓喜地であり、親鸞は正定聚と考えた。言うまでもなく親鸞は、正定聚を、現生正定聚とし、現世で得られる位と認識した。そうしたことから、十住の菩薩を信心を得た念仏者と考えてよいのではないか。信心を得た念仏者は少しだけだが、仏性を見るのである。毎日お勤めしている「正信偈」に「摂取心光常照護　已能雖破無明闇」と詠われ、「惑染凡夫信心発　証知生死即涅槃」と書かれているが、現生正定聚になると、身は凡夫だが、少しだけ仏の性にふれられる。少しだけでもいいではないか。それによって本願に基づいた生活ができるのである。

だから、「証巻」の初めに「正定聚に住するがゆえに、必ず滅度に至る」と記されているように、ここでは、「安楽仏国に到れば、すなわち必ず仏性を顕す」と言うのである。この世の命が終わり、浄土へ往けば、仏性を現すことができる。本願力によるからである。親鸞は、本願力により、現世では、ほんの少しの仏性を見て、浄土では仏性を現すと考えたのだと思う。だから『涅槃経』には、衆生は、清浄の身となって、仏性を見ることができると書かれていると結ぶのである。

仏性論は私には難解で、このあたりも十分に理解できていないのが現状である。なぜ、親鸞は仏性にこだわるのか。そのあと大乗仏教の解説書のような『大乗起信論』を引用していることも考え合わせると、それはやはり、浄土真宗が正しく仏教であり、大乗仏教の原理と伝統に基づくものだと親鸞は主張しているように思われてならない。

6 真仏土と化身土

いよいよ、「真仏土巻」も終わりに入ってきた。親鸞は、何のために「真仏土巻」を書いたのであろうか。親鸞は、浄土について、実体的、美的、快楽的にとらえる当時の見方を否定しているように思う。だから親鸞の浄土観は、「浄土三部経」よりも、『浄土論』と『浄土論註』に重きを置いているのではないか。そのことを、「証巻」と「真仏土巻」を読んで痛感するのである。特に『浄土論註』からの引用が多いが、『浄土論註』でも、浄土を美的ないし快楽的にとらえる文を引用せず、浄土は真如の世界であり、そこから衆生を済度するはたらきがあると考えていたと思う。それでは、実体的な浄土観は無意味なのか。親鸞は実体的な浄土を「化身土巻」で表している。そのつながりを示すのが、「真仏土巻」最後の御自釈である。

それ報を案ずれば、如来の願海に由って果成の土を酬報せり。かるがゆえに報と曰うなり。
（『真宗聖典』三二三頁）

親鸞は、報土ということにこだわって、経典や祖師の論釈から見つめた。海のように深い阿弥陀仏の本願海を因として、誓願が報われ成就してつくられた国土が浄土である。だから報土と言うのである。親鸞はそのことを粘り強く証明してきた。ところが一方では、

しかるに願海について、真あり仮あり。ここをもってまた仏土について、真あり、仮あり。
（『真宗聖典』三二三頁）

と述べ、阿弥陀仏の本願海にも、真実の誓願と仮の誓願がある。だから、仏土についても、真の仏土と仮の仏土がある。こう言いながら真仏土について以下のように述べる。

選択本願の正因に由って、真仏土を成就せり。
（『真宗聖典』三二三頁）

法蔵菩薩が選択してくださった本願が正しく因となって、真仏土が成就したのである。『選択集』の言葉で言うと、法蔵菩薩が「平等の慈悲に催され、普く一切を摂せんがために」と表現した本願の精神によって、真仏つまり「阿弥陀」となられ、真土つまり真実の浄土が成就したのである。ここからは、真仏と真土を分けて説明する。まず真仏についてである。

真仏と言うは、『大経』には「無辺光仏・無碍光仏」と言えり。また「諸仏中の王なり、光明中の極

尊なり」（大阿弥陀経）と言えり。已上 『論』（浄土論）には「帰命尽十方無碍光如来」と曰えるなり。
（『真宗聖典』三一三頁）

「無辺光仏・無碍光仏」「帰命尽十方無碍光如来」と光のはたらきが阿弥陀仏である。光のはたらきがなぜ大事か、今までも述べてきた。闇を照らし、碍げなく、そしてそのはたらきは平等である。「平等の慈悲」であり、「摂取して捨てざるがゆえに、阿弥陀と名づく」と善導や法然、親鸞、そしてもとをただせば天親に至るまで一貫している精神である。

このほか、「諸仏中の王なり、光明中の極尊なり」という『大阿弥陀経』の文を挙げている。これも、どこか「興福寺奏上」を意識しているのではないか。念仏者は釈迦如来を大切にせず阿弥陀如来ばかりを拝するという批判に対し、諸仏の中でも最も優れているのが弥陀であると主張しているようにも思える。それは、弥陀が一番ご利益のある仏というような俗信ではなく、光のように闇を照らし、碍げなく一切の衆生を平等に救うから「諸仏中の王」として優れていると、親鸞は言いたいのではなかろうか。

そして次は、真土についてである。

真土と言うは、『大経』には「無量光明土」（平等覚経）と言えり。あるいは「諸智土」（如来会）と言えり。已上 『論』には「究竟して虚空のごとし、広大にして辺際なし」と曰うなり。
（『真宗聖典』三一三頁）

真土を、ここでも「無量光明土」と、光のはたらきが満ちた世界と教えている。「諸智土」という表現にも注目したい。阿弥陀仏の真土には最高の智慧が満ちている。この智慧はさとりを意味するのである。

親鸞は、光明は智慧のはたらきであることを明らかにしているのであろう。そして『浄土論』を引用して、浄土は広大であり際限と碍げがない世界であると親鸞は言う。

ここでも親鸞は、平安浄土教に見られる、快楽的、美的な浄土観を拒絶している。法然も『選択集』で、法蔵菩薩が起こした第一願から第四願を語り、浄土に平和と平等の理念性をもたせた。こうした理念性を継承しながら、親鸞は、独自の浄土観を打ち立てたのである。

次は往生についてである。

> 往生と言うは、『大経』には「皆受自然虚無之身無極之体」と言えり。已上 『論』には「如来浄華衆正覚華化生」と曰えり。または「同一念仏して無別の道故」（論註）と云えり。已上 また「難思議往生」（法事讃）と云える、これなり。
> （『真宗聖典』三二三～三二四頁）

往生といえば、快楽的、美的な浄土で楽しむという平安浄土教に対して、親鸞は、『大経』の精神で、「皆受自然虚無之身無極之体」、つまり有無のはからいを超えた身ととらえ、このうえなくすぐれたさとりの身を受けるのだと考えたのであろう。『浄土論』は、「如来浄華衆正覚華化生」と言い、『浄土論註』では、「同一念仏して無別の道故」と言ったと述べる。如来の清らかなさとりの花よりの化生でない者はない。すべての者が等しく念仏して往生するのであり、こうした万人平等の往生は、第十八願に基づく難思議往生である。

親鸞は第十九願によって往生することを双樹林下往生と言い、第二十願による往生を難思往生と言う。このことは「化身土巻」で詳しく述べるが、そうした人の往くところが、仮の仏土である。

仮の仏土とは、下にありて知るべし。すでにもって真仮みなこれ大悲の願海に酬報せり。かるがゆえに知りぬ、報仏土なりということを。良に仮の仏土の業因千差なれば、土もまた千差なるべし。これを「方便化身・化土」と名づく。

（『真宗聖典』三二四頁）

仮の仏土とは何か、それについてはこれから述べると予告し、そのうえで、「真仮みなこれ大悲の願海に酬報せり」と、第十八願の本願が受け入れられない人々に、その人たちが往くところを示すのである。「仮の仏土」である。「業因千差なれば、土もまた千差なるべし」と。方便の浄土往生する因は、人によって異なる。ある人は、法然が否定した諸行によって往生を願う者もあるだろう。また別の人は、念仏三昧であるが、念仏の数を競い、念仏する心のあり方を重視する人もいるであろう。そのように、多くの差異がある。だからその人たちの往く浄土も多くの差異があるのである。そういう浄土は、仮土または化土と親鸞は表現するが、ここだけはそれらも報仏土と言う。第十九願、第二十願という仏願に酬報された仏土であるからである。

ここが親鸞の教えの有難いところで、法然が言う本願を信じ念仏すること、ただそれだけだ、ということを疑い、さまざまなことを実践しなければ落ち着かない人に道を用意してくださるのである。そして「真仏土巻」は以下のように締めくくられている。

真仮を知らざるに由って、如来広大の恩徳を迷失す。これに因って、いま真仏・真土を顕す。これすなわち真宗の正意なり。経家・論家の正説、浄土宗師の解義、仰いで敬信すべし、特に奉持すべきなり。知るべしとなり。

（『真宗聖典』三二四頁）

真と仮の区別をはっきりしないために、如来の恩徳がわからず、迷って教えを見失うと警告するのである。誰に対して警告しているのか。阿弥陀仏の浄土なんて所詮、化土だと言う聖道門に対して述べているとの説が多いが、私は、それ以上に、法然門下に対する警告だと思う。せっかく法然が、「ただ念仏」と言ったにもかかわらず、称名念仏以外の諸行を勤めたり、称名念仏と観想念仏を併修したり、念仏の数の多少を問題にしたりするような弟子たちである。親鸞は、そういう人たちが増えることに危機感を抱いたと思う。そういう法然門下が言うのは「仮」である。師法然は「ただ念仏」を言われ、それが「真」だと。だからはっきり私親鸞は真仏・真土を明らかにした。これこそが浄土真宗の正意である。釈尊の教え、龍樹、天親の論説、曇鸞、善導たち浄土の祖師の解釈を心からいただかなければならないと締めくくっている。

第七章　浄土教の方便――「化身土巻」〈前〉

一、化身土とは

1　真実と方便

さて、いよいよ「化身土巻」に入る。

「教巻」から「真仏土巻」までは、「顕浄土真実教文類」、「顕浄土真実行文類」というように、真実を顕らかにするのに対して、「化身土巻」は、「顕浄土方便化身土文類」と、方便を顕らかにする巻なのである。方便というところから一段低いように考え、まるで付録のように扱った解説書すらある。しかし、『教行信証』の中で最も長く、御自釈もとても多い。親鸞思想の核心をつくような名言もある。そして浄土教の方便だけでなく、聖道門のこと、時代認識、はては神祇論から儒教、道教など内容は多岐にわたる。

私は、本書を書くにあたって「化身土巻」を詳しく記そうと当初は考えていたのであるが、これまでに予想した以上の紙幅を使ってしまった。親鸞は、「真仏土巻」の最後に、「真仮を知らざるに由って、如来広大の恩徳を迷失す」と、真実と方便がわからないから如来の恩徳にあずかることができない、だから、「これに因って、いま真仏・真土を顕す」と、「真仏土巻」を書いた目的を記している。

真仏土が明らかになったならば、真仏土をもとに化身土を明らかにするのが、親鸞の『教行信証』執筆における最後の仕事である。

真実に対して、方便とは何か。そうしたことを課題にしているのである。まず考えておきたいことは、親鸞は「教巻」で、「それ、真実の教を顕さば、すなわち『大無量寿経』これなり」と述べ、『大経』のみを真実の教えとした。「浄土三部経」の中で、『大経』のみが真実であるならば、『観経』と『阿弥陀経』はどのような位置づけなのか。そして、『観経』と『阿弥陀経』で説かれた仏や浄土を親鸞はどうとらえたのか。そのあたりから、「化身土巻」を読んでいこう。

謹んで化身土を顕さば、仏は『無量寿仏観経』の説のごとし、真身観の仏これなり。土は『観経』の浄土これなり。また『菩薩処胎経』等の説のごとし、すなわち懈慢界これなり。また『大無量寿経』の説のごとし、すなわち疑城胎宮これなり。

（『真宗聖典』三二六頁）

まず、親鸞は、化身は『観経』に書いてあるような仏であるとする。精神を統一して仏を見る真身観の仏がこれにあたる。『観経』によると仏の大きさやお姿が克明に描かれている。そうした形ある仏が真実の仏だと多くの人が思った。また浄土については、池は瑠璃でできていて、金の縄が道のように敷かれ、美しい音楽が聞こえる。それが浄土だと大部分の人は思うだろう。しかし親鸞にとっては、そうした浄土は、化の浄土である。「懈慢界」であり「疑城胎宮」である。「懈慢界」は懈怠憍慢の者が生まれる土であり、念仏以外の雑行雑修のゆえにその土に生まれるのだと親鸞は考えた。「疑城胎宮」は、念仏の行者ではあるが疑心自力の行者が往く土である。ただ「懈慢界」と「疑城胎宮」を親鸞はそれほど厳密に区別しているわけではない。

親鸞の信心は「信巻」や『歎異抄』で述べられているように、如来からたまわった信心である。だから万人平等の信心である。本願を疑う心は自力の心である。万人平等に如来が与えた信心がいただけないのである。そういう人たちの救いはどうなのか。親鸞は語る。

しかるに濁世の群萌、穢悪の含識、いまし九十五種の邪道を出でて、半満・権実の法門に入るといえども、真なる者は、はなはだもって難く、実なる者は、はなはだもって希なり。偽なる者は、はなはだもって多く、虚なる者は、はなはだもって滋し。ここをもって釈迦牟尼仏、福徳蔵を顕説して群生海を誘引し、阿弥陀如来、本誓願を発してあまねく諸有海を化したまう。すでにして悲願います。「修諸功徳の願」と名づく、また「臨終現前の願」と名づく、また「現前導生の願」と名づく、また「来迎引接の願」と名づく。また「至心発願の願」と名づくべきなり。（『真宗聖典』三二六～三二七頁）

ここは、人間の宗教心、求道の歩みが表れているのではないか。九十五種の邪な教えとは、もともとは釈尊の時代の外道であるが、ここではさまざまな信仰を指すのであろう。あるものは、神祇や霊に対する崇拝であったり、道教であったりと、信仰は人によって違うが、そういうものを信仰する人が、たまたま仏教に出遇えたのである。しかし仏教を名のっていても真実のものは少なく虚偽のものはとても多いのである。ある教えは難行、苦行で実践できない。また呪術を重視し、神仏習合の形態で、仏教は看板に過ぎない。親鸞が生きた時代の聖道門仏教がこんな様子だったのみならず、今日の宗教事情にもあてはまる。

　このようなこの世の現実であるから、釈尊は『観経』に定善、散善の二善の方便を説いて、われわれ衆生を真実門に入るよう誘引してくださったのである。そのもとをたずねるならば、阿弥陀仏が、大悲の誓願を起こしてくださったことである。ここに釈尊が『観経』を説かれた意義があるのである。これが福徳蔵であり、定善、散善である。善行は福徳を生み出す、だから福徳蔵と言うのであろう。

2　来迎思想と不来迎

法然が言う「ただ念仏」、こういう信に到達することは、親鸞が記すように「難の中の難、これに過ぎたるはなし」なのである。だから、如来は方便を与え、「助かってくれよ。たとえ回り道をしてでも、真実門に入ってくれよ」と願われるのである。親鸞は「すでにして悲願います」という意味深長な言葉を使う。


　ここをもって、『大経』の願に言わく、設い我仏を得たらんに、十方の衆生、菩提心を発し、もろもろの功徳を修し、心を至し発願して、我が国に生まれんと欲わん。寿終の時に臨んで仮令大衆と囲遶して、その人の前に現ぜずは、正覚を取らじ、と。

（『真宗聖典』三二七頁）


ここは、第十九願の願文を記している。

阿弥陀仏が法蔵菩薩であったときに誓う。あらゆる衆生が菩提心を起こして、さまざまな功徳を積み、心から、私の国に生まれたいと願うのならば、臨終に迎えに行きましょうと。

だから親鸞は、さきほどの御自釈で記していたように、この願を「修諸功徳の願」「臨終現前の願」「現前導生の願」「来迎引接の願」「至心発願の願」と呼んでいるのである。

古来、この願こそが浄土教の中心であった。平安時代から、来迎図が描かれてきた。阿弥陀仏が多くの菩薩を引き連れて臨終に迎えに来られるのである。そのためには功徳を積み、念仏を臨終まで称えなければならないのである。だから臨終はとても大事なのである。臨終に清らかな心を保ち念仏する臨終正念が大切に思われた。源信の『往生要集』にも「臨終行儀」という項目がある。

こうした伝統的な来迎と臨終正念に異を唱えたのが法然と親鸞である。法然は『浄土宗略抄』で言う。

> 仏の来迎し給ふゆへ（故）は、行者の臨時正念のため（為）也。それ（其）を心え（得）ぬ人は、みなわ（皆我）か臨終正念にて念仏申したらんおりそ、ほとけ（仏）はむか（迎）へ給ふへきとのみ心え（得）たるは、仏の本願を信せす、経の文を心え（得）ぬ也。
>
> （平楽寺書店『昭和新修法然上人全集』五九六頁）

仏が来迎されるのは、行者を臨終に正念させるためである。にもかかわらず、臨終正念で念仏したときに仏はお迎えに来られると思う人は、本願を信じず、経典をも理解していないと法然は言う。

これは、従来の臨終正念と来迎の概念をひっくり返している。従来の浄土教では、平生から臨終まで念仏を続け、臨終正念であれば仏は来迎くださるのである。しかし、臨終に清らかな心を保ち念仏することなど果たしてできるだろうか。法然は、仏が来迎されるから、行者は臨終正念になれると考えたのである。これは徹底した他力の教えである。ここにも法然の画期的な思想を見出すことができるのである。

にもかかわらず、法然没後、弟子の中には、臨終念仏を重視して、法然以前の浄土教に戻るような人たちが多くいた。親鸞の不来迎思想は有名であるが、法然の精神を逸脱する弟子たちの動きを危惧したのであろう。

親鸞の消息を集めた『末燈鈔』に以下の文がある。

> 来迎は諸行往生にあり。自力の行者なるがゆえに。臨終ということは、諸行往生のひとにいうべし。いまだ、真実の信心をえざるがゆえなり。また、十悪五逆の罪人の、はじめて善知識におう(遇)て、すすめらるるときにいうことばなり。真実信心の行人は、摂取不捨のゆえに、正定聚のくらいに住す。このゆえに、臨終まつことなし、来迎たのむことなし。信心のさだまるとき、往生またさだまるなり。
>
> （『真宗聖典』六〇〇頁）

ここで親鸞は、来迎は諸行往生の人のためにあると言っている。この人たちは、自力で功徳を積んでいくのである。そして臨終に来迎があって往生する。これが第十九願の世界である。

真実信心の人、つまり如来から信心をたまわった念仏者は、現世で「正定聚のくらい」につき往生することが定まっているのである。だから臨終を待つこともないし、来迎をたのむこともない。これは第十八願の世界で、「信巻」で学んだことである。

親鸞が、来迎は「諸行往生」の人だと言っていることに注目したい。法然が「捨てよ」と言う諸行を実践する人の心は、臨終の来迎まで安心できないのだと親鸞が思ったのではないか。それは、単に批判しているだけではなく人間の心の構造が、「ただ念仏」では落ち着かぬのであろう。

3　閉ざされた世界

そういう諸行を実践する人はどんな世界に往生するのであろうか。それこそが、化土である。親鸞が「真仏土巻」で述べた真土に対して、「化身土巻」では化土を述べる。親鸞は、「化身土巻」の最初に第十九願の願文を挙げたが、その第十九願の願成就文は何であろうか。

　この願成就の文は、すなわち三輩の文これなり。『観経』の定散九品の文これなり。

（『真宗聖典』三二七頁）

三輩の文とは、『大経』に、浄土への往生を願う者を修行の違いで上輩、中輩、下輩に分けて説く経文である。定散九品の文とは、『観経』で説かれている定善十三観、散善三観であり、九品とは上品上生から下品下生までの九通りの往生である。これらは、素質や修行の度合いで人間に上下をつける考え方である。

『選択集』で法然は三輩の文を引用して、

　諸行は廃せむがために説き、念仏は立せむがために説く。

（『岩波・選択集』六九〜七〇頁）

と言う。また『観経』の定善十三観、散善三観については、

　定散は廃せむがために説き、念仏三昧は立せむがために説く。

（『岩波・選択集』一五五頁）

と、ここでも、廃立を強調し、念仏のみを実践してその他は捨てよと言うのである。九品についても、「十一箇条問答」で言う。

　極楽の九品は弥陀の本願にあらず、四十八願の中になし、これは釈尊の巧言なり。

（『法然全集』第三巻　一七二頁。原文はカタカナ）

このように厳しく否定する。法然が否定するのが、三輩であり、定善十三観、散善三観であり九品である。徹底した平等精神をもつ法然にふさわしい教義である。

こうした法然の教えに反した諸行往生の者が往く国土を、親鸞は『大経』を引用して述べるのである。

また言わく、それ胎生の者は処するところの宮殿、あるいは百由旬、あるいは五百由旬なり。おのおのその中にしてもろもろの快楽を受くること、忉利天上のごとし。またみな自然なり。

（『真宗聖典』三二八頁）

大きな宮殿があり、その中でさまざまな快楽を受ける。それでよいと思う人もあろう。しかし、これが胎生であり、母の胎内にいるときと同じようであり、蓮華のつぼみに包まれて、仏法僧に出遇えない閉ざされた世界なのである。『大経』からの引用は続く。

その時に慈氏菩薩、仏に白して言さく、世尊、何の因・何の縁あってか、かの国の人民、胎生・化生なる、と。仏、慈氏に告げたまわく、もし衆生ありて、疑惑心をもってもろもろの功徳を修して、かの国に生まれんと願ぜん。仏智・不思議智・不可称智・大乗広智・無等無倫最上勝智を了らずして、この諸智において疑惑して信ぜず。しかもなお罪福を信じて、善本を修習して、その国に生まれんと願ぜん。このもろもろの衆生、かの宮殿に生まれて、寿五百歳、常に仏を見たてまつらず、経法を聞かず、菩薩・声聞・聖衆を見ず。このゆえにかの国土にはこれを胎生という。（『真宗聖典』三二八頁）

そのときに慈氏菩薩が、釈尊に聞かれた、なぜ胎生に生まれるのか。釈尊が言うのには、衆生が、本願を疑い、さまざまな功徳を修め往生を願うからである。つまり諸行を行うからである。また罪福を信じて仏智を疑惑する。つまり善行をしたから善果があると思い仏智を疑い惑う。ここでは本願を疑う意味に使われている。その罪のゆえに、閉ざされた宮殿に生まれ、仏法が聞けない。そんな世界に往く。これが胎生である。

4　本願を疑う罪と罰

学生時代、岩波文庫の『浄土三部経』上巻で、初めて『大経』を読んだとき、上記の文や、それ以後の胎生の者が黄金の鎖で繋がれるという一連の仏智疑惑の文に疑問をもったことを鮮明に思い出す。浄土に辺地や胎生の世界がある。私は、本願を疑う者に対する懲罰のように感じ、違和感を覚えたのだ。

ここのところは、親鸞が『大経』を引用しているのであるが、『正像末和讃』で確かめてみよう。

自力諸善のひとはみな
仏智の不思議をうたがえば
自業自得の道理にて
七宝の獄にぞいりにける
辺地七宝の宮殿に
五百歳までいでずして
みずから過咎をなさしめて

（『真宗聖典』五〇六頁）

もろもろの厄をうくるなり

（『真宗聖典』五〇六頁）

上記の和讃で見られるように、諸行を修して諸善を積む人は、七宝の獄に入れられ、もろもろの厄を受けるとある。親鸞はこういう人たちに対する明らかな罰と認識して、これらの和讃を書いたのであろう。

それは法然の諸行に対する考え方と関係がある。なぜ法然が諸行を捨てて念仏のみを実践することを教えたのか。これまで何度も記した通り、諸行を万人が実践するのは不可能である。念仏は誰にでもできる普遍的なことである。諸行は、できるかできないか、あるいはできる度合いによって、人間をランク付けする。念仏はすべての衆生を凡夫とみる平等原理だからである。

ところが、これも何度か指摘したように、法然の死後、教えを変質させ、諸行往生を主張する者が出てきた。こういう自力諸善の人が多く出ることに対して、親鸞は、法然の精神が歪められると危機感を抱いた。諸行だけではなく、たとえ念仏であっても、念仏の数を問題にして一念だとか多念だとか主張する弟子が多く出た。これも平等原理を逸脱しており、念仏の多少、あるいは念仏する心の持ち方で人を区別する論理につながる。そうしたことを戒め親鸞は詠う。

自力称名のひとはみな
如来の本願信ぜねば
うたがうつみのふかきゆえ
七宝の獄にぞいましむる
罪福ふかく信じつつ

（『真宗聖典』五〇六頁）

善本修習するひとは
疑心の善人なるゆえに
方便化土にとまるなり

（『真宗聖典』五〇六頁）

「化身土巻」で『大経』の釈尊と慈氏菩薩との対話を引用したこと、『正像末和讃』のこうした和讃は、本願を疑う罰と認識したのではないか。

私が最初に岩波文庫で『大経』を読んだとき、違和感を覚えた罰ということは、親鸞にとっても罰と認識されたのではないかと思う。

親鸞は、二十三首もこのような和讃を書き、

已上二十三首仏（智）不思議の弥陀の御ちかいをうたがうつみとがをしらせんとあらわせるなり

（『真宗聖典』五〇七頁）

と締めくくっている。

本願を疑い、すべての衆生が凡夫として平等に往生をするという法然の精神を逸脱する者が往く世界を、「方便化土」と親鸞は考えたのではないだろうか。

5　方便化土も如来の慈悲

親鸞が如来の本願を疑うことを罪として、さらに罰をも述べるのは、その者を排除するためではない。その者に本願を疑う罪を知らせるためであろう。

人間とはやっかいなものだと思う。聖道門仏教のような厳しい修行はできないと言う。そんなわれら凡夫に対して、「ただ念仏」、念仏のみで往生すると法然が説いたら、念仏ぐらいでは助からないと思い、さまざまな善行を併修し、念仏も多く称えなければならないと力む。いずれも、本願を疑うことである。本願とは『選択集』の言葉を借りると「一切衆生をして平等に往生せしめむがために、難を捨て易を取りて、本願としたまふか」とあるように、あらゆる人々を平等に往生せしめたいと阿弥陀仏は願われて、難しい諸行を捨てて、易しい念仏を選択してくださった心である。その本願に背くのである。

本願を疑い阿弥陀仏の心に背いたならば、救いからもれるのだろうか。「ただ念仏」、これが信じられない人々が往く世界が「方便化土」であるが、ここへ往くのは一面では罰のようではあるが、こういう世界をつくってくださったのも弥陀のやるせない慈悲である。

親鸞が「方便化土」を語るのは、法然門下に対する疑義だけではない。また、どこかに弥陀の本願を疑う無信心者がいるからそれを教化しようという啓蒙でもない。親鸞自身が本願を疑い葛藤してきたからである。そうした親鸞の求道の歩みが「化身土巻」とも考えられる。

親鸞にとっては、そういう本願を疑う者のために、弥陀が用意してくださった世界が方便化土なのである。だから、

『大経』に言わく、もろもろの小行の菩薩、および少功徳を修習する者、称計すべからざる、みな当に往生すべし、と。（『真宗聖典』三二九頁）

と、『大経』を引用して、さまざまな行を修し小功徳を積む者は無数にいるが、みな往生すると言ってい

る。つまり諸行の者も往生できるのである。そう言いながら同時に善導の以下の言葉を引用し、諸行、諸善の行者が往くところは、花に包まれ、外に出られない辺地であり胎宮であると記す。これが、『観経疏』の以下の文である。

光明寺の『釈』（定善義）に云わく、華に含まれて未だ出でず、あるいは辺界に生じ、あるいは宮胎に堕せん、と。已上　（『真宗聖典』三三〇頁）

この後、源信の言葉が引用されるが、その前に新羅の僧、憬興の言葉が出てくる。これまでも私は、親鸞が憬興を引用するのは、浄土真宗が朝鮮仏教の流れをも汲むという心からではないかと述べてきた。ここでも、親鸞は、中国浄土教の大成者である善導と、日本浄土教の始祖のような源信との間に、憬興の文を入れているので、今まで思っていたことを確認した。憬興は言う。この文も化身土を考える本質的なものである。

（述文賛）憬興師の云わく、仏智を疑うに由って、かの国に生まれて、辺地にありといえども、聖化の事を被らず。もし胎生せば、宜しくこれを重く捨つべし、と。已上　（『真宗聖典』三三〇頁）

仏智たる本願を疑うことによって、往生しても辺地にとどまり、仏法が聞けない。だから、胎生したならば、本願を疑うことを厳重に捨てるべきである。ここで辺地という言葉が出てくる。浄土のすみっこという意味だが、親鸞は、方便化土を「懈慢界」と言ったり「疑城胎宮」と言ったり「辺地」と言ったりしている。

『歎異抄』第十七章に以下の文がある。

信心かけたる行者は、本願をうたがうによりて、辺地に生じて、うたがいのつみをつぐのいてのち、報土のさとりをひらくとこそ、うけたまわりそうらえ。信心の行者すくなきゆえに、化土におおくすすめいれられそうろうを、ついにむなしくなるべしとそうろうなるこそ、如来に虚妄をもうしつけまいらせられそうろうなれ。

（『真宗聖典』六三八頁）

信心が欠け、本願を疑う者は、辺地に生まれ、疑いの罪をつぐなった後、報土のさとりを開くのである。ここだけを見れば罪と罰である。つぐなうという語からみてもそう言える。しかし同時に、真実信心の行者が少ないために、化土に多く勧め入れるというのは、まさに如来の慈悲である。

人間の精神構造は、念仏のみの真実信心に徹しきれないから、如来の慈悲で化土をつくって、まずそこに入れしめようとされる。有難いではないか。しかし『歎異抄』の著者唯円は、『歎異抄』の最後をこう締めくくる。

かなしきかなや、さいわいに念仏しながら、直に報土にうまれずして、辺地にやどをとらんこと。一室の行者のなかに、信心ことなることなからんために、なくなくふでをそめてこれをしるす。なづけて『歎異抄』というべし。外見あるべからず。

（『真宗聖典』六四一頁）

幸いに教えに出遇い念仏しながら、「ただ念仏」の真実信心をいただけず、本願を疑い、すぐに報土に往生できず、辺地に生まれることを、唯円は悲しむのである。化土や辺地は、如来が本願を疑う者のためにつくってくださった慈悲なのであるが、できることなら直に報土へ往生してほしいとの唯円の悲しみに満ちた願いが、にじみ出ているではないか。

6　極重悪人

『歎異抄』で辺地と化土を確認したが、憬興の次は、源信の言葉が出てくる。

> 「〈略〉ここに知りぬ、雑修の者は「執心不牢の人」とす。かるがゆえに懈慢国に生ずるなり。もし雑修せずして専らこの業を行ぜば、これすなわち執心牢固にして、定めて極楽国に生まれん。乃至　また報の浄土に生ずる者は極めて少なし、化の浄土の中に生ずる者は少なからず。かるがゆえに『経』の別説、実に相違せざるなり」と。已上略抄　（『真宗聖典』三三〇頁）

念仏だけではなく、諸行を併修する者は「執心不牢の人」である。だから懈慢国に往生する。そうではなく専ら称名念仏を行ずれば、「執心牢固の人」であり、必ず極楽に往生するのだと言っている。現在でも「ただ念仏」の人より、さまざまな行をし、多くの神仏に祈る人のほうが信心深いように思われている。しかし親鸞は、そういう人たちは、「執心不牢の人」と思ったのであろう。「執心不牢」だから、雑修に走るのである。

さらに、専修念仏に徹することができないから、報の浄土すなわち阿弥陀仏の第十八願に酬報した真の浄土に往生する者は極めて少ない。あれもこれもと雑修に走るから、多くの人が化の浄土にしか往けないと言う。

こうした言葉からも、方便化土の意味がわかる。「ただ念仏」、念仏のみの「執心牢固」の人は、真実の浄土へ往生するのだが、念仏ぐらいでは助からぬと、さまざまな善行に手を出す人は、本願を疑っているので、化土へ往くのである。しかし、化土へ往けるのも、如来の慈悲の心からである。化土も第十九願、第二十願に酬報された世界なのである。

ここで親鸞は、自釈を書く。

> しかればそれ楞厳の和尚（源信）の解義を案ずるに、念仏証拠門の中に、第十八の願は「別願の中の別願」なりと顕開したまえり。『観経』の定散諸機は「極重悪人唯称弥陀」と勧励したまえるなり。濁世の道俗、善く自ら己が能を思量せよとなり。知るべし。
>
> （『真宗聖典』三三〇～三三一頁）

『往生要集』の念仏証拠門の中に、第十八の願は「別願の中の別願」つまり四十八願の中でも、特別の願だと言われている。

『観経』の定散諸機つまり定善や散善などの善行に励む人には、それを行わせ、このような行ができないことを自覚させるのである。

そして諸行・諸善に疲れて絶望の中にいる人たちに対して、己が極重悪人の者であり、そんなわれらには、「南無阿弥陀仏」と念仏して往生する、その道しかないことをわからせるのである。

これは、親鸞の実体験でもある。比叡山での親鸞は、源信ゆかりの横川で定善や散善を行じ念仏をも併修したのであろう。そしてそれが完遂できず深い絶望に陥ったと思われる。同時に親鸞は自らの性の問題にも悩んだであろう。そんな親鸞は、「極重悪人」であると自覚したのであろう。やがて下山して、「ただ念仏」を説く法然に出遇い、専修念仏者となった。こうした親鸞の体験をもあわせて考えると、定善や散善も無駄ではなかった。定散の善を真摯に実践して、それらの修行に絶望したがゆえに、「ただ念仏」の道に導かれたのである。

だから末法濁世に生きる者よ、自分がどういう者なのかをしっかり見つめよ、と呼びかけるのである。

ここで、諸行・定散と称名念仏との関係をあらためて知ることができる。「諸行は廃せむがために説き」あるいは「定散は廃せむがために説き」と法然は言った。親鸞は、それを実体験でうなずいたのである。しかし、諸行・定散が無駄に終わることはなく、そうした行は、「雑行を棄てて本願に帰す」貴重な道程であった。

法然の「廃立」の思想をベースに『観経』を読めば、親鸞の「隠顕」の考え方がわかる。次は「隠顕」について考えてみたい。

二、経典の隠顕

1 『大経』と『観経』の三心、そして「顕」としての定散の善

方便について、化仏と化土の意義を解釈した親鸞は、「『大経』の三心」と「『観経』の三心」が同じかどうか問答を立てるのである。

すでに学んできたように、親鸞は「信巻」の初めに、『観経』の三心つまり至誠心、深心、回向発願心を課題にする。善導が『観経疏』で書き、法然が『選択集』で善導の言葉を引用したからである。しかし、それを実践することは極めて困難である。親鸞が悩みに悩んだことは、「信巻」でわかるし、私もそのことについて第四章で述べてきた。親鸞は、「信巻」の中で、「『観経』の三心」を、「『大経』の三心」つま

り至心、信楽、欲生に重ね合わせて思索を進め、三心一心問答を書き、至心、信楽、欲生の三心こそが、天親の言う一心であり、これこそが、如来よりたまわった真実の信心であることを論証してきた。親鸞は、方便を示す「化身土巻」で、今度は、「『大経』の三心」と「『観経』の三心」が同じかどうか、論点を整理する必要に迫られたのであろう。

親鸞は、以下のように問答を立てる。

問う。『大本』(大経)の三心と、『観経』の三心と、一異いかんぞや。答う。釈家(善導)の意に依って、『無量寿仏観経』を案ずれば、顕彰隠密の義あり。「顕」というは、すなわち定散諸善を顕し、三輩・三心を開く。しかるに二善・三福は報土の真因にあらず、諸機の三心は自利各別にして利他の一心にあらず。如来の異の方便、欣慕浄土の善根なり。これはこの経の意なり。すなわちこれ「顕」の義なり。「彰」というは、如来の弘願を彰し、利他通入の一心を演暢す。達多・闍世の悪逆に縁って、釈迦微笑の素懐を彰す。韋提別選の正意に因って、弥陀大悲の本願を開闡す。これすなわちこの経の隠彰の義なり。

(『真宗聖典』三三一頁)

「『大経』の三心」と「『観経』の三心」が同じかどうかということに関して、『観経』には「顕彰隠密の義」があると親鸞は言う。「顕」は経典の表面に表されたことである。「顕」に対して、「彰隠密」は隠れた中に真実が彰かにされていることである。親鸞は「彰」または「隠」と表現する。ここの「隠」とさきほど述べた「顕」を合わせて「隠顕」の思想として注目されている。

『観経』の表面に説かれた行(顕)は、定善、散善などであり、往生する者について、三輩(上輩、中輩、下輩）の区別や、三心（至誠心、深心、回向発願心）を示している。けれども二善（定善、散善）や三福（世俗の善、小乗の善、大乗の善）は、真実の浄土たる報土に生まれる真の因ではない。三輩の各人が起こす三心は、各人がもつ条件や能力によって起こす自力の心である。それは万人平等ではないのである。これは如来からたまわる利他の一心ではなく、一切衆生が平等に救済される本願たる弘願（第十八願）とは異なる如来の方便である。

一切の衆生に「ただ念仏」で助かると言ってもなかなか信じないので、助かってほしいとの如来の心から、あえてこのような善根を示されたのだ。これが「顕」つまり『観経』の表面に表された心である。

2 『観経』の奥底に流れる「隠」としての真実

一方、「隠」すなわち「彰隠密」として、『観経』の隠された真実がある。これは如来の弘願を彰し、一切の衆生が「ただ念仏」により、平等に往生する道である。

『観経』には、頻婆娑羅王が息子の阿闍世によって殺され、王位を奪われる「王舎城の悲劇」の物語があるが、親殺しという阿闍世の悪行が、釈尊が浄土の教えを説く大きな機縁となった。その際、王妃韋提希が釈尊に教えを乞うなかで、韋提希自身に阿弥陀仏の浄土へ生まれることを願う心が起こったのである。ここに如来の利他の一心がはたらいている。

こうしたことからも親鸞は、『観経』は表面的には定散を説くように見えながら、その隠れた真実は、『大経』の第十八願の精神だと考えたのであろう。

法然が、「定散は廃せむがために説き、念仏三昧は立せむがために説く」と『観経』を読んだのだが、親鸞はそれをもとに、『観経』は、表面に表された行（顕）は定散に見えるが、奥底には隠された深いお心（隠）、本願念仏があると読んだのではないか。

私はこうも思う。『観経』を読み直すと、正宗文において次々と定散を説いているので、「顕」の意味では定散である。そして最後の流通文において、

仏、阿難に告げたまわく、「汝好くこの語を持て。この語を持てというは、すなわちこれ無量寿仏の名を持てとなり。」（『真宗聖典』一二二頁）

と、釈尊が阿難に言っている。これが「隠」と親鸞は考えたのではないか。親鸞がこのように考える大きなきっかけを与えたものが、『選択集』であると思う。法然は、『選択集』第十二章で、

釈尊、定散の諸行を付属したまはず。ただ念仏をもつて阿難に付属したまふの文（『岩波・選択集』一四〇頁）

と掲げて言う。

観無量寿経に云く、「仏、阿難に告げたまはく、汝よくこの語を持て。この語を持てとは、即ちこれ無量寿仏の名を持てとなり」と。同経の疏に云く、「仏告阿難汝好持是語といふより以下は、正しく弥陀の名号を付属して、遐代に流通することを明かす。上より来、定散両門の益を説くといへども、仏の本願に望むれば、意衆生をして一向に専ら弥陀仏の名を称せしむるにあり」と。（『岩波・選択集』一四〇～一四一頁）

『観経』は、釈尊が韋提希の求めに応じて定散の行を説くのであるが、最後に「南無阿弥陀仏」と称える称名念仏を阿難に付属したと、善導の言葉を引用して、法然が言っているのである。さらに法然は、次のような名文を記す。

> つらつら経の意を尋ぬれば、この諸行をもつて付属し流通せず。ただ念仏一行をもつて、即ち後世に付属し流通せしむ。まさに知るべし、釈尊の諸行を付属したまはざる所以は、即ちこれ弥陀の本願にあらざるの故なり。また念仏を付属する所以は、即ちこれ弥陀の本願の故なり。今また善導和尚、諸行を廃して念仏に帰せしむる所以は、即ち弥陀の本願たるの上、またこれ釈尊の付属の行なればなり。故に知んぬ、諸行は機にあらず、時を失す。念仏往生は機に当り、時を得たり。感応あに唐捐せむや。まさに知るべし。随他の前には、暫く定散の門を開くといへども、随自の後には、還つて定散の門を閉づ。一たび開いて以後、永く閉ぢざるは、ただこれ念仏の一門なり。弥陀の本願、釈尊の付属、意ここにあり、行者まさに知るべし。
>
> （『岩波・選択集』一五八～一五九頁）

法然が『観経』について一番言いたいことではないだろうか。念仏は阿弥陀仏の本願であり、釈尊の付属がある。諸行はそうではない。釈尊は、一時は聞き手の要求に応じて定散を説かれたが、やがて自らそれを閉じてしまわれた。永久に閉じられることがない教えは念仏の教えだけである。念仏のみが末法に生きるわれら凡夫にふさわしい行であり、誰にでも可能だからだ。法然の意気込み、息吹が伝わってくる。

『選択集』の付属を受け熟読した親鸞は、この文をもとに思索したのではないか。釈尊は、聞き手の韋提希の要求に応じて、定散をお説きになられた。息子阿闍世によって幽閉の身となったとはいえ、韋提希は気位の高い王妃であり、いきなり「ただ念仏」を説いても納得しないことを釈尊はお見通しであり、あえて定散を説かれた。しかし、『観経』最後の流通文で「汝好くこの語を持て。この語を持てというは、すなわちこれ無量寿仏の名を持てとなり」と、阿難に付属したのは念仏のみなのである。法然は、その根拠を、釈尊の付属だけではなく、阿弥陀仏の本願を挙げている。これこそ万人平等の救済の原理である。定散は各人それぞれに異なる能力別の修行なので、弥陀の本願ではない。

法然によれば、定散は廃するために釈尊が説かれたと言うが、親鸞は思ったであろう。なぜ『観経』には、定散が延々と説かれているのか。これは、表面に現れた「顕」の教えである。韋提希が浄土の教えに帰依するのは、釈尊が定散を説き、それによって歩もうと韋提希が思ったからではないか。だから定散も大きな意味があるのだ。そして『観経』の中で隠れた真実の心たる「彰隠密」(隠)は、如来の弘願たる本願念仏であり、如来が衆生を利してくださった一心なのである。

ここに、親鸞の「隠顕」の思想がある。法然が打ち立てた「廃立」の教義をもとに、親鸞が自らの研鑽と体験から隠顕の思想を打ち立てたと思う。そんなことを考えながら法然の『観無量寿経釈』を読み直すと、以下の言葉が目に留まり、私が思っていたことが確認できた。

この経の意は、定散の善根を説いて諸行の往生を明かすと雖も、その正意を論ずるに、正しく念仏往生にあり。

(『法然全集』第一巻　二二七〜二二八頁)

それとともに、この文から、法然にも隠顕の思想があったのかもしれないとも思った。何よりも、法然が『選択集』で引用する「定散両門の益を説くといへども、仏の本願に望むれば、意衆生をして一向に専ら弥陀仏の名を称せしむるにあり」という善導の言葉は、『観経』には定散の利益が説かれているが、仏の本願の意を思えば、一向に専ら称名念仏せよ、と言うのであるから、隠顕の思想の根拠は善導に由来するのかもしれない。

それはともかく、親鸞は、この問答を締めくくるにあたって、

『大経』『観経』、顕の義に依れば異なり、彰の義に依れば一なり。知るべし。

（『真宗聖典』三三二〜三三三頁）

と述べ、『大経』と『観経』は、表面的には異なるように見えるが、その奥底を流れる心は一つであるととらえるのである。

3　定散とは何か

さて、今まで定散と念仏についての関係を述べてきたが、そもそも定散とは何なのか、親鸞は善導の『観経疏』を引用して言う。

（玄義分）しかれば光明寺の和尚の云わく、しかるに娑婆の化主、その請に因るがゆえに、すなわち広く浄土の要門を開く。安楽の能人、別意の弘願を顕彰す。それ要門とは、すなわちこの『観経』の定散二門これなり。定はすなわち慮りを息めて、もって心を凝らす。散はすなわち悪を廃して、もって善を修す。この二行を回して、往生を求願せよとなり。弘願というは『大経』の説のごとし、といえり。

（『真宗聖典』三三三頁）

釈尊は韋提希の乞いに応じて浄土の要門を開かれた。要門とは『観経』の定散の二善である。つまり第十九願の心である。定善とは心を乱さず集中して浄土の姿を観ずることであり、散善とは、悪い行いを止め、善行をせよということである。弘願とは『大経』の説、つまり第十八願の精神である。

法然は、定散は廃するために説いたと言ったのに対し、親鸞は、善導の言葉を出して定散を要門と言う。心を乱さず集中して瞑想することや、心は乱れたままでも世間的な善行を行う。こういうところからしか宗教は始まらないのかもしれない。だから、要門と言う。仏道を歩む過程においてどうしても必要な門と私は受け止めている。しかし、そうした行為から弘願つまり第十八願に基づく本願念仏に入ってほしいと親鸞は願ったのであろう。

法然ももちろん、『観経疏』のこの文を何度も読んでいるはずである。法然にとっては、定散はあくまで、韋提希の要求に応じて説いたものとして廃することを主張したのだが、定散を廃するということは、どこかで定散を行じていなければ廃することはできない。比叡山で徹底して定散を修行したのが、法然であり親鸞であった。

4　正定の業と助業、そして雑行

親鸞は、そうした信心の過程をきっちり見つめ論じているのであろう。法然の廃立の教義の取捨選択は何なのか。「行巻」で親鸞は『選択集』三選の文を引用したことを述べた。もう一度要点だけ見つめると、「聖道門を閣きて、選びて浄土門に入れ」「雑行を抛ちて、選びて正行に帰すべし」「助業を傍にして、選びて正定を専らすべし」、この三つの選びを、法然は私たち衆生に求めるのである。

親鸞はここで『観経疏』を挙げ、正行(しょうぎょう)と雑行(ぞうぎょう)を明らかにし、正定(しょうじょう)の業(ごう)と助業(じょごう)との関係を示すのである。

> 次に行に就いて信を立てば、しかるに行に二種あり。一つには正行(しょうぎょう)、二つには雑行(ぞうぎょう)なり。正行と言うは、専ら往生経の行に依って行ずるは、これを正行と名づく。何ものかこれや。一心に専らこの『観経』・『弥陀経』・『無量寿経』等を読誦(どくじゅ)する。一心にかの国の二報荘厳(しょうごん)を専注し、思想し、観察し、憶念する。もし礼(らい)せば、すなわち一心に専らかの仏を礼する。もし口に称せば、すなわち一心に専らかの仏を称せよ。もし讃嘆供養(さんだんくよう)せば、すなわち一心に専ら讃嘆供養する。これを名づけて「正」とす、と。またこの正の中についてまた二種あり。一つには、一心に弥陀(みだ)の名号(みょうごう)を専念して、行住座臥に時節の久近(くごん)を問わず、念念に捨てざるは、これを「正定(しょうじょう)の業(ごう)」と名づく、かの仏願に順ずるがゆえに。もし礼誦(らいじゅ)等に依るを、すなわち名づけて「助業(じょごう)」とす。この正助二行を除きて、已外(いげ)の自余の諸善は、ことごとく「雑行」と名づく。
>
> （『真宗聖典』三三五頁）

この文は『選択集』にもそのまま引用されている（『岩波・選択集』二三～二四頁）。廃立の大事な過程であるからである。

正行は、「浄土三部経」を読誦し、阿弥陀仏と極楽浄土を思い浮かべる。阿弥陀仏を礼拝、讃嘆、供養する。阿弥陀仏の名号を称える。この中でも、阿弥陀仏の名号を称えることが「正定の業」なのである。そして「正定の業」以外の三部経読誦や讃嘆、供養などを「助業」とした。「助業」は単独では意味がなく、「正定の業」たる称名念仏を行いやすくするための助けとすることによってのみ正行になると、善導は思ったのであろう。そして、これら「正定の業」「助業」以外はすべて、「雑行」としたのである。

一〇一～一〇二頁で『四十八巻伝』を紹介したように、法然は苦闘しながら、比叡山黒谷で『観経疏』の「一心に専ら弥陀の名号を念じて、行住坐臥、時節の久近を問わず、念々に捨てざるもの、これを正定の業と名づく、かの仏の願に順ずるが故に」の文に出遇い、「我等がごとくの無智の身は偏にこの文をあふぎ、専このことはりをたのみて、念々不捨の称名を修して」歩んでいこうと決意したのである。

親鸞は、「信巻」でも『観経疏』の文を挙げているが、「化身土巻」のここの文のほうが、助業を詳しく引用している。廃立の中身を明らかにするためであろう。

法然は、助業すらあまり関心がなかったようだ。「ただ念仏」の「正定の業」は「かの仏願に順ずるがゆえに」と本願に基づくが、助業は本願による根拠がないからであり、最終的に「廃」すべきものであるからである。

親鸞がこの『観経疏』の文を引用するのは、助業、雑行という法然が言う「廃」を明らかにすることにより、「立」の称名念仏の意義を鮮明にしようと思ったのではないだろうか。

親鸞は、さらに念仏以外の行を行う者は、どうなるのかということを『往生礼讃』から引用する。

> （往生礼讃）また云わく、もし専を捨てて雑業を修せんとする者は、百は時に希に一二を得、千は時に希に五三を得。何をもってのゆえに。いまし雑縁乱動す、正念を失するに由るがゆえに、仏の本願と相応せざるがゆえに、教と相違せるがゆえに、仏語に順ぜざるがゆえに、係念相続せざるがゆえに、

憶想間断するがゆえに、回願慇重真実ならざるがゆえに、貪瞋諸見の煩悩来り間断するがゆえに、慚愧懺悔の心あることなきがゆえに。　（『真宗聖典』三三七頁）

「ただ念仏」の専修念仏ではなく、念仏以外の多くの修行をする者の中で往生した者は稀で、百人のうち一人か二人ぐらいしかいない。なぜなのか。さまざまな雑多な行に縁があるため信心が得られないのだ。本願にかなっていないし、釈尊の教えと異なり、仏語に順っておらず、いろいろな思いに惑わされるからである。このような理由を挙げて、念仏以外では往生できないと言う。

『往生礼讃』からの引用は一〇三頁、「行巻」でも見たように、

もしよく上のごとく念念相続して、畢命を期とする者は、十即十生、百即百生なり。何をもってのゆえに。外の雑縁なし、正念を得たるがゆえに、仏の本願と相応を得るがゆえに、教に違せざるがゆえに、仏語に随順するがゆえなり、と。已上　（『真宗聖典』一七四頁）

となっており、称名念仏の者は、十人は十人とも往生し、百人は百人とも往生することを述べる。つまり一人も救いからもれないことを記し、それは本願と仏語に順じているからだと言う。『往生礼讃』では、「行巻」で引用した右の文の次に、さきほどの引用文が出てくる。『選択集』では同じ箇所にすべて引用されている（『岩波・選択集』三七～三八頁）。

親鸞は、称名念仏こそが真実の行なのでその部分を「行巻」で引き、それ以外のさまざまな行は真実の行でないために、「化身土巻」で引いたのであろう。ここでも、何を廃し何を立するかが鮮明である。法然の廃立は、親鸞にとっての方便と真実、そして隠顕と重なる部分が多いと思う。

5 「浄土三部経」の真実と方便

さらに読み進むと、親鸞のとても長い御自釈が出てくる。私が注目したところのみ述べてみたい。

> しかるに今『大本』（大無量寿経）に拠るに、真実・方便の願を超発す。また『観経』には方便・真実の教を顕彰す。『小本』（阿弥陀経）には、ただ真門を開きて方便の善なし。ここをもって三経の真実は、選択本願を宗とするなり。また三経の方便は、すなわちこれもろもろの善根を修するを要とするなり。
>
> （『真宗聖典』三三八～三三九頁）

ここは「浄土三部経」の真実と方便を表した文で、『大経』には真実と方便がある。真実の願は第十八願、方便の願は第十九願と第二十願である。『観経』は定善と散善が方便だが、今まで述べてきたように彰隠密として弘願真実がある。『阿弥陀経』は、方便の善がなく念仏のみである。「浄土三部経」の真実は選択本願が核心である。つまり弥陀が衆生のために選んでくださった「ただ念仏」の本願の心である。ここには衆生の起こす自力は必要ではない。しかし、衆生が本願を信じないため、経典には方便として善根を修することが説かれているのである。

『観経』と重ね合わせながら、方便として第十九願を見てきた親鸞は、ここであらためてなぜ第十九願があるのかを見つめる。第十九願は定散の善根を表しながら、それそのものに価値があるのではなく、「ただ念仏」の本願の世界に入ってくれよ、助かってくれよとの、弥陀のやるせない願いが表れている。だから親鸞は言う。

> またこの『経』に真実あり。これすなわち金剛の真心を開きて、摂取不捨を顕さんと欲す。しかれば

濁世能化の釈迦善逝、至心信楽の願心を宣説したまう。報土の真因は信楽を正とするがゆえなり。ここをもって『大経』には「信楽」と言えり。如来の誓願疑蓋雑わることなきがゆえに「信」と言えるなり。『観経』には「深心」と説けり。諸機の浅信に対せるがゆえに「深」と言えるなり。『小本』には「一心」と言えり、二行雑わることなきがゆえに「一」と言えるなり。また一心について深あり浅あり。「深」とは利他真実の心これなり、「浅」とは定散自利の心これなり。

（『真宗聖典』三三九～三四〇頁）

親鸞は、『観経』を、単に「顕」として表面に表された方便の定散ばかりが説かれたのではなく、その奥底には「隠」として、金剛の信心を説いて、他力念仏の行者を摂取して決して捨てない本願の誓いを明らかにしようとされたと読んだのである。だから釈尊は、『大経』の第十八願、至心信楽の願のお心を説かれた。報土へ往生する真の因は信楽、つまり阿弥陀仏から回向された真実信心である。これこそ疑蓋がまじることがないからである。親鸞は、この真実の信心が、『観経』の「深心」だと考えたのである。さまざまな人々が、その能力や立場によって形成した信心は浅い信心と考え、それに対して「深」と言っている。親鸞は、信楽が深心であることを確信したのであろう。

このほか、『阿弥陀経』には「一心」と記されている。『阿弥陀経』は、念仏だけが説かれているから一心と言う。『阿弥陀経』は「ただ念仏」の経典であり定散は説かれていない。法然もこの経典を高く評価している。

しかし、経典の字面が、「ただ念仏」であったとしても、実践する側がそう認識しているとは限らない。

親鸞はそれを見抜いた。だから一心に「深」「浅」がある。「深」とは如来が回向された利他真実の心であるが、「浅」とは定散自力の心である。表向きは「ただ念仏」だが、念仏そのものを、弥陀からいただいた他力信心としてではなく、自己の善根としている心である。これは、同時代の人々、とりわけ法然の門下に見られた。一念多念の争いもそうだが、念仏を自己の善根と見なすからこうなるのである。そして親鸞自身、自己の念仏がそうなっていないか、ほんとうに真実信心の念仏となっているのか、自らに問うてきたのである。これらのことは、第二十願の箇所で学んでいこう。

6　聖道門と浄土の真宗

親鸞にとっては、如来からたまわった信心が現れたものが念仏であり、定散は、そこへ導くものである。定散等の諸善そのものに価値があるのではなく、「ただ念仏」に引き入れるためである。その一点をくずすと隠顕の思想は意味をなさないし、「何でもあり」の現状肯定の信仰に陥る危険性すらあると思う。同時に、定散は凡夫にとって困難極まりないことなのである。親鸞は善導の言葉を引いて、「術通なき人の、空に居て舎を立てんがごときなり」(『真宗聖典』三四一頁)とまで言うのである。親鸞は、定散は真実信心に向かうための要門と言いながらも、やはり、法然の「定散は廃せむがため」の語を深く考えたのではないか。そして『選択集』「三選の文」と関連して、聖道門と浄土門について述べる。それとともに、さきほど記した助業と雑行をもう一度見つめている。

「門余」と言うは、「門」はすなわち八万四千の仮門なり、「余」はすなわち本願一乗海なり。おおよそ一代の教について、この界の中にして入聖得果するを「聖道門」と名づく、「難行道」と云えり。この門の中について、大小、漸頓、一乗・二乗・三乗、権実、顕密、竪出・竪超あり。すなわちこれ自力、利他教化地、方便権門の道路なり。安養浄刹にして入聖証果するを「浄土門」と名づく、「易行道」と云えり。この門の中について、横出・横超、仮・真、漸・頓、助・正・雑行、雑修・専修あるなり。「正」とは五種の正行なり。「助」とは名号を除きて已外の五種これなり。「雑行」とは正助を除きて已外をことごとく雑行と名づく。これすなわち横出・漸教、定散・三福、三輩・九品、自力仮門なり。「横超」とは、本願を憶念して自力の心を離るる、これを「横超他力」と名づくるなり。これすなわち専の中の専、頓の中の頓、真の中の真、乗の中の一乗なり、これすなわち真宗なり。

(『真宗聖典』三四一～三四二頁)

仏教には八万四千の教えがある。親鸞はこれらを仮門と言う。法然にとっては「廃せむがため」に説かれたのであろうが、親鸞は仮の門と考えたのだから、これを縁に「ただ念仏」の本願一乗海に入ってほしいと願ったであろう。釈尊が生涯にわたって説かれた教えの中で、この世で聖者になりさとりを得るのが、「聖道門」であり、同時に「難行道」だ。そして聖道門をさらに細かく説明している。これも親鸞にとっては仮の門である。これに対して、浄土へ往生してさとりを得るのが、浄土門であり易行道だと言うのだ。法然が出るまでは、「聖道門」が仏道の本道であり、「浄土門」は「易行道」なので、劣った者のために用意された方便だったのだ。法然は誰にもできないような「難行道」は真の仏道ではないと、これまでの価値観を逆転させ、「聖道門を閣いて、浄土門に選入すべし」と言った。親鸞はそれを継承しながらも、少しニュアンスが異なる。聖道門は仮門である。浄土門に入るまでにどうしても通らざるを得ない道である。

『浄土和讃』で親鸞は詠う。

聖道権仮の方便に
　衆生ひさしくとどまりて
　諸有に流転の身とぞなる
　悲願の一乗帰命せよ

（『真宗聖典』四八五頁）

聖道門を権仮の方便だと記すが、これは従来の仏教観をくつがえす法然の視座に立っている。けれども親鸞にとっては、真実に入るために通らなければならない道であった。これは比叡山での実体験であろう。しかし、いつまでも方便である聖道門にとどまっているから迷い続けるのである。だから弥陀の大慈悲の願いを聞き、すべての人が救われていく「ただ念仏」の道に帰依してほしいと親鸞は言うのである。

親鸞は、浄土門も、横出・横超、仮・真、漸・頓、助・正・雑行、雑修・専修の区別があると言う。

「正」とは五種の正行で、三五四頁で述べたように阿弥陀仏を観察したり「浄土三部経」を読誦したりする五種の行で、その中でも「南無阿弥陀仏」と名号を称えることが正定の業である。「助」とは助業で、阿弥陀仏の名号を称えること以外の正行を言う。そして正定の業と助業以外のすべてを雑行と言うのだ。さきほどは善導の文でおさえ、ここでは自らもう一度確認している。

雑行は具体的には「横出・漸教、定散・三福、三輩・九品」などで、これらの語は今まで出てきたので述べないが、親鸞は自力の仮門であると言う。法然没後の有力門下がこういう行をしていたので、親鸞はそうした人々に、このような行は自力の仮門だ、はやく自力の心を離れて本願に帰依し、「ただ念仏」に徹してほしいと言っているように思う。

親鸞が帰依してほしいと願う世界は「横超」である。横超は、本願を憶念する「ただ念仏」の世界である。各人の能力や条件で結果が決まる自力の心はない。だから『歎異抄』第一章では、「弥陀の誓願不思議にたすけられまいらせて、往生をばとぐるなりと信じて念仏もうさんとおもいたつこころのおこるとき、すなわち摂取不捨の利益にあずけしめたまうなり」と記されているのである。まさに「専の中の専」である「ただ念仏」であり、往生がすぐに定まる「頓の中の頓」、誰もが平等に往生できる「真の中の真、乗の中の一乗」なのである。「これすなわち真宗なり」と、師法然が明らかにしてくださった浄土の真宗は、こうした仏道にちがいない。親鸞の確信が読み取れる。

7 『阿弥陀経』に説かれた心

親鸞は、「『大経』の三心」と「『観経』の三心」が同じかどうか問答を終えた後、また問答を立てる。「『大経』と『観経』の三心」と「『阿弥陀経』の一心」は同じだろうか。

このことを述べる前に『阿弥陀経』はどのような経典なのかを述べておかなければならない。『阿弥陀経』は、無問自説の経典と言われ、誰からも問われていないのに、釈尊が舎利弗(しゃりほつ)に語られる。だから、古来、浄土往生を願う者が、出世本懐の経として大切にしてきた。釈尊が阿弥陀仏と浄土の荘厳を説き、往生の道として念仏の信心を勧め、このことが、十方の諸仏によって証誠（証明）されていることを説いている。その中で、『阿弥陀経』の一心はどういう文脈で描かれているか、まず紹介しておきたい。

> 舎利弗、少善根福徳の因縁をもって、かの国に生まるることを得べからず。
> 舎利弗、もし善男子・善女人ありて、阿弥陀仏を説くを聞きて、名号を執持すること、もしは一日、もしは二日、もしは三日、もしは四日、もしは五日、もしは六日、もしは七日、一心にして乱れざれば、その人、命終の時に臨みて、阿弥陀仏、もろもろの聖衆と、現じてその前にましまさん。この人、終わらん時、心顛倒せずして、すなわち阿弥陀仏の極楽国土に往生することを得ん。
> （『真宗聖典』一二九頁）

法然は、この文を、

> 念仏をもつて多善根とし、雑善をもつて少善根としたまふの文
> （『岩波・選択集』一六〇頁）

としている。法然にとって雑善は少善根であり、浄土に生まれることはできない。念仏こそが多善根である。廃立を核とする法然の思想では、定散や諸行を意味する雑善は「廃」で、言うまでもなく念仏が「立」である。

法然にとって、念仏は阿弥陀仏による選択の行だから、多善根であるということであるが、受け取り手によれば、弥陀の「選択」を忘れ、自力の念仏に陥る危険性が伴うのである。法然の死後、法然が捨てたはずの諸行を兼修して往生を目指す者のことを親鸞は第十九願の機であると批判するのであるが、念仏を自身の善根として行う者を第二十願の機ととらえたのである。『阿弥陀経』のここで挙げた文でも、名号

を一心不乱に、もしは一日あるいは二日または七日称えたならば、臨終に阿弥陀仏は来迎くださると記されている。

確かに『阿弥陀経』は念仏のみが説かれ、諸行は説かれていない。しかし教えは「ただ念仏」でも、実践する者すなわち機が問題だと親鸞は感じたのである。同時に、親鸞はそういった人たちを批判するだけではなく、そういう人たちも必ず、弘願真実の世界へ帰入するにちがいないとの深い願いを抱いたのであろう。

親鸞は、『阿弥陀経』の「名号を執持」の「執持」と、「一心にして乱れざれば」の「一心」に注目する。そこのところを順序は逆になるがまず確認したい。

『経』に「執持」と言えり、また「一心」と言えり。「執」の言は心堅牢にして移転せざることを彰すなり、「持」の言は不散不失に名づくるなり。「一」の言は無二に名づくるの言なり、「心」の言は真実に名づくるなり。（『真宗聖典』三四五頁）

称名念仏を執持し一心不乱に称えると読むのが『阿弥陀経』の一般的な理解であろう。ところが、親鸞は「執持」を、心が堅牢でうつろわず散失しないととらえ、「一心」を無二で真実と読む。いずれも、如来よりたまわる「真実信心」にほかならないと考えたのであろう。

8 『阿弥陀経』の隠顕

それでは、具体的に『阿弥陀経』の一心とは何か。『阿弥陀経』の隠顕をどうとらえたらよいのだろうか。親鸞の言葉に聞いていこう。

また問う。『大本』と『観経』の三心と、『小本』の一心と、一異いかんぞや。答う。いま方便真門の誓願について、行あり信あり、また真実あり方便あり。「願」とは、すなわち植諸徳本の願これなり。「行」とは、これに二種あり。一つには善本、二つには徳本なり。「信」とは、すなわち至心回向欲生の心これなり。「機」について定あり散あり。「往生」とは、これ難思往生これなり。「仏」とは、すなわち化身なり。「土」とは、すなわち疑城胎宮これなり。

（『真宗聖典』三四四頁）

ここが、『大経』と『観経』の三心と、『阿弥陀経』の一心と、同じなのか異なるのかという親鸞が発した問答である。

親鸞は、『阿弥陀経』を方便真門ととらえ、それぞれ行と信があると言う。その中にも、真実と方便がある。根拠となる願とは、第二十願の植諸徳本の願であり、「行」には、二種の名があると言う。善本と徳本である。南無阿弥陀仏の名号には、因位の法蔵菩薩が修行されたあらゆる善を修めるから善本と称し、果位の阿弥陀如来の万徳を具しているから徳本と称しているのであろう。ここで親鸞は、善本、徳本を自力の念仏と受け止めている。弥陀が修し成し遂げてくださった善本、徳本を自分の善行として念仏するからである。だからその「信」とは、「至心回向欲生」の心だと親鸞は言う。

「真実の信」は、「至心信楽欲生」で、すべて弥陀がつくってくださり、回向は弥陀から衆生に回施されたものであることを「信巻」で学んだが、ここでは衆生が、至心に念仏を称え、称えた念仏を回向して往生を願うからである。この願の「機」について言えば、これは定善と散善に分かれる。

第十八願に基づく真実の信心は弥陀からたまわった信楽であるから、衆生個々人の行為や心の状態とは無関係である。ところが、第二十願の機は、第十九願のような諸行往生ではなく念仏往生であるものの、信心を弥陀からたまわった信心とは受け止められず、念仏も自身の善行として行うあり方である。

第二十願の機は、「ただ念仏」のようだが、心は第十九願的な定散を含んでいる。だからこの人たちの往生は、難思往生であり、第十八願の難思議往生と区別している。

そして、ここでの「仏」とは、「命終の時に臨みて、阿弥陀仏、もろもろの聖衆と、現じてその前にましまさん」と来迎される仏であり、「真仏土巻」で書かれたような真仏ではなく化身である。浄土も「真仏土巻」で示された真土ではなく疑城胎宮たる化土である。

さらに親鸞は、『観経』に準じて考え、『阿弥陀経』にも隠顕があると言う。

> 『観経』に准知するに、この経にまた顕彰隠密の義あるべし。「顕」と言うは、経家は一切諸行の少善を嫌貶して、善本・徳本の真門を開示し、自利の一心を励まして、難思の往生を勧む。ここをもって『経』（襄陽石碑経）には「多善根・多功徳・多福徳の因縁」と説き、『釈』（法事讃）には「九品ともに回して、不退を得よ」と云えり。あるいは「無過念仏往西方　三念五念仏来迎」と云えり。これはこれこの経の顕の義を示すなり。これすなわち真門の中の方便なり。
> （『真宗聖典』三四四〜三四五頁）

『観経』に準じて、『阿弥陀経』の「顕」というのは、釈尊はすべての諸行を少善根として退け、善本・徳本の真門を開示してくださり、一心不乱の自力の念仏を励まして、難思往生を勧めていることである。さらに中国湖北省の襄陽にあった『阿弥陀経』石碑には「多善根・多功徳・多福徳の因縁」と刻まれていることを述べる。法然も襄陽の碑文を高く評価して『選択集』に引用している（『岩波・選択集』一六二頁）。

法然は「多善根・多功徳・多福徳の因縁」という言葉に、念仏が諸行に勝れている根拠としている。しかし、同じ言葉を、親鸞は自力の念仏だと考えた。

ここから、法然と親鸞の活躍した背景がわかる。法然は、浄土門を独立させて、念仏が諸行に勝れていることを明らかにしたのであるが、親鸞は、一念多念の論争や、法然の弟子たちによる教義の変質に対応しなければならない。そういう面で自力の念仏をも批判せざるを得なかったのであろう。

『法事讃』には、さまざまな散善、九品の機が、みんな回心して不退転を得よ、と書かれている。念仏して西方浄土へ往くに勝るものはない。三遍五遍の念仏でも阿弥陀仏は来迎くださるという。このように念仏して来迎にあずかるのは自力の念仏である。これは『阿弥陀経』の「顕」つまり表面に現れた教えである。親鸞は「真門の中の方便」だと言う。教えは「ただ念仏」であり、諸行ではない。しかし念仏を自己の善根として来迎を願っているので、方便である。

しかし『阿弥陀経』も「顕」だけではなく、「彰隠密」つまり隠された真実の心がある。親鸞は言葉を続ける。

> 「彰」と言うは、真実難信の法を彰す。これすなわち不可思議の願海を光闡して、無碍の大信心海に帰せしめんと欲す。良に勧めすでに恒沙の勧めなれば、信もまた恒沙の信なり、かるがゆえに「甚難」と言えるなり。『釈』（法事讃）に、「直ちに弥陀の弘誓重なれるに為って、凡夫念ずればすなわち

生まれしむることを致す」と云えり。これはこれ隠彰の義を開くなり。

（『真宗聖典』三四五頁）

『阿弥陀経』の彰隠密つまり「隠」は、弘願真実の法である。これは凡夫の自力では信じ難い。不可思議の本願を明らかに示して、何ものにも妨げられない海のような、広く深い他力の大信心に帰入せしめようとされる如来の深いお心がある。

親鸞はここで「恒沙の勧め」という語を使う。『阿弥陀経』によると、念仏は全宇宙の恒沙（ガンジス川の砂）の数ほどおられる諸仏の証誠（証明）がある。これはまさに「行巻」で明らかにされた、法蔵菩薩の第十七願の心ではないか。十方の仏たちが、阿弥陀仏をほめたたえ称名する。親鸞はこれこそが、真実の行たる念仏の根拠であるとした。だから信もまた恒沙の諸仏が勧められた信心である。自分で何かを信じる信心ではなく、「如来よりたまわりたる信心」だと親鸞は味わったのであろう。だから、この信心を得ることは「甚難」と理解したのではないだろうか。

同時に『法事讃』を引用して、弥陀の本願が深重なので、私たち凡夫は「ただ念仏」すれば、すなわち往生が定まると述べる。これが、『阿弥陀経』の「隠」であり経典の裏に隠された真実だと親鸞は言う。ここでの念仏は、自力と善根の念仏ではないことがわかる。弥陀の弘願に基づき如来よりたまわった信心が声になった念仏なのである。

『阿弥陀経』は経典の字面（顕）だけ見れば自力の念仏を勧めているかのようだが、経典の奥底（隠）には、如来よりたまわった真実信心が表されている。親鸞は『観経』に続いて『阿弥陀経』にも隠顕があることを発見した。

三、果遂の誓いと三願転入

1 真門とは

『観経』だけではなく『阿弥陀経』にも隠顕があることを明らかにした親鸞は、『阿弥陀経』の心を記したという第二十願を述べる。まずは願文を見てみたい。

ここをもって『大経』の願に言わく、設い我仏を得たらんに、十方の衆生、我が名号を聞きて、念を我が国に係けて、もろもろの徳本を植えて、心を至し回向して、我が国に生まれんと欲わん。果遂せずは正覚を取らじ、と。

（『真宗聖典』三四七頁）

法蔵菩薩が誓願を建てられた。私法蔵が仏になったならば、あらゆる衆生が、私の名号を聞いて、浄土をひたすらに思い、さまざまな功徳の本である名号を称えて、称えた功徳を回向して、その功徳によって浄土に生まれたいと願うなら、その願いを果たし遂げさせよう。そうでなければさとりを開かない。こう誓われるのである。

この願は、第十九願のように諸行往生ではなく念仏往生である。しかし、第十八願のように、如来よりたまわる信心ではなく、名号を称えて、称えた功徳を回向して、浄土に生まれたいということであり、称えるのも善行であり、その功徳も念仏者のもの、回向も衆生による回向である。そうなってくると、念仏それ自体が、修行となってくる。親鸞は、第二十願には、そういう自力性があることを発見した。

菩提心を起こして、さまざまな功徳を積む第十九願の道を成し遂げられなかった者、聖道門に挫折した者、あるいは定善や散善の道を実践しようとしてできなかった者にとっては、称名念仏で往生するという第二十願は、飛びつくような教えだったにちがいない。しかし、弥陀が衆生のために選択くださった念仏をも自分の力によると思い込む。そうすると、教えは「ただ念仏」であっても、心は定善や散善を行う心と同じようなものである。

親鸞は、こういうあり方を批判するが、同時にこのことは、親鸞の求道の過程そのものである。またこうも言える。一般的な浄土教の実践者はこういう念仏者ではないだろうか。いやそれよりもむしろ、第十九願的な人が多いのかもしれない。だから「ただ念仏」を選んだことを、真門と評価する。そしてその中身を考えるのである。それでは第二十願文の前に書かれている親鸞の自釈を読んでいこう。

> それ濁世の道俗、速やかに円修至徳の真門に入りて、難思往生を願うべし。真門の方便について、善本あり徳本あり。また定専心あり、また散専心あり、また定散雑心あり。「雑心」とは、大小・凡聖・一切善悪、おのおの助正間雑の心をもって名号を称念す。良に教は頓にして根は漸機なり、行は専にして心は間雑す、かるがゆえに雑心と曰うなり。「定散の専心」とは、罪福を信ずる心をもって本願力を願求す、これを「自力の専心」と名づくるなり。「善本」とは如来の嘉名なり。この嘉名は万善円備せり、一切善法の本なり。かるがゆえに善本と曰うなり。「徳本」とは如来の徳号なり。この徳号は、一声称念するに、至徳成満し、衆禍みな転ず、十方三世の徳号の本なり。かるがゆえに徳本と曰うなり。しかればすなわち釈迦牟尼仏は、功徳蔵を開演して、十方濁世を勧化したまう。

阿弥陀如来は、もと果遂の誓いを発して、諸有の群生海を悲引したまえり。すでにして悲願います。「植諸徳本の願」と名づく、また「係念定生の願」と名づく、また「不果遂者の願」と名づく。また「至心回向の願」と名づくべきなり。（『真宗聖典』三四六～三四七頁）

親鸞は、濁世に生きる私たちに、真門に入れと呼びかけている。これは「諸行を捨てて念仏せよ」という法然の教えと同じである。しかし念仏の教えについても方便があると親鸞は言う。ここは、法然と親鸞の違いかもしれないが、同時に二人が生きた時代と念仏者の状況の相違ではないだろうか。法然にとっては浄土門の独立が大きな仕事であり、念仏の質を問題にすることはさほど重要なことではなかったのであろう。しかし、親鸞が課題にしたことは、師法然が立てた教義の変質とどう向かい合うかである。法然が捨てたはずの諸行を行う者に対しては第十九願を挙げて批判するが、「ただ念仏」であっても、それを自らの善根か功徳のように勘違いする者がいる。善本、徳本は本来、弥陀がなされたものなのに、念仏者の功徳にしてしまう、そんな人が多いことを嘆くのである。

親鸞は定散雑心を批判する。「雑心」というのは、助業と正定の業の区別なく名号を称える。助業とは阿弥陀仏と浄土を観想したり阿弥陀仏を讃嘆・供養したりすることで、正定の業は本願に基づく「ただ念仏」。ここで親鸞が批判していることは、「ただ念仏」でも本願を信ぜず、自力の念仏となるあり方である。そうなると、念仏を数多く称えなければならないとか、清き心で称えなければならないとか、条件を求めるようになる。条件を求めれば、必ず救いからもれる人が出る。こうした自力の念仏は、教えは頓教ですぐに往生が定まるのに、実践する人は漸機で自力を離れることができず、速やかに往生が定まることが、うなずけないのである。行は「ただ念仏」だが心は雑善がまじっている。だから雑心と親鸞は言うのである。

親鸞は次に「定散の専心」を批判する。これは、罪を恐れ自己の善をあてにする心で、本願力を願い求める。これが「自力の専心」である。「ただ念仏」ではあるが、それを如来よりたまわる信心といただくことができずに、念仏を自己の善行にするのである。

「善本」とは阿弥陀如来の因位たる法蔵菩薩の嘉名（よき名）であり、法蔵菩薩が修行されたあらゆる善が円かにそなわっている一切の善法の本である。「徳本」とは法蔵菩薩が行を成し遂げた果位の阿弥陀如来の徳号である。この徳号は、一声でも南無阿弥陀仏と称念するとき、至徳が成満し、煩悩悪業の衆禍が功徳に転じていく、あらゆる仏にそなわる徳の名の根本である。だから徳本と言う。念仏することも法蔵菩薩が修行され阿弥陀仏になられたその名号がもとであり、阿弥陀仏が衆生のためにそうさせてくださったものなのに、それを自己の善行であるかのように念仏する姿勢で、自力の念仏である。しかし、念仏者のほとんどがこういう状態である。

だから釈尊は、念仏を称える功徳で、浄土に往生する功徳蔵を述べられ、濁世に生きるわれわれを導いてくださるのである。阿弥陀如来は、果遂の誓いを発して、「諸有の群生海」たるわれら衆生を悲引してくださり、こういう悲願たる第二十願があるのである。悲引、悲願、この「悲」の字からも、悲しみに満ちた如来のやるせない願いが感じられるではないか。自力念仏の者も、如来から回向された他力念仏の世界へ入ってほしい。いや入るにちがいない。親鸞の願いを感じるではないか。果遂の誓いというのは、第二十願の世界に入ったままではなく、「必ず第十八願の世界に入ってくれよ」との如来の願いであるとともに、入れずにはおられない如来の心である。

これが、第二十願文を引用する前に表した親鸞の御自釈の心であると私はうなずいている。

2　第二十願の積極面

今まで見てきたように、第二十願には二つの面があるように思う。一面では「ただ念仏」であり、諸行を捨てていること。もう一面では、念仏を称えながらも、第十八願の如来からたまわる信心がうなずけず、称名念仏を自己の善根にしていることである。

だから、引用文も、第二十願の願文から孤山（智円）の『阿弥陀経疏』までは念仏が諸行より勝れていることを示し、『大経』流通文以降は、真門の行者の自力性を批判するのである。

前者の引用文は、法然が『選択集』に引用した文と重なるところが多い。そこから読んでみよう。

『観経』に言わく、仏、阿難に告げたまわく、「汝好くこの語を持て。この語を持てというは、すなわちこれ無量寿仏の名を持てとなり」と。已上　（『真宗聖典』三四八頁）（『岩波・選択集』一四〇頁）

また云わく、「仏告阿難　汝好持是語」より已下は、正しく弥陀の名号を付嘱して、遐代に流通することを明かす。上よりこのかた定散両門の益を説くといえども、仏の本願の意を望まんには、衆生をして一向に専ら弥陀仏の名を称せしむるにあり、と。

（『真宗聖典』三五〇頁）（『岩波・選択集』一四〇〜一四一頁）

これらは三四九頁でも紹介したが、『観経』の中の「彰隠密」の真実である。それが具体的に語られているのが『阿弥陀経』であると、親鸞は感じたのではないだろうか。次の『観経疏』の言葉も『選択集』にも引用されている。

（定善義）光明寺の和尚の云わく、自余の衆行はこれ善と名づくといえども、もし念仏に比ぶれば、まったく比校にあらざるなり。このゆえに諸経の中に処処に広く念仏の功能を讃めたり。

（『真宗聖典』三四八頁）（『岩波・選択集』八八頁）

善導が言うには、諸行も善と言われるが、念仏に比べれば比較できないほど劣っている。そして同じく『観経疏』を引く。

（散善義）また云わく、また決定して「『弥陀経』の中に、十方恒沙の諸仏、一切凡夫を証勧して、決定して生を得」と深信せよ。

（『真宗聖典』三四九頁）（『岩波・選択集』九三頁）

『阿弥陀経』に、ガンジス川の砂の数ほどおられるあらゆる諸仏が、凡夫往生を証明している。三六七頁で示した御自釈「良に勧めすでに恒沙の勧めなれば、信もまた恒沙の信なり」という『阿弥陀経』の「彰隠密」につながる。親鸞はここでも、元照の文を引用して言う。

元照律師の『弥陀経義疏』に云わく、如来、持名の功勝れたることを明かさんと欲す。先ず余善を貶して少善根とす。いわゆる布施・持戒・立寺・造像・礼誦・座禅・懺念・苦行・一切福業、もし正信なければ、回向願求するにみな少善とす。往生の因にあらず。もしこの経に依って名号を執持せば、決定して往生せん。

（『真宗聖典』三五一頁）

この文も、念仏が諸行に勝れていることを明らかにしている。「布施・持戒・立寺・造像・礼誦・座禅・懺念・苦行・一切福業」と諸行を具体的に記している。そして「往生の因にあらず」と述べ、これらの諸行では往生できないと言う。

元照のこの言葉にふれると、三三〜三四頁で紹介した「念仏は易きが故に一切に通ず。〈中略〉それ造像起塔をもつて本願とせば、貧窮困乏の類は定んで往生の望を絶たむ」で始まる『選択集』のあの名文を思い浮かべる。法然は、このほか、智慧高才、多聞多見、持戒持律では往生できないと言う。誰もが実践できるものではないからである。そして「造像起塔等の諸行をもつて、往生の本願としたまはず。ただ称名念仏の一行をもつて、その本願としたまへるなり」で締めくくる。たぶん、親鸞も『選択集』の名文を思い浮かべて元照の言葉を引用したのではないか。

このあと孤山（智円）の『阿弥陀経疏』の文を引き、名号を保って忘れないことを訴える（『真宗聖典』三五一頁）。

ここまでが、念仏が諸行より勝れていることを示し、第二十願の積極的側面を示しているように思う。

3　真門の自力性

ここから後は、真門の者の自力性を示すのであろう。まず『大経』流通文と『涅槃経』を引用して、仏法を聞くことと、善き師（善知識）に出遇うことが難しいことを述べる。

『大本』（大経）に言わく、如来の興世、値い難く見たてまつり難し。諸仏の経道、得難く聞き難し。

菩薩の勝法、諸波羅蜜、聞くことを得ることまた難し。善知識に遇い、法を聞きよく行ずること、これまた難しとす。もしこの経を聞きて信楽受持すること、難の中の難、これに過ぎて難きはなけん。このゆえに我が法、かくのごとく作しき、かくのごとく説く、かくのごとく教う。当に信順して、法のごとく修行すべし、と。已上

『涅槃経』（迦葉品）に言わく、善知識、経の中に説くがごとし、「一切梵行の因は善知識なり。一切梵行の因、無量なりといえども、善知識を説けばすなわちすでに摂尽しぬ。」

（『真宗聖典』三五一～三五二頁）

ここのところは、次に記す『浄土和讃』を読むほうがわかりやすい。

如来の興世にあいがたく
　諸仏の経道ききがたし
菩薩の勝法きくことも
　無量劫にもまれらなり
善知識にあうことも
　おしうることもまたかたし
よくきくこともかたければ
　信ずることもなおかたし

（『真宗聖典』四八四～四八五頁）

上記の『大経』流通文と『涅槃経』からの引用文と、これらの和讃から推測して思うことは、仏法と善知識に出遇うことは、これほど難く稀なことであるのに、私親鸞は、法然という善き師に出遇え、真実の

仏法を聞くことができた、こんな嬉しいことはないとの報謝の気持ちでいっぱいである。

にもかかわらず、せっかく法然の説く専修念仏に出遇いながら、その教えを理解することなく、曲解したりする者がいることを嘆くのである。そうした人々を批判するだけではなく、自己の信心と念仏はどうなのか、問い直したにちがいない。

> 真に知りぬ。専修にして雑心なるものは大慶喜心を獲ず。かるがゆえに宗師（善導）は、「かの仏恩を念報することなし、業行を作すといえども心に軽慢を生ず。常に名利と相応するがゆえに、人我おのずから覆いて同行・善知識に親近せざるがゆえに、楽みて雑縁に近づきて、往生の正行を自障障他するがゆえに」（往生礼讃）と云えり。　（『真宗聖典』三五五～三五六頁）

親鸞は言う。「ただ念仏」でも、自力の心がまじる者は、大きな喜びの心を得ることができない。だから善導の言葉を引用し、このような者は、念仏しても仏恩に報いる思いはなく、念仏しながら驕り高ぶる心が起こると言う。念仏を自己の功徳のように思っているので、いつも名利を求めて「俺が、俺が」という自我のとらわれに心がおおわれていて、同行や善知識に親しみ近づくことがない。だから状況が変わると、念仏を乱すさまざまな悪縁に近づき、自己および他者が、往生する道を妨げると批判する。

親鸞が生きた時代の念仏者の姿が表れているではないか。念仏を己の功徳とするから、称える数や称える心を問題にしたりして、同行を見下す。

こうした批判は、同時に親鸞自身の自己凝視と無関係ではないと思う。法然に出遇い、雑行を棄てて本願に帰したはずなのに、自力の心がすたらない。関東での布教活動でもどこかに名利心を抱いている。

「信巻」で「悲しきかな、愚禿鸞、愛欲の広海に沈没し、名利の太山に迷惑して、定聚の数に入ることを喜ばず」と告白していることに通じると思う。親鸞はさらに語る。

悲しきかな、垢障の凡愚、無際より已来、助・正間雑し、定散心雑するがゆえに、出離その期なし。自ら流転輪回を度るに、微塵劫を超過すれども、仏願力に帰しがたく、大信海に入りがたし。良に傷嗟すべし、深く悲歎すべし。

（『真宗聖典』三五六頁）

「悲しきかな」、この一言に親鸞の悲嘆の気持ちが表れている。煩悩におおわれたわれら愚かな凡夫は、はかり知れない遠い昔から今日に至るまで、助業と正定業とが間雑し、定散の心がまじっているから、生死の迷いを離れるときがない。

法然は「ただ念仏」だと言ったのに、法然の門弟の多くは、念仏しながら、読誦、観察、供養などの助業も一緒に行わないと気がすまないのである。これがまさに定散の心なのである。『選択集』は、「選びて正定を専らすべし」と念仏のみを勧めるのに、それが不徹底だ。

ここは、法然の弟子たる親鸞自身を凝視している面も強い。越後から常陸に向かう折、佐貫で、天災と飢饉に苦しむ民衆を見るに見かねて、衆生済度のために「浄土三部経」の千部読誦を試みたこと、五十九歳のとき病床で『大経』を読み、佐貫でのことをも思い出し、そうした自力の心がすたっていないことを懺悔している。そうしたことが背景にはあるのだろう。

私たちは、助業と正定業とが間雑し、定散の心がまじって、念仏をしても、経典を読誦したほうがさらによいと思ってみたりして、自分の力をあてにしている。だから、生まれ変わり死に変わり流転し続け、時間だけは無限に過ぎていっても、阿弥陀仏の本願力に身をまかせ、如来よりたまわった信心の大海に入ることができないのである。ほんとうに悲しむべきことであり、深く嘆くべきであると重く受け止めている。

おおよそ大小聖人・一切善人、本願の嘉号をもって己が善根とするがゆえに、信を生ずることあたわず、仏智を了らず。かの因を建立せることを了知することあたわざるがゆえに、報土に入ることなきなり。
（『真宗聖典』三五六頁）

大乗の聖者も小乗の聖者もすべての善人も、如来が衆生のために選択してくださった本願の名号を、自分の善根として「南無阿弥陀仏」と称えている。自分の善根なので、もっと多く称えようとか、精神を集中して称えようということになる。そうすると無条件かつ平等の救済原理を逸脱するのである。

ここで親鸞が言っているのは、「大小聖人・一切善人」であり、悪人は含まれていない。ここを読むと『歎異抄』第三章の「善人なおもて往生をとぐ、いわんや悪人をや。〈中略〉そのゆえは、自力作善のひとは、ひとえに他力をたのむこころかけたるあいだ、弥陀の本願にあらず」の言葉が思い浮かぶのである。「自力作善のひと」は、ここでは、「本願の嘉号をもって己が善根とする大小聖人・一切善人」である。その人たちは、他力の信心を得ることができず、仏の智慧のはたらきを知ることができない。なぜ阿弥陀仏が本願を建立してくださったかにうなずくことができないので、報土に往生することがないと親鸞は嘆く。

また『歎異抄』の言葉がよぎる。阿弥陀仏の救済対象は「罪悪深重・煩悩熾盛の衆生をたすけんがため」（第一章）であり、「願をおこしたまう本意、悪人成仏のため」（第三章）なのである。そして『選択集』に記されている「一切衆生をして平等に往生せしめむがために、難を捨て易を取りて、本願としたまふ」そのこと一つが「ただ念仏」なのである。その念仏さえ、己が善根としたのでは、救済の論理が成り立たないのである。だから親鸞は、「報土に入ることなきなり」といましめるのである。『歎異抄』には「自力のこころをひるがえして、他力をたのみたてまつれば、真実報土の往生をとぐるなり」（第三章）と、そうした自力の心をひるがえしたならば真実報土に往生すると言っている。

親鸞は、第十九願が諸行往生であるに対し、第二十願は念仏往生であるが、その念仏になお自力性があるので、報土に往生できない、つまり化土にとどまると考えたのであろう。しかし、どこかにそういう真実信心でない者がいるというより、親鸞自身が悩み続けた自己の自力性である。そうした親鸞の悩みと求道体験が三願転入である。

4　三願転入と親鸞の求道体験

真実の信心は、第十八願でこれこそ、「如来よりたまわる信心」であると親鸞は考えてきた。このことは「信巻」で学んだ中心テーマである。「化身土巻」に入ってから、これまで第十九願の諸行往生、第二十願の自力念仏による往生を学んできた。これはまさに親鸞の思索と求道の道であろう。同時に真実信心を得る人が稀なので、如来が方便をつくってくださり、第十八願の真実信心に至る道程を示してくださったのである。

親鸞は語る。

> ここをもって、愚禿釈の鸞、論主の解義を仰ぎ、宗師の勧化に依って、久しく万行・諸善の仮門を出でて、永く双樹林下の往生を離る、善本・徳本の真門に回入して、ひとえに難思往生の心を発しき。しかるにいま特に方便の真門を出でて、選択の願海に転入せり、速やかに難思往生の心を離れて、難思議往生を遂げんと欲う。果遂の誓い、良に由あるかな。ここに久しく願海に入りて、深く仏恩を知れり。至徳を報謝せんがために、真宗の簡要を摭うて、恒常に不可思議の徳海を称念す。いよいよこれを喜愛し、特にこれを頂戴するなり。
>
> (『真宗聖典』三五六～三五七頁)

親鸞は、インド、中国、日本の祖師方の導きにより、さまざまな自力の行や善を修めて往生を願う方便の要門(第十九願)を離れて、永久に双樹林下の往生を離れたと記す。双樹林下の往生、これは諸行往生で、定善や散善で往生を願う。そうすれば臨終に来迎があり往生するのである。双樹林下の往生は、釈尊の臨終が沙羅双樹の下であったからこの名がある。親鸞も当初は諸行往生を願ったことはまちがいない。そこから念仏往生の道に入るが、親鸞が「化身土巻」を書いている時点で振り返ると、その念仏も、自力の念仏であった。親鸞は語る。阿弥陀仏の善本・徳本をも己の善根として自力の念仏を称える方便の真門(第二十願)に入り難思往生の心を起こした、と。それにもかかわらず、まぎれもなく、方便の真門を出て、阿弥陀仏が選択してくださった本願の海(第十八願)に転入させていただいた。親鸞は、難思往生の心を離れて、難思議往生を遂げようと思うと記す。阿弥陀仏が第二十願で果遂の誓いをたてられたことは、ほんとうに深いわけがあると親鸞は感慨深く言う。何と阿弥陀仏は深いお心なのか。第二十願に入ったものを第十八願に導いて往生せしめる。親鸞の静かではあるが深い喜びが読み取れるのである。

親鸞はさらに語る。本願の海に入って深く仏の恩を知るばかりであり、仏の至徳に報謝したいがために、浄土の祖師たちによって明らかにされた浄土の真実の教えの簡潔で要を得た言葉を集めて、海のような仏徳をおさめる「南無阿弥陀仏」の名号を常に称えている。そして念仏をすることにより、ますますこれを喜び、つつしんで本願と名号をいただくのである。親鸞が苦悩の中で求道し、雑行を棄てて本願に帰し、歓喜の心を味わい、報謝の気持ちに溢れた様子がわかる名文だと思う。

三願転入は「化身土巻」前半のクライマックスとも言える。第十九願、第二十願の方便を語った親鸞は、まさにそういう道を歩んできたと告白するのである。

三願転入は、親鸞自身の求道の歩みである。第十九願の諸行は比叡山で行ったことだけははっきりしている。それではどこで第二十願に入ったのか。あるいは第十八願に転入したのはいつなのか。これはさまざまな説があり、そうした諸説を見つめてみたが、どれも、どこかすっきりしない。私は、親鸞がこの「化身土巻」を書きながら振り返った体験であり、具体的に時期は確定できないと思う。

それから、三願転入を宗教的な深まりの段階のように論じられていることにも疑問を感じずにはいられない。三つの願は優劣ではない。

三願転入と言うと難しく聞こえるが、雑行を棄てて本願に帰する、つまり自力を捨てて他力に帰する、ということである。その一点を見失うと意味をもたなくなってしまう。

法然は廃立を強調したが、親鸞にとって、三願転入は廃立の過程ではないかと思ったりする。それだけ雑行を棄てること、すなわち「ただ念仏」に徹するのは難しいのである。

それから、本願に帰する念仏者にとって、三願転入は誰にでも起こりうる過程なのであろうか。これも難しい問題である。

私は、三願転入は親鸞独自の思想で法然にもない考えだと思ってきたが、親鸞が集めた法然の遺文集たる『西方指南抄』は、第十九願について、

第十九の願は、諸行之人を引入して、念仏之願に帰せしめむと也。

（『真宗聖教全書』四　拾遺部上　一三三頁）

と書かれていることに気がついた。諸行の人（第十九願の機）を、念仏の願（第十八願）に引き入れさせるためだと言う。法然は、諸行は廃せよ、念仏は立せよと、廃立を強調するが、第十九願文を、このように考えていたことにはおどろいた。それなら、法然は第二十願をどうとらえているのか関心が湧き、法然の著作、消息から調べてみたが、今のところ定かではない。けれども、『西方指南抄』の文とも関連させて、法然にも「転入」の教学的萌芽があったのかもしれない。このあたりは今後の学びの課題にしたい。

もう一つ注目するのは、何度も述べてきた『選択集』の三選の文との関係である。法然は、廃立の中で、①「選びて浄土門に入れ」、②「選びて正行に帰すべし」、③「選びて正定を専らすべし」、そして「正定の業とは、すなわちこれ仏の名を称するなり」と結んでいる。法然は、三選の根拠を、願文を挙げて示しているわけではないし、三選と三願は一致しない。またここでの選びはわれわれ一人ひとりの自覚ある選びであろう。「弥陀の選択」した念仏をわれわれが受け入れるか否かを選ぶのである。それには過程があ

る。法然自身にも廃立に至る過程があったのであろう。

親鸞にとっての廃立の過程が三願転入であり、第十九願も第二十願も親鸞自身のためにに弥陀がつくってくださり、如来のはたらきで、第十八願の「選択の願海」に転入できた喜びを記していると私は思うのだが、いかがであろうか。

第八章　時代認識と神祇について——「化身土巻」〈後〉

一、親鸞の時代認識と末法の比丘

1　末法と聖道・浄土の決判

『教行信証』の学びの中で「化身土巻」があまり大事にされていないことを第七章の初めに述べたが、それでも比較的学ばれてきたのは、三願転入までであり、それ以降は十分に学ばれているとは言えないと思う。ここから始まるのは、聖道門・浄土門の決判、戒律についてのこと、そして神祇や諸宗教に対する態度などである。

聖道門・浄土門の決判から話を進めていこう。親鸞は記す。

信に知りぬ、聖道の諸教は、在世正法のためにして、まったく像末・法滅の時機にあらず。すでに時を失し機に乖けるなり。浄土真宗は、在世・正法・像末・法滅、濁悪の群萠、斉しく悲引したまうをや。

（『真宗聖典』三五七頁）

聖道門の教えは、釈尊の在世時や正法の時代にのみ適したものであり、像法や末法、法滅の時代にはふさわしい教えとは言えない。時代とその中で生きる人間に合わないのである。それに対して、浄土真宗は、弥陀の慈悲をもって、すべての時代の煩悩に汚された人々を等しく浄土へ導く教えである。親鸞はさらに言う。

　しかるに正真の教意に拠って、古徳の伝説を披く。聖道・浄土の真仮を顕開して、邪偽・異執の外教を教誡す。如来涅槃の時代を勘決して、正・像・末法の旨際を開示す。

（『真宗聖典』三五八頁）

如来が示された真実の心をもとに、高僧方が説かれてきた教えによって、聖道門と浄土門の真実と方便を明らかにして、偽りで邪な外教を戒めようと。

同時に、釈尊が入滅された年から、正法、像法、末法の区別を明らかにしようと言うのである。

ここで簡単に、仏教における五時史観を述べておきたい。在世、正法、像法、末法、法滅である。在世は釈尊がおられた時代である。正法の時代は、釈尊がおられなくとも教えがあり、教えに基づく行が行われ、その結果、さとりに至る者がいる。像法は教えと行があるが、もはやさとりを得る人はいない。末法は教えのみ存在するが、行ずる者も、さとりを得る者もいない。そしていずれは法滅と言って、教えすらなくなる時代が到来する。これが五時史観であり、親鸞もこの史観に基づいて教義を立てていくのである。

親鸞は、道綽の『安楽集』を引用して、

　もし機と教と時と乖けば、修し難く入り難し。

（『真宗聖典』三五八頁）

と言い、教法については、時代と人間の素質を考えてそれによく相応することが大事であり、それに不相応な仏道は成就することが難しいと言い、末法には末法にふさわしく、凡夫には凡夫にふさわしい教えを実践しなければならないと言うのである。『安楽集』からの引用は続く。

> また云わく、『大集経』に云わく、「我が末法の時の中の億億の衆生、行を起こし道を修せんに、未だ一人も得るものあらじ」と。当今、末法にしてこれ五濁悪世なり。ただ浄土の一門ありて通入すべき路なり、と。已上　（『真宗聖典』三五九頁）

ここは、法然も『選択集』第一章で引用し（『岩波・選択集』一〇頁）、「聖道を捨てて浄土に帰す」根拠としているが、末法の時代には、多くの人々が修行に励んでも一人としてさとりを得る者はない。今は五濁悪世の末法であり、浄土門だけが成就する仏道だと示している。

ここで、親鸞は自釈を書く。

> しかれば穢悪・濁世の群生、末代の旨際を知らず、僧尼の威儀を毀る。今の時の道俗、己が分を思量せよ。　（『真宗聖典』三五九～三六〇頁）

ここは、親鸞が聖道門とその外護者である朝廷など為政者に強く言っているように思うし、承元の法難などたび重なる法難を思い、弾圧者に怒りながら己の主張を述べているようにも思う。今は末法である。われわれは、悪に穢れ、濁り切った世を群れるように生きるしかすべがないような者である。そういう時代認識や人間理解もなく、僧尼が戒律を犯したと言って、専修念仏弾圧の根拠のように言うが、僧侶もそうでない人も、「穢悪・濁世の群生」として生きる者だと言う。そして聖道門と為政者に、末法に生きている身だということを思い知れ、と言うのだ。親鸞の叫びが聞こえるではないか。

親鸞はここで末法について、以下のように述べる。

三時教を案ずれば、如来般涅槃の時代を勘うるに、周の第五の主、穆王五十一年壬申に当れり。その壬申より我が元仁元年甲申に至るまで、二千一百八十三歳なり。また『賢劫経』・『仁王経』・『涅槃』等の説に依るに、已にもって末法に入りて六百八十三歳なり。（『真宗聖典』三六〇頁）

釈尊が入滅された年を、中国暦に直すと、周王朝の穆王五十一年（紀元前九四九年）になり、その時から、親鸞が『教行信証』を著述している元仁元年（一二二四年）まで二一八三年が経っている。『賢劫経』『仁王経』『涅槃経』の説では、末法に入って六八三年になると親鸞は記した。ただし親鸞の暦の数え方では十年の誤差があることも事実だが、親鸞はこのように考えたのである

この考え方では、正法が五百年、像法が千年となる。一方当時は、正法千年、像法千年の説が多く、法然も後者の説をとる。後者であれば平安時代中期の一〇五二年に末法に入ったことになるが、親鸞の考えでは五五二年から末法に入っている。真偽はともかく『日本書紀』によると、欽明天皇十三年（五五二年）、百済の聖明王の使いによって経典と仏像がもたらされたという。これが仏教伝来とされ、そうすると、日本仏教伝来の年に末法に入ったことになる。日本仏教そのものが末法の仏教なのである。余談ではあるが、親鸞の聖徳太子に対する尊崇の気持ちも、こうした親鸞の仏教史観とは無関係ではないかもしれない。だから在家仏教者の太子を「和国の教主」と仰いでいたのであろう。

親鸞にとって、仏教は在家者のためでなければならず、凡夫が救われていく道こそが真の仏道である。これゆえ、浄土門こそが、時機相応の仏教だという確信があった。だから、仏教伝来以来、南都六宗、天

台宗、真言宗などの聖道門仏教が隆盛であっても、それは時機に合わない方便であり、法然の専修念仏すなわち浄土宗の独立をもって、真実の仏教の開顕と考えたのであろう。私はそうした意味で、「正信偈」に記されている「本師源空明仏教」の「明仏教」に深い意味を感じる。

親鸞が記している「我が元仁元年甲申」（一二二四年）という年にもふれておきたい。このとき『教行信証』の草稿が完成したとも言われる。この年には、比叡山延暦寺から専修念仏停止の奏上が出て、同年、後堀河天皇による専修念仏禁制の宣下が出された、親鸞は、法然とともに流罪になった承元の法難とも重ね合わせて、真の仏法とは、と考えたのであろう。おりしもこの年は法然の十三回忌でもあった。

2 末法と戒律

親鸞は、聖道・浄土の決判を述べるとともに戒律の意味を考える。それに関しては、最澄の『末法灯明記』のほぼ全文を引用する。

まず戒律について、末法と関連づけて述べられている。

しかればすなわち末法の中においては、ただ言教のみありて行証なけん。もし戒法あらば破戒あるべし。すでに戒法なし、何の戒を破せんに由ってか破戒あらんや。破戒なおなし、いかにいわんや持戒をや。

（『真宗聖典』三六二頁）

末法の時代には教えだけあって、それを行ずる者もなく、さとり（証）もない。戒があるから、破戒ということが起こるが、そもそも戒法がないのに、破戒などありえないし、持戒ということも存在しない。

極めてはっきりとした論法である。『末法灯明記』に注目したのは、親鸞が初めてではなく、法然が、「十一箇条問答集」において、

このたゝみあるにとりてこそ、やぶれたるかやぶれざるかといふことはあれ。つや〳〵となからむたゝみおば、なにとかは論ずべき。「末法の中には持戒もなく、破戒もなし。無戒もなし、たゞ名字の比丘ばかりあり」と、伝教大師の末法灯明記にかきたまへるうへは、なにと持戒・破戒のさたはすべきぞ。かゝるひら凡夫のためにおこしたまへる本願なればとて、いそぎ〳〵名号を称すべしと。云々　（『法然全集』第三巻　一七二〜一七三頁。原文はカタカナ）

と言い、戒律を畳にたとえて、畳があるから畳が破れるのであり、畳がなければ破れることはないと述べ、末法の世には、戒律そのものが存在しない。だから持戒も破戒もないと述べる。わかりやすい譬えではないか。末法には「たゞ名字の比丘ばかりあり」と、法然も『末法灯明記』に注目しているのだが、このように考える根本精神が、『選択集』の中で、

もし持戒持律(じかいじりつ)をもつて本願とせば、破戒無戒(はかいむかい)の人は定んで往生の望を絶たむ。しかも持戒の者は少なく、破戒の者は甚だ多し。　（『岩波・選択集』五三頁）

と述べられ、戒律を救いの条件としたならば、破戒、無戒の人は救われないと述べている。これは、三五〜三六頁ですでに述べたが、これこそが平等精神の仏道としての法然の真骨頂である。だから末法と言っても、単なるマイナスイメージだけではなく、戒律などの聖道門仏教の価値観から解放されるのである。末法には「たゞ名字の比丘ばかりあり」と言う法然のことも頭の片隅に置きながら、親鸞が無戒名字の比

丘についてどのように考えたのかを読んでいこう。

3　無戒名字の比丘

無戒名字の比丘とはそもそも何であろうか。もともと比丘とは戒を授けられた出家者のことである。だから、「無戒」と「比丘」は矛盾した概念である。しかし、末法において戒そのものがない。戒を破れば破戒であるが、末法の時代には戒そのものがないので破戒もない。だから無戒なのである。そうなると比丘は、袈裟を身に着け僧の形をした名ばかりの比丘ということになる。名ばかりの比丘というとマイナスイメージに思われようが、親鸞は、そこに積極的意味を見出したのではなかろうか。

親鸞が、『末法灯明記』を全文に近い引用をしてまで述べることは、無戒名字の比丘は、戒律を守ることによって国家や教団から認められている僧侶ではない。自らが仏法僧に帰依している名のりのみを根拠とする比丘である。

当時日本の仏教が、僧侶かどうかを定める基準は、まずは朝廷から認められていること、さらに教団が定めた戒律を守ることであろう。前者は国家の従属下となり、後者は権威づけと持戒の度合いを建前としたヒエラルキーであろう。そうした宗教観を否定したのが法然であった。

親鸞は自らの体験で、無戒名字の比丘を語っていると思う。二〇～二一頁で記したように、「僧にあらず俗にあらず」と「非僧非俗」を主張し、「「禿(とく)」の字をもって姓とす」と表明する。親鸞は、「非僧」と言いながら「非俗」と言う。教団から戒を受け国家から認められた僧ではないが、俗世間の価値観で生きる者でもないという名のりであろう。同時に袈裟を着け禿頭で仏道を歩む親鸞自らの姿を、無戒名字の比丘と重ね合わせているようである。親鸞は、引き続き『末法灯明記』を引用して語る。

ただし今論ずるところの末法には、ただ名字の比丘あらん。この名字を世の真宝とせん。福田なからんや。たとい末法の中に持戒あらば、すでにこれ怪異なり、市に虎あらんがごとし。これ誰か信ずべきや。

（『真宗聖典』三六二頁）

末法では、名字の比丘が、世の真の宝（真宝）であり福徳を耕す田（福田）である。逆に戒律そのものがない末法の中に持戒があれば、これこそ怪しげなことである。市場に虎が出現するようなものだ。

親鸞が言いたいことは、生活に根差した仏教を体現している人こそがこのうえない姿であり、真宝、福田なのである。戒律そのものがない末法の世で、いくら戒律を守っていると言っても、生きた仏教から外れているなら、無戒で生きながら教えを体現している人に及ばない。大事なことは、戒を保っているかどうかではなく、生活に根差した仏教が息づいているかどうかである。だから次の引用も興味深い。

また『賢愚経』に言わく、「もし檀越、将来末世に法尽きんとせんに垂んとして、正しく妻を蓄え子を俠ましめん、四人以上の名字僧衆、当に礼敬せんこと、舎利弗、大目連等のごとくすべし」と。

（『真宗聖典』三六六頁）

将来、末世において、仏法が滅ぼうとしているとき、妻がおり子どもを養っている四人以上の名字の僧たちを、釈尊の高弟である舎利弗や目連に対するように礼敬せよと言うのである。ここのところは、『正像末和讃』の「愚禿悲歎述懐」には、

無戒名字の比丘なれど
末法濁世の世となりて
舎利弗目連にひとしくて
供養恭敬をすすめしむ

（『真宗聖典』五〇九頁）

と詠っている。末法の時代は、戒律そのものがない。妻帯していようが独身であろうが、外形はどうでもよいのである。

法然は、「禅勝房伝説の詞」の中で以下のように述べる。

現世をすぐべき様は、念仏の申されん様にすぐべし。念仏のさまたげになりぬべくは、なになりともよろづをいとひすて丶、これをとゞむべし。いはく、ひじりで申されずば、めをまうけて申すべし。妻をもうけて申されずば、ひじりにて申すべし。

（平楽寺書店『昭和新修法然上人全集』四六二～四六三頁）

法然にとって仏弟子のあかしは念仏すること、それ一つである。「独身で生きるほうが念仏しやすければ独身で生き、妻帯したほうが念仏しやすければ妻帯しなさい」と言っている。禅勝房はその後、大工をしながら、念仏僧として教化を続けたという。「禅勝房伝説の詞」のようなことを、法然は、親鸞に対しても述べ、親鸞は最終的に妻帯に踏み切ったと思う。

このように、戒律至上主義は、全く時代に合わないのである。にもかかわらず、国家と聖道門仏教は、僧侶が戒律を守らないという口実で、専修念仏を弾圧するのである。こういう状況で次の文を読むと、臨場感が伝わってくる。

「もし破戒を打罵し、身に袈裟を着たるを知ることなからん罪は、万億の仏身より血を出だすに同じからんと。もし衆生ありて、我が法のために、剃除鬚髪し、袈裟を被服せんは、たとい戒を持たずとも、彼等はことごとくすでに涅槃の印のために印せらるるなり」（大集経）。乃至　（『真宗聖典』三六六頁）

もし、破戒の比丘だと打ち、罵り、その比丘が袈裟を着けていることを認めないならば、その罪は万億もの仏の体を傷つけ血を流す罪と同じであると。そして釈尊は、仏法を伝えるため、髪を剃り袈裟を着け僧となるならば、無戒名字のままで、涅槃の印があると言う。袈裟を着けている僧は、他者から見れば、末法の中に、仏道を歩む人がおり、涅槃への道が示されているからであろう。

ここは、承元の法難をはっきり意識して、親鸞は引用したのであろう。法然を流罪にしたばかりか、住蓮、安楽を処刑にした後鳥羽上皇たち「主上臣下」に言っているのであろう。あなたがたは、仏の体を傷つけ血を流す罪と同じ罪を犯していると。親鸞の法友である安楽が鴨川の畔で斬首された日を思い出しながら、親鸞は引用したのであろう。

さらに読み進むと、おどろくような文に出会う。

『大悲経』に云わく、「仏、阿難に告げたまわく、将来世において法滅尽せんとせん時、当に比丘・比丘尼ありて我が法の中において出家を得たらんもの、己が手に児の臂を牽きて、共に遊行して、かの酒家より酒家に至らん、我が法の中において非梵行を作さん。彼等酒の因縁たりといえども、この賢劫の中において、当に千仏ましまして興出したまわんに、我が弟子となるべしと。〈以下略〉」と云云。乃至　（『真宗聖典』三六六～三六七頁）

末法の世には、出家者が、わが子の手をひいて、酒場から酒場をめぐり歩くという。それでも釈尊はわが弟子であると言っている。これは衝撃的な文である。

親鸞は、無戒名字の比丘こそが、末法の仏弟子だと思いながら、そういう無戒で居直るのではなく、自分の姿を重ね合わせて引用しているようにも見える。親鸞が子連れで酒場へ行ったとは考えられないが、末法濁世に生きる私親鸞はそういう仏弟子なのだと。そこには末法濁世という今の世と、わが身自身に対する深い悲嘆が感じられる。しかし悲嘆も単なる卑下ではない。時代社会を悲しみながら、そのど真ん中を生きる仏弟子親鸞の姿である。

親鸞の曽孫覚如が書いた『改邪鈔』では、親鸞は常に、教信沙弥のごとく生きていきたいと言っていたという。

つねの御持言には、「われはこれ賀古の教信沙弥　この沙弥の様禅林の永観の『十因』（往生十因）にみえたり　の定なり」と云々　しかれば、縡を専修念仏停廃のときの左遷の勅宣によせましまして、御位署には愚禿の字をのせらる。これすなわち、僧にあらず俗にあらざる儀を表して、教信沙弥のごとくなるべしと云々　これによりて「たとい、牛盗とはいわるとも、もしは善人、もしは後世者、もしは仏法者とみゆるように振舞うべからず」とおおせあり。（『真宗聖典』六七九～六八〇頁）

私は、この文に、親鸞の生き方の本質を感じる。平安時代初期に活動した教信はもともと興福寺の学僧であったのだが、播磨の国賀古に隠遁して、昼夜を問わず称名念仏して人々に教えを説いた。教信の生活は自ら田畑を耕し、重い荷物を運ぶことをも生業にし、極めて貧しい生活をした。また同時に妻帯し子どもいたといわれる。教信が死ぬと彼の願い通り、遺体は鳥や獣に施されたという。

親鸞が「われはこれ賀古の教信沙弥の定なり」と言うほど模範とした教信こそ、「僧にあらず俗にあらず」の無戒名字の比丘である。だから戒律にどれほどの意味があるのかと思ったであろう。

戒律に価値を認めない親鸞にとって、最も大切な念仏と信心を表す文が出てくる。


かくのごとき一切沙門の中に、乃至一たび仏の名を称し、一たび信を生ぜんものの所作の功徳、終に虚設ならじ。（『真宗聖典』三六七頁）

仏道を歩む者の中で、一度でも念仏し信を得た者は、その功徳がむなしくならないと書かれている。『末法灯明記』の著者の心はわからないが、親鸞は、「行巻」「信巻」で述べた、「行の一念」「信の一念」ととらえたのであろう。真実の行と信の確認であろう。また法然が言う「現世をすぐべき様は、念仏の申されん様にすぐべし」「念仏為本」にもつながる。信を得て「南無阿弥陀仏」と声になる。この人こそが、末法に生きる真の仏弟子だと。そこにはもはや戒律は存在しない。

親鸞が引用する『末法灯明記』もいよいよ終わりを迎える。


これらの諸経に、みな年代を指して、将来末世の名字比丘を世の尊師とすと。もし正法の時の制文をもって、末法世の名字僧を制せば、教・機あい乖き、人・法合せず。これに由って『律』に云わく、「非制を制するは、すなわち三明を断ず。記説するところこれ罪あり」と。（『真宗聖典』三六七頁）

名字比丘が世の尊き師であると諸経に説かれているではないか。正法の時代の制文で、末法の名字の比丘を戒めるならば、教えと人間の素質（機）が互いに背き、人と教えが合致しない。だから、禁じてはならないものを禁ずるのは、仏の智慧を断ち切ったことになり、それこそが大きな罪であると『四分律』には説かれていると引用されている。

親鸞は、「興福寺奏上」などを意識して言っていると思う。親鸞は聖道門諸宗に向けて、抗議しているのである。あなたがたこそ罪がある。

ちなみに、親鸞が全文に近い形で引用する『末法灯明記』も、ほんとうに最澄の著書か不明である。最澄の晩年の大きな仕事が比叡山に戒壇院を設置することであり、その最澄がこのような文を書くとは思えない。しかし、法然も親鸞も『末法灯明記』は最澄の作と思っていた。親鸞は最澄の言葉を引用して末法の仏弟子の意義を明らかにし、「興福寺奏上」と延暦寺による専修念仏の停止要請を糾弾しているのではないだろうか。

二、神祇や霊魂に対する信仰批判

1　神祇不拝

「化身土巻」は、親鸞直筆の坂東本では、本巻、末巻と二冊に分かれている。ここから、顕浄土方便化身土文類六（末）となり末巻に入る。本巻、末巻の名から本巻のほうが大事なように思われ、末巻が軽んじられているように思える。また一部の識者は、「化身土巻」があまりにも長すぎて一冊に綴じられず二巻になったので、本巻、末巻の軽重の区別はないと言う。

「化身土巻」はさまざまな方便を示している。「化身土巻」の本巻は、『観経』『阿弥陀経』、そして四十八願の中では第十九願、第二十願を示し、それらを実践する人が、第十八願に示された選択本願の世界に入ってほしいとの願いから親鸞は書いてきたのである。聖道門についても、そこから浄土門に入ってくれよと念じながら記してきたのであろう。いきなり真実の道に入れない人のため、手を変え、品を変え、諄々と説くのである。

ここからは違う。否定することによってその者に仏道に帰依することを勧める。そういう手法もまた方便なのであろう。だから「化身土巻」の本巻は肯定的な方便であり、末巻は方便とはいえ否定的である。そしてその対象は、神祇や魔に対する拝礼、占いなど迷信と呪術である。そこに「化身土巻」が本末二巻に分かれている理由があると思うのだが、いかがであろうか。

三八六頁で見てきた御自釈で親鸞は、「聖道・浄土の真仮を顕開して、邪偽・異執の外教を教誡す」と述べていたように、前節までは「聖道・浄土の真仮」の顕開であり、これから以後は「邪偽・異執の外教」の教誡である。教誡はいましめることであり、真実に入るまで一時的に是認している仮門と大きく異なる。外教といっても、単に他宗教というより、仏教の中に神祇信仰や占いが入っているのが事実であり、そのことを強く批判しているのであろう。親鸞は、まず、

それ、もろもろの修多羅に拠って真偽を勘決して、外教邪偽の異執を教誡せば、（『真宗聖典』三六八頁）

と述べ、「もろもろの修多羅」に依拠して、「真偽を勘決」するのである。今までは「仮」として第十九願、第二十願の念仏者と聖道門を見てきたが、ここからは「邪偽」をはっきりしようと言うのである。「もろ

もろの修多羅」によることも注目される。修多羅は経典である。ここはさまざまな経典に基づくのである。「浄土三部経」だけなら、聖道門の僧侶は納得しないであろう。だから、釈尊が説かれたさまざまな経典を根拠に教誡するのである。

『涅槃経』（如来性品）に言わく、仏に帰依せば、終にまたその余の諸天神に帰依せざれ、と。略出

（『真宗聖典』三六八頁）

親鸞はまず、『涅槃経』を引用して言う。仏に帰依した者は、諸天・諸神に帰依してはならない。『涅槃経』の次は『般舟三昧経』を引用する。

『般舟三昧経』に言わく、優婆夷、この三昧を聞きて学ばんと欲わば、乃至　自ら仏に帰命し、法に帰命し、比丘僧に帰命せよ。余道に事うることを得ざれ、天を拝することを得ざれ、鬼神を祠ることを得ざれ、吉良日を視ることを得ざれ、と。已上

また言わく、優婆夷、三昧を学ばんと欲わば、乃至　天を拝し神を祠祀することを得ざれ、と。略出

（『真宗聖典』三六八頁）

ここでも仏法僧に帰依し、天など他の宗教の神々、鬼神などに仕えてはならないことを明らかに述べる。天というのはもともとインドの神々で、それが弁財天、毘沙門天というように仏教の中にも融合していった。鬼神というのは、死者の霊魂をはじめ、天地、山や川などにおいて超人間的な威力をもつ神霊的な存在を言うが、日本の神祇もこれに含まれるだろう。この他、日の吉凶など占いを厳しく戒めるのである。

親鸞がこのように述べるのは、神祇崇拝や霊信仰に対する批判を明確にするためであるとともに、「興

福寺奏上」などを意識している。「興福寺奏上」第五は「霊神に背く失」という項目で、専修念仏者が日本の神々を崇めないと非難している。そして、延暦寺による専修念仏の停止要請でも「一向専修の党類、神明に向背する不当の事」と言う。こうした当時の宗教の姿をふまえて、親鸞は書いているのであろう。

当時の宗教の姿は、私たちの現在の宗教状況でもある。自分の欲望を叶えてもらうためには神も仏も拝む。加持祈禱さらに、おみくじを引いて占うこともする。

こうしたことが、果たして仏弟子、仏教徒と言えようか。二一六〜二一八頁に「偽の仏弟子」として記したことを再読していただけば、親鸞の嘆きが理解できる。

だから、親鸞は、『涅槃経』や『般舟三昧経』を引用して、仏弟子、仏教徒たる者は、神々に帰依してはならないし、死者の霊などを拝むなと言うのである。

これは、日本仏教の歴史そのものを批判している。伝来時、仏像も異国の神であり、奈良・平安時代以降の仏教も、神仏習合の信仰形態であった。こうした既成の仏教を全否定して阿弥陀如来一仏のみを礼拝し、他の仏・菩薩・世天を礼拝するのを雑行（ぞうぎょう）だと言ってのけた法然は、日本の習俗からも決別した。四一〜四三頁に記した通りである。だから、法然在世時はもとより、死後も弾圧は続いた。同時に、弾圧を避けるため、神仏習合の信仰と妥協する動きもあった。

親鸞は、はっきりと、自らの主著の中に、経典を根拠に神祇不拝を挙げて、仏弟子の本分を明らかにしようとしたにちがいない。仏弟子であるあかしが、神祇不拝なのだと。

私は思う。仏教徒、特に法然、親鸞の流れを汲む念仏者であるならば、神祇や霊魂に対する信仰と呪術とに一線を画さなければならない。それが専修念仏の「専修」の思想であるからである。また本来、仏教とは縁起の教えであり、神や霊あるいは魂といった万物に内在する霊妙な力を「アートマン」として否定していることも確認したい。

2　神々による守護

ここから、親鸞は『大集経(だいじっきょう)』とりわけその中の『日蔵経』『月蔵経』を引用する（『真宗聖典』三六八〜三八五頁）。そこには、星宿（星座）など宇宙や天体のことを述べられたかと思えば、年代、季節が記され、仏が四天王や鬼神など神々を安置するといった理解に苦しむことが出てくる。しかし、これだけの長文を親鸞が引用するのだから、大きなメッセージがあると思う。

「化身土巻」の末巻で親鸞が最も言いたいことは、「仏に帰依せば、終にまたその余の諸天神に帰依せざれ」ということであろう。

日本仏教そのものが、神仏習合で、しかも、迷信がはびこり、人々は祟(たた)りを恐れていた。四一〜四三頁で述べたように、法然は、呪術と霊信仰を否定し、全く新しい仏教を創造したのであるが、それが実際に成功したとは言えない。

神祇崇拝、占い、霊信仰に、人々はどっぷりつかっていたのである。親鸞が越後に流罪となり、その後関東で二十年間の布教活動をして、「いなかの人々」と「とも」「同朋」の関係を築いていたことは広く知られている。

そういう民衆こそが、同時に神祇崇拝と占いの中で生きてきた。人々の生活が過酷であるため、呪術に頼るのである。呪術にすがるがゆえに、神々を恐れるのである。そういう人々に、ストレートに「神祇不拝」を言って伝わるだろうか。

親鸞が関東の民衆と同朋の関係を打ち立てたということは、親鸞自身が、いなかの人々の声を「聞く」ことに徹したからであろう。なぜ神祇を拝むのか。そして神祇に頼らざるを得ない生活の実態と、生活を通しての恐れや不安、そのようなことに、膝をつき合わせ語り合ったのであろう。

福徳を願い、災難を厭う思いは、人間の根底にあり、同時にそれが煩悩でもある。それらに対しては、親鸞は、仏教的な宇宙観を説き、神祇に対する恐れを和らげていこうとしたのであろう。親鸞は「現世利益和讃」で詠う。

　南無阿弥陀仏をとなうれば
　梵王帝釈帰敬す
　諸天善神ことごとく
　よるひるつねにまもるなり
　　　　　　（『真宗聖典』四八七頁）

　南無阿弥陀仏をとなうれば
　堅牢地祇は尊敬す
　かげとかたちとのごとくにて
　よるひるつねにまもるなり
　　　　　　（『真宗聖典』四八八頁）

インドの最高神である梵天や帝釈天も日本の神々も、念仏者を敬い、守ってくださるのである。われわれが神々を恐れ、神々を拝むのではない。神々が念仏者を尊敬し守っている。だから、神々を拝んだら神々から守護されるのではなく、神々には衆生を守る役割と責任があるのである。そうした仏教の宇宙観をふまえて、親鸞は「現世利益和讃」を書いたのであろう（『真宗聖典』四八七～四八八頁）。

「現世利益和讃」を丁寧に読むと、『日蔵経』『月蔵経』からの引用文の星宿布置、四天王安置、鬼神安置などが、少しはわかるような気がする。これらはすべて、仏が世界に四天王や鬼神などの神々を配置して、仏の命令により、世界と衆生を安穏にし、生死解脱を目指すものなのである。

私が特に共感するのは、『月蔵経』からの以下の引用文である。

一切の諸天衆、　ことごとく共に仏に白して言さく、
我等、王の処を所にして、　みな正法を護持し、
三宝の種を熾燃ならしめ、　三精気を増長せしめんと。
もろもろの病疫、飢饉、　および闘諍を息めしむ、と。乃至略出

（『真宗聖典』三八四頁）

一切のもろもろの神々は、口をそろえて仏に対して次のように言った。われわれ（神々）が仏から配置され、担当している地域では、仏が説かれた正しき教えを守り、仏法僧の三宝の種を輝かせて、大地の力と衆生の力と仏法の力を大きくして、多くの病気、飢饉、戦争など人々の争いごとをなくしていきます。

神々が自らの仕事をこのように述べたのである。この文から、神々が守るものは、三宝であり、衆生なのである。さらに、飢饉や闘諍をなくそうというところも共感する。これは親鸞の願いだったのではない

か。

親鸞は『日蔵経』『月蔵経』の類似した文を何度も何度も引用する。これは、親鸞の仏法に基づいた宇宙観、世界観である。何よりも神々に与えられた役割は、仏法の護持であり、衆生を安穏にすることに尽きると考えたのではないかと思う。

『日蔵経』『月蔵経』からの引用は、とても長くて理解できないが、親鸞が言いたいのは、星宿など天体の運行は衆生を守ることであり、宇宙の自然の道理の中に、私たちの生活があり、神々の仕事は仏法と衆生を守るものである。祟りを与えるような神々は存在しない。私たち仏道を歩もうとしている者は、神祇や諸天を拝み神々に媚びてはならない。堂々と現世を生きてほしい。親鸞はそういう心で引用したのではないだろうか。

3　占いなどに対する批判と国王不礼

親鸞は神祇不拝を鮮明にしたうえで、同時にそうした神々がわれら念仏者を護持していることを述べる。しかし、守ってくれるからといって、「神祇不拝」の原則はいささかも揺らぐことはない。神祇、鬼神、邪神、諸魔、諸天いろいろな言い方であるが一貫して不拝を強調する。

これからは、占いに対する親鸞の姿勢が、引用文によって明らかになる。『日蔵経』『月蔵経』の次は『華厳経』を引用して、日のよしあし、方角、そうした占いの必要性などは全くないことを述べる。

（華厳経）また言（のたま）わく、占相（せんそう）を離れて、正見（しょうけん）を修習（しゅじゅう）せしめ、決定（けつじょう）して深く罪福の因縁を信ずべし。抄

出　（『真宗聖典』三八五頁）

人間にとっての大きな迷いが、吉凶を占うことである。自分にとって都合のよいことも都合の悪いことも、すべては因と縁があり、そうしたことを受け止められないから、占いに走るのである。さらに『地蔵十輪経』を引用し、

『地蔵十輪経』に言わく、つぶさに正しく帰依して、一切妄執吉凶を遠離せんものは、終に邪神外道に帰依せざれ、と。

また言わく、あるいは種種に、もしは少もしは多、吉凶の相を執して、鬼神を祭りて、乃至極重大罪悪業を生じ、無間罪に近づく。かくのごときの人、もし未だかくのごときの大罪悪業を懺悔し除滅せずは、出家しておよび具戒を受けしめざらんも、もしは出家してあるいは具戒を受けしめんも、すなわち罪を得ん、と。已上　（『真宗聖典』三八六頁）

仏道に帰依して、吉凶にとらわれることを離れようと思う人は、邪な鬼神や外道に帰依してはならないと述べるばかりではなく、吉凶の占いに気を取られて、鬼神をまつることを罪だと言うのである。「無間罪に近づく」とまで記されている。特に出家者が鬼神を祭祀して占いを行うことを、極悪な大罪だと親鸞は思ったのであろう。仏教が仏教でなくなってしまうからである。

私は「信巻」を語ったとき、真の仏弟子、仮の仏弟子、偽の仏弟子を述べ、二一七～二一八頁で「愚禿悲歎述懐」の和讃を紹介した。まさに、ここで親鸞が批判していることである。袈裟、衣を身に着けながら、鬼神を祭祀し占いを行う者は、偽の仏弟子である。

さらに親鸞は、『集一切福徳三昧経』『本願薬師経』を引用して、仏教以外の教えに帰依してはならないし、諸天に帰依してはならないといましめる。このあたりは多くの経典を引用しながら、しつこいぐらいに言うのである。

占いに対する批判の次は、国王不礼の文が出てくる。

『菩薩戒経』に言わく、出家の人の法は、国王に向かいて礼拝せず、父母に向かいて礼拝せず、六親に務えず、鬼神を礼せず、と。已上

（『真宗聖典』三八七頁）

この短い文の中に、親鸞が世俗の社会に対してどのような態度で接したかということが鮮明になる。仏法者の法は国王を拝さない。父母や親族に仕えない。鬼神をも拝まない。

親鸞がここで、「出家の人の法」と引用しているのは、在家に対する出家であろうか。もしそうであれば、在家者なら国王を礼拝してもよいことになるし、鬼神を拝んでもよいことになろう。そうなると、親鸞がこれまで何度も述べてきたことの真逆になるし、僧俗を問わない教えと矛盾する。ここで、「出家の人の法」は、在家の法に対して言っているのではなく、世俗の法に対して言っているのではないだろうか。世間に対して出世間、つまり仏法者の法と親鸞は解釈したのであろう。

日本の仏教は、伝来以来ほとんどが鎮護国家の仏教であった。天皇と国家の安泰を祈る機関が大寺院であった。だから、「興福寺奏上」でも「国土を乱る失」として、

仏法・王法猶し身心のごとし、互にその安否を見、宜しくかの盛衰を知るべし。

（岩波書店『日本思想大系15　鎌倉旧仏教』四一頁）

で始まり、仏教と王法は一体であると述べる。そして仏教は鎮護国家という重大な使命があるのに専修念仏者がそれを果たさず、国家を危うくしていると言うのである。

親鸞が、ここで『菩薩戒経』を引用して国王不礼を述べるのは、「興福寺奏上」への反論であるだけではなく、そうした鎮護国家仏教に対する批判である。そのことのみならず、僧侶が政治権力をもった者に媚び、また為政者も宗教を利用する関係性への批判であり、親鸞の自身に対する戒めでもあると思う。

私は、この問題は、八百年前のことだけではないと思う。親鸞の教えを伝えるはずの東西本願寺教団が、明治以来、国家に追従し戦争協力を推し進め、アジア・太平洋戦争の時期は、戦時教学を推奨して、いっそう天皇を崇拝し、戦いを賛美し、多くの人々を死地に赴かせたのである。こうしたことを忘れず、親鸞の言葉に聞いていきたい。

「父母に向かいて礼拝せず」という言葉も、父母の孝養は世間のことであり、仏法は出世間の法として、世間の価値観と一線を画すからである。『歎異抄』第五章で、

> 親鸞は父母の孝養のためとて、一返にても念仏もうしたること、いまだそうらわず。そのゆえは、一切の有情は、みなもって世々生々の父母兄弟なり。（『真宗聖典』六二八頁）

と述べているように、父母孝養や先祖供養はあくまで世間の道徳と習俗であるから、そのための念仏はしない。一切の有情（衆生）が、生まれ変わり死に変わりしていくなかで、みんな父母兄弟であると、仏法に基づいた「出世間」の論理が語られている。

次は、『仏本行集経』からの引用で、この経典は釈尊と弟子たちの伝記である。バラモン教を信じて苦

行しアグニという火の神を拝んでいた優楼頻螺迦葉、伽耶迦葉、那提迦葉の三人の兄弟（カッサパ兄弟）が、釈尊の教えに帰依して以下のように言う。

「我等、昔空しく火神を祀りて、また徒に苦行を修しき。我等、今日この法を捨つること、実に蛇の故き皮を脱ぐがごとくす」と。抄出　（『真宗聖典』三八七頁）

バラモンの教えを捨てて仏道に帰するのは、蛇が古い皮を脱いで成長していくようなものである。親鸞は、そのように古い皮、この場合は神々への信仰を捨ててこそ仏道を成就することができると言っているのであろう。

当時の聖道門仏教は神仏習合で、神も仏も拝むという重層信仰である。そうしたことを批判しているのではないか。それは現在の仏教徒にも厳しく問われていることであろう。

親鸞は最後に『大乗起信論』を引用して、われわれは、諸魔・外道・鬼神の誘惑を受けやすいと警告する。だから仏道を歩む者は、しっかりと自立して、これらの誘惑の網にかからないよう訴えるのである。いったん呪術に頼るとそのとりこになり、さらに迷いを深め泥沼から抜け出せない。現在も私たちの身のまわりで起こっていることではないか。『大乗起信論』からの引用の最後を示す。

知るべし、外道の所有の三昧は、みな見愛我慢の心を離れず、世間の名利恭敬に貪着するがゆえなり、と。已上　（『真宗聖典』三八八頁）

呪術など外道の究極的境地は、すべて邪な考えや貪り驕りの心から離れられず、自分たちの利益と名誉欲を満足させるものに過ぎないと批判する。

4 『弁正論』により道教と世間の善を批判

ここから親鸞は、唐代の僧、法琳の『弁正論』を引用する。道教による仏教批判に対して、仏教を擁護するために書かれたのが『弁正論』である。

『弁正論』の中で、道教の立場からの仏教批判が紹介されている。それによると道教は、忠義と孝行の道であり、このことにより世の秩序が保たれているという。そして、仏教を以下のように言う。

> 釈教は、義を棄て親を棄て、仁ならず孝ならず。闍王、父を殺せる、翻じて愆なしと説く。調達、兄を射て、無間に罪を得。これをもって凡を導く、更に悪を長すことをなす。これをもって世に範とする、何ぞよく善を生ぜんや。
>
> （『真宗聖典』三九二頁）

まず仏教は忠義や孝行さらに仁義といった人の倫すら否定すると非難する。そして「信巻」で詳しく述べた阿闍世王について、阿闍世王は父である頻婆娑羅王を殺害したのに回心すれば罪がないと言い、提婆達多は、従兄の釈尊を殺そうとしたのに、罪を受けたとは聞いていない。こんな教えをもとに人を導いて世の中に善が生まれるであろうかと。そうした批判に対し法琳は、

> 仏経に言わく、「識体、六趣に輪回す、父母にあらざるなし。生死、三界に変易す、たれか怨親を弁えん。」また言わく、「無明、慧眼を覆う、生死の中に来往す。往来して所作す、更にたがいに父子たり。怨親しばしば知識たり、知識しばしば怨親たり。」ここをもって沙門、俗を捨てて真に趣く、庶類を天属に均しうす。栄を遺てて道に即く、含気を己親に等しくす。行、普く正しきの心。等しく普き親の志なり。
>
> （『真宗聖典』三九二頁）

と、以上のように記し、仏教では、識体（私という存在）は、六道の世界を生まれ変わり死に変わりしているのであるから、一切の衆生はみんな父母である。だから敵と味方の区別をすることができないのである。無明が智慧の目をおおって生死を往き来してさまよい続けるなかで、お互い親になり子になり、敵も味方も友となり、友も時には敵となる。こういうわけで、沙門は、俗世間を捨てて真実の道を歩み、一切の衆生を自分の父母と同じように敬う。この世の栄光や名誉などを捨ててさとりへの道を歩み、あらゆる衆生を自分の親と同じように見なすのである。このように説くのである。四〇七頁で紹介した、『歎異抄』第五章の言葉は、こういう世界観から親鸞が発したのであろう。そして、法琳は、

> また道は清虚を尚ぶ、それは恩愛を重くす。法は平等を貴ぶ、それ怨親を簡わんや。あに惑にあらずや。（『真宗聖典』三九二頁）

と言い、仏道は清らかでとらわれのないことを尊ぶのに、道教は家族間の愛着ばかりを重んじる。仏法は平等を重んじるのに、道教は怨む者と親しき者を区別する。これこそが迷いではないかと批判するのである。

『弁正論』からの引用文はとても長いが、これを読みながら、道教に対する批判は、儒教批判にも通じると思うし、親鸞もそういう認識ではなかっただろうか。だから、

> 老子・周公・孔子等、これ如来の弟子として化をなすといえども、すでに邪なり。ただこれ世間の善なり、凡を隔てて聖と成ることあたわず。（『真宗聖典』三九六頁）

と批判し、老子だけではなく孔子も周公も、人を導いてはいるが、世間での善に過ぎず、世俗を離れたさ

とりではない道だと言う。『弁正論』の引用文は次の言葉で締めくくられている。

老子の邪風を捨てて、法の真教に入流せよとなり。已上抄出

（『真宗聖典』三九六頁）

老子の邪風と言いながら、道教だけではなく、儒教の論理、そして神祇、鬼神に対する信仰や占いなどをも含めて、そういうものは普遍性がない。だからはやくそうした邪風を捨てて仏道に帰依してほしいと親鸞は呼びかけているように思う。

ところで、『弁正論』からの引用文の中で、以下のような文がある。

「道に九十六種あり。ただ仏の一道これ正道なり、その余の九十五種においてはみなこれ外道なり」

（『真宗聖典』三九六頁）

もともとは、『涅槃経』の文である。釈尊在世中の九十五種の教えは、みな邪な道である。それは普遍性がないからであろう。自分だけ、あるいは家族、地域、国など集団の利益のみ求め、世間の善を超えられるものではない。人間が真に自立して目覚めていく教えとは言えない。だから、仏道こそが正しき教えである。親鸞はこの文をもとに和讃をつくる。『正像末和讃』の一首である。

九十五種世をけがす
唯仏一道きよくます
菩提に出到してのみぞ
火宅の利益は自然なる

（『真宗聖典』五〇一頁）

前の二行は、先の引用文と同じであるが、後の二行は、仏道はさとりに至ると詠う。そしてそれは、単

なる個人のさとりではなく、そのことによって、火の宅のごとき苦しみに陥っている人々を、思うままに救うのである。ここに往相・還相をも含めた親鸞の仏教観を感じるのである。

5 魔の誘惑からの解放を願って

ここから親鸞は、さらに多くの祖師たちの言葉を引いて、鬼神祭祀を批判する。こうした呪術は、人間の自立を阻み、人々に恐怖を植え付け、それによりいっそう鬼神に頼って、自ら迷い他者を惑わせ続けるからである。

親鸞は、善導の『法事讃』を引用して言う。邪道を信じ、神祇に仕え、諸魔に供物をして福を得ようとしても、禍や災難は減ることはないと。仏教の縁起と因果の法に背くからであろう。だから、以下のように記して『法事讃』の引用を締めくくる。

いかんぞ捨てて弥陀を念ぜざらん、と。已上

（『真宗聖典』三九六頁）

なぜ、このような鬼神や諸魔に対する迷信を捨てて、阿弥陀仏の本願を信じないのかとわれわれに言う。鬼神信仰など迷信の対極の世界が本願念仏の世界である。『法事讃』のこの言葉にふれると、「行巻」の御自釈を思い出す。親鸞は、

しかれば名を称するに、能く衆生の一切の無明を破し、能く衆生の一切の志願を満てたまう。

（『真宗聖典』一六一頁）

と述べ、称名は衆生の一切の無明を破って、衆生の一切の志願を満たしてくださると述べる。念仏は衆生

の、迷いからの目覚めをうながすはたらきをするのである。

『法事讃』引用の後は、天台宗の祖、智顗の言葉の引用である。

> 天台（智顗）の『法界次第』に云わく、一つには仏に帰依す。『経』（涅槃経）に云わく、「仏に帰依せん者、終に更ってその余のもろもろの外天神に帰依せざれ」となり。〈中略〉『経』（涅槃経）に云わく、「永く、また更って、その余のもろもろの外道に帰依せざるなり」と。已上　（『真宗聖典』三九七頁）

内容は、「化身土巻」末巻の最初の『涅槃経』の引用と同じである。おそらく親鸞は、延暦寺による専修念仏の停止要請を意識して書いているのであろう。あなたがたの開祖、天台智顗は、もろもろの天神と外道に帰依してはならないと言っている。どうしてあなたがたは開祖に背き、神々や、まじないや占いなど外道に帰依し、真の仏弟子として神々や外道に仕えない専修念仏者を弾圧しようとするのか。親鸞の厳しい抗議の気持ちが見て取れる。

親鸞は、元照、戒度さらには朝鮮半島の諦観などの言葉を次々引用する。いずれも、鬼神、諸魔への信仰に対する仏教徒としての態度を示しているのであろう。そして源信の『往生要集』を引用し、魔と鬼神がどんなはたらきをするのかを述べる。

> （往生要集）源信、『止観』に依って云わく、魔は煩悩に依って菩提を妨ぐるなり。鬼は病悪を起こす、命根を奪う。已上　（『真宗聖典』三九八頁）

魔は煩悩によって、さとりを妨げる。鬼は病を起こし、命の根っこを奪う。親鸞は源信の言葉、そのもとは天台智顗の『摩訶止観』にあるが、そうした祖師の言葉をもって、魔と鬼神の本質を訴える。そこには呪術に対する厳しい批判があると思う。それが人間としての自立と求道を妨げ、信仰が欲望達成の手段となり、心が呪術に振り回され、不安と恐れを増長し、そこからさらに迷信を呼び起こし仏道を妨げると警告する。まさに現在の私たちが克服すべき宗教的課題であろう。

ここでの、最後の引用文が『論語』である。親鸞が仏教以外の典籍を引くのは『教行信証』全体を通してここだけである。その部分のもとの言葉は、

> 季路、鬼神に事えんことを問う。子の曰わく、未だ人に事うること能わず、焉んぞ能く鬼に事えん。
> （岩波文庫『論語』二〇八頁）

である。弟子の季路が孔子に、鬼神に仕えることの方法を尋ねたのに対し、孔子は、生きている人にさえ仕えられないのに、どうして鬼神に仕えられようかと答える。ところが親鸞は、次のように読みかえている。

> 『論語』に云わく、季路問わく、「鬼神に事えんか」と。子の曰わく、「事うることあたわず。人いずくんぞ能く鬼神に事えんや」と。已上抄出
> （『真宗聖典』三九八頁）

季路が発する鬼神に仕えてよいかどうかという質問に対して、孔子は答える。仕えてはならない。人がなぜ鬼神に仕える必要があるのか。

ここで「化身土巻」の末巻の引用文が終わる。親鸞は、あえて『論語』も引きそれをさらに読みかえてまで、鬼神に代表される、神祇、邪神、魔と呪術、そうしたものが、人間の仏道の歩みを阻害し迷いを深める結果となると警告しているのではないか。ここのところは現在のわれわれの社会的、文化的さらには

政治的状況にも大きな問いを投げかけているように思う。

三、再び「後序」を読む

「化身土巻」は、いよいよ「後序（ごじょ）」に入るが、私は、「後序」のことを第一章の最初に記した。『教行信証』全六巻を語る大前提だと思ったし、親鸞が執筆した理由を熱く書いているからである。そしてその熱さは怒りでもある。もう一度その部分をお読みいただいたら幸いである。ここからは、「後序」を読み直し、第一章で述べられなかったことをも記してみたい。

聖道門仏教について、親鸞が発した「諸寺の釈門、教に昏くして真仮の門戸を知らず」という言葉をあらためて味わう。大寺院の僧侶たちは、教えに暗く、何が真で何が仮であるかがわかっていないと批判したのだが、『教行信証』においては、「真」を「教巻」「行巻」「信巻」「証巻」「真仏土巻」で述べ、「仮」を「化身土巻〈本巻〉」で述べているのであろう。このなかで、聖道門は、「仮」に含まれるのだろうが、実際に大寺院の僧侶のやっていることは、神祇崇拝や加持祈禱であり、占いなど呪術にひたり、仏教は看板に過ぎない。

親鸞が「化身土巻〈末巻〉」で、鬼神崇拝、諸魔信仰など外教批判をするのは、そういう信仰が仏教の顔をして世にはびこっているからである。そして彼らは、天皇や貴族つまり「主上臣下」に取り入り、「主上臣下」も外道化した大寺院と結託して民衆を支配、収奪するのである。親鸞が「化身土巻〈末巻〉」で神祇不拝とともに国王不礼を挙げたことは大きな意味がある。国家と宗教とが一体の政治体制を批判しているのであろう。そうした国家と聖道門仏教から邪道として弾圧されたのが、法然、親鸞たちの専修念仏なのである。

親鸞が都の学者に対して、「邪正の道路を弁うることなし」と批判するのは、彼らが「邪な教えと正しい教えの区別をわきまえない」と、外道化した聖道門仏教と法然の教えのどちらが「邪」でどちらが「正」なのかと、抗議の意思をもって問いかけているのであろう。

親鸞は、『選択集』を「無上甚深の宝典」と呼び、法然から付属された感動を語るのであるが、これこそが真の仏教たる「真宗」の「簡要」だと言う。簡要という言い方だが、手短にまとめた要点だろう。『選択集』はまさにそういう書なのである。問題意識が鮮明であり、何を行じるべきか、何を捨てるべきか、これほど明確な書はないと思う。まさに重要な骨組みのみの書物なので、無駄な部分がなくわかりやすい。

しかし、『選択集』だけで、これこそが真実の仏教だと言っても、多くの人は納得しないであろう。親鸞は、『選択集』を体系化して、法然に敵対する人々にもわかってもらおうとしたのではないか。『教行信証』は今まで述べてきたように、抗議の書であるが、同時に対話の書でもある。そのためには、「教行証」という仏道の根幹にかえり論理を構築し、さらに「教行証」の中では行に含まれている信を、「信巻」として表し、「如来よりたまわりたる信心」を明らかにして、真実の信心が菩提心だと言う。これは明恵(みようえ)への回答の意味もあるように思う。私は、そんな思いも含めて書いてきたが、今となってみれば、十分に伝えきれたのか忸怩たる思いである。

ここで、「後序」の末尾を記しておきたい。

> 慶ばしいかな、心を弘誓の仏地に樹て、念を難思の法海に流す。深く如来の矜哀を知りて、良に師教の恩厚を仰ぐ。慶喜いよいよ至り、至孝いよいよ重し。これに因って、真宗の詮を鈔し、浄土の要を摭う。ただ仏恩の深きことを念じて、人倫の嘲を恥じず。
>
> （『真宗聖典』四〇〇頁）

親鸞は言う。何と喜ばしいことか。私親鸞は、心を阿弥陀仏の果てしなく広大な本願の大地に立って、思いを不可思議の本願の海に流す。如来の大いなる慈悲を深く知り、よき師法然聖人のご恩を仰いでいる。よろこび（慶喜の心）はいよいよ強くなり、敬いの思いもますます深くなってきた。

これが親鸞の長い苦悩と苦闘を経てたどり着いた境地であろう。為政者と虚偽の宗教への批判をし、横暴な弾圧と法友への処刑に抗議した親鸞は、そもそもそういう法難に遭った因も、師法然と出遇い、「雑行を棄てて本願に帰した」ことによると実感したのであろう。そして『選択集』付属に対する感動と、これこそが、真実の仏教たる真宗だと証明するため、膨大な経典、論や釈などの解説書から真宗の教えを明らかにする文を抜き出し、教、行、信、証の四法と往相、還相の二回向に体系化し、さらには真仏土、化身土という浄土の世界を表す貴重な文を集めたのだ。そして、如来の恩徳の深きことを思い、世間の嘲を恥とも思わないと記す。親鸞の決意がうかがわれる。

私は、第一章でも、そうしたことにふれたが、『教行信証』全巻の思いを書き終え、もう一度「後序」を振り返り、そのことの意味を再確認した。

親鸞は、『教行信証』の読者に言う。

もしこの書を見聞せん者、信順を因として疑謗を縁として、信楽を願力に彰し、妙果を安養に顕さんと。

（『真宗聖典』四〇〇頁）

もし『教行信証』を読んでくださるなら、信順を因とするだけではなく、疑いや謗ることをも縁として、本願のはたらきによって、真実の信を得てほしい。そのことによって、安養の浄土でさとりを得ることであろうと言う。この文は特に好きな言葉だ。信じることが救いだと多くの宗教は説く。しかし、親鸞は、疑いも大事なことだと言う。親鸞自身がおそらく、法然の説く「ただ念仏」を疑ったのであろう。念仏往生など信じられるものではない。そうした疑いをごまかさない親鸞であるが、疑いを丁寧に見つめるなかでこそ、信を得ることができたのである。

謗ることもそうだ、これも大切な縁になる。それは親鸞が人生の歩みから気づいたことであろう。山伏弁円は親鸞の説く教えを誹謗し殺害をも企てたが、ついには念仏に生きる者となった。「信巻」で、阿闍世王の回心をあれほど粘り強く引用し語ったのも、疑謗が縁となることを示そうとしたのであろう。信順よりも疑謗が重要な役割を果たすことが多いと思うし、疑謗が転じて信を得る場合が最も多いのではないか。だから、今は念仏を誹謗する人たちも必ず信を得てほしいし、得るにちがいない。親鸞はそう期待し願っているように思う。

ここからは、『教行信証』の結びの文になる。

『安楽集』に云わく、真言を採り集めて、往益を助修せしむ。何となれば、前に生まれん者は後を導き、後に生まれん者は前を訪え、連続無窮にして、願わくは休止せざらしめんと欲す。無辺の生死海を尽くさんがためのゆえなり、と。已上

（『真宗聖典』四〇一頁）

道綽は『安楽集』の中で言っている。真実の言葉を集めて、衆生が往生する手助けをしよう。なぜならば、先に本願を信じ念仏申す身となった者は、後の人々に伝えていく責任がある。また後に生まれた人は、前の人々の心をどこまでも訪ねその恩徳に報謝して、念仏往生の道が連続して、途切れることがないようにしたい。迷いの世界の衆生が一人残らず救われてほしいからである。

これは、道綽の言葉を引用しているのであるが、親鸞の願いそのものである。私親鸞は、師法然をはじめ七高僧の教え、そして無数の念仏に生きた人の後をどこまでも訪ねて聞いていく。これからの人々もそうしてほしい。それによって真実の教えを絶やさないようにしなければならない。人生において弾圧など法難をいく度となく体験した親鸞の重い表現が、『安楽集』の引用となったのであろう。

長い長い『教行信証』もいよいよ終わりを迎える。『安楽集』を引用した親鸞は、次のように呼びかける。

しかれば末代の道俗、仰いで信敬すべきなり。知るべし。

（『真宗聖典』四〇一頁）

これが最後の御自釈なのだが、『安楽集』を引用した後に書くことに私は注目する。『安楽集』は聖道・浄土を決判し、末法においての仏道は浄土門だと言っている書だが、親鸞は、末法に生きる私たちは、浄土の真宗を敬い信ずべきであると、自覚をうながすのである。

親鸞は『教行信証』の最後を、次の言葉で締めくくる。

『華厳経』（入法界品）の偈に云うがごとし。もし菩薩、種種の行を修行するを見て、善・不善の心を起こすことありとも、菩薩みな摂取せん、と。已上　（『真宗聖典』四〇一頁）

『華厳経』の入法界品に、こう言われている。菩薩がさまざまな行をされているのを見て、ある者は善心を起こし、別の者は悪心を起こす。しかし菩薩は、いずれの者も摂取してくださる。

このように親鸞が引用するのは、一切の衆生を平等に救わずにはおられないと起こしてくださった法蔵菩薩の誓願（本願）と、それが成就し阿弥陀如来としてあらゆる衆生を摂取してはたらき続ける如来の慈悲に対する讃嘆の気持ちであろう。そのことは同時に、「信順を因として疑謗を縁として」念仏往生の道を歩んでほしいという、親鸞の願いであろう。

膨大な『教行信証』について拙いながら記し、筆を擱こうとしている今、今回記さなかった「総序」の言葉が頭をよぎる。

摂取不捨の真言、超世希有の正法、聞思して遅慮することなかれ。　（『真宗聖典』一五〇頁）

一切の衆生を摂取して捨てない如来の真実の言葉「南無阿弥陀仏」と、世間を超えて希有なる正しき教え、そして本願をどこまでも聞思して人生を生きていってほしい。「聞思して遅慮することなかれ」つまり、ためらうことなかれと、親鸞聖人は励ましてくださっているのである。

参考文献

阿満利麿『『教行信証』入門』（筑摩書房）二〇一九年
新井俊一『親鸞『西方指南抄』現代語訳』（春秋社）二〇一六年
石井教道編『昭和新修法然上人全集』（平楽寺書店）一九五五年
石田瑞麿『教行信証入門』（講談社学術文庫）一九八九年
石田瑞麿編訳『親鸞全集』（全五巻）（春秋社）一九八五〜一九八七年
石田慶和『親鸞『教行信証』を読む』（筑摩書房）一九八五年
大橋俊雄校注『選択本願念仏集』（岩波文庫）一九九七年
大橋俊雄校注『法然上人絵伝』（上下）（岩波文庫）二〇〇二年
大橋俊雄編訳『法然全集』（全三巻）（春秋社）一九八九年
梯實圓『聖典セミナー教行信証［教行の巻］』（本願寺出版社）二〇〇四年
梯實圓『聖典セミナー教行信証［信の巻］』（本願寺出版社）二〇〇八年
金子大榮校訂『教行信証』（岩波文庫）一九五七年
金子大榮『口語訳教行信証　附領解』（法藏館）一九五九年
金子大榮『教行信証講話』（文栄堂書店）一九九二年
鎌田茂雄・田中久夫校注『日本思想大系15　鎌倉旧仏教』（岩波書店）一九七一年

教学研究所編『親鸞聖人行実』（東本願寺出版部）二〇〇八年
桜井鎔俊『教行信証を読む』（法藏館）一九九五年
信楽峻麿『教行証文類講義』（全九巻）（法藏館）一九九九～二〇〇六年
浄土真宗聖典編纂委員会編『浄土真宗聖典――註釈版――』（本願寺出版社）一九八八年
浄土真宗教学研究所・浄土真宗聖典編纂委員会編『浄土真宗聖典七祖篇――註釈版――』（本願寺出版）一九九六年
真宗大谷派教学研究所編『解読教行信証』（上）（東本願寺出版部）二〇一二年
真宗大谷派教学研究所編『解読教行信証』（下）（東本願寺出版）二〇一三年
真宗聖典編纂委員会編『真宗聖典』初版（東本願寺出版部）一九七八年
真宗聖教全書編纂所編『真宗聖教全書　四　拾遺部上』（大八木興文堂）一九四一年
武内義範『教行信証の哲学』新装版（法藏館）二〇〇二年
名畑崇『『教行信証』成立の背景――顕浄土方便化身土文類私考――』（東本願寺出版部）二〇一一年
野間宏『親鸞』（岩波新書）一九七三年
平野修『御堂叢書Ⅱ・Ⅲ　鬼神からの解放――教行信証・化身土巻――』（上下）（難波別院）一九八八年　一九八九年
藤場俊基『親鸞の教行信証を読み解く』（全五巻）（明石書店）一九九八～二〇〇一年
蓬茨祖運『『教行信証』の基礎講座』（東本願寺出版部）一九六七年
星野元豊『講解教行信証』改訂版（全四巻）（法藏館）一九九四年
星野元豊『講解教行信証』（補遺篇）（法藏館）一九九五年
本願寺教学伝道研究所編『顕浄土真実教行証文類　現代語訳付き』（上下）（本願寺出版社）二〇一一年

真継伸彦『真継伸彦現代語訳親鸞全集』（全五巻）（法藏館）一九八二〜一九八四年
蓑輪秀邦編『解讀浄土論註』（上下）（東本願寺出版部）一九八七年
宮城顗『教行信証はなぜ書かれたか』（法藏館）二〇一〇年
村上速水『教行信証を学ぶ——親鸞教義の基本構造——』（永田文昌堂）一九九六年
矢田了章『『教行信証』入門』（大法輪閣）二〇〇八年
山辺習学・赤沼智善『教行信證講義』（全三巻）（法藏館）一九五一年

あとがき

『教行信証』は魅力ある書物である。この書を本格的に学ぼうとしてから三十余年になる。わかったような気になったこともあった。ところが回を重ねるうちに、ますますわからなくなるのである。しかし、なんともいえぬ魅力を覚える。わからないながら、なにか発見がある。感動がある。それは大きな感動ではない。一隅を照らす光のようなものである。灯りである。そして灯りはさらに明るくなったかと思えば、そうでないときもある。深く考えさせられたり、ときには迷路に陥ったりするのである。

私はわからないなりに、この書から離れられないのである。

原文を読んで理解できないところは、現代語訳を読み、解説書をあさるのである。ところが訳者や解説者の説がバラバラであり、百人百様、その違いは大きいどころではなく、正反対だったりするのである。

このことから見ても、『教行信証』は不思議な書である。

仏教の教えは、聞いた者の責任が問われる。経典はすべて「如是我聞」で始まる。「私はこのように教えを聞いた」ということであり、『論語』のように「子の曰わく」ではない。

『教行信証』の訳者や解説者の説が違うのも、先輩たちが、親鸞の教えを「如是我聞」したからであり、各人の解釈が違うことがうなずけるのである。

今回、親鸞の師である法然の思想、とりわけ法然の主著『選択集』と関連させて『教行信証』への私なりの思いを語ってみた。

二〇一七年私は、『日本仏教を変えた　法然の先鋭性――親鸞にとっての「真宗」――』（法藏館刊）を上梓し、「ただ念仏」の専修念仏が、いかに画期的であったかということを述べた。その折、多くの方々から、それなら親鸞とどう違うのかなど、さまざまなご質問やご意見をいただき、さらに学びを続けることができたことを心から感謝している。

こうしたことを契機に、親鸞の教えの中で、どこまでが法然の思想で、どこからが親鸞独自の展開なのか私なりに整理したいと思い、親鸞の著書、消息などを読み直した。やはり、鍵になるのは、『教行信証』である。

『教行信証』の学びを通して、専修念仏こそが、真実の仏教であり、浄土の「真宗」であることを、身をもって証明し、『選択集』の真髄を、仏教の理論「教行証」で体系化させようとする親鸞の粘り強い取り組みが見出されたように思うが、いかがであろうか。

万人が平等に救われる「ただ念仏」の道を発見したパイオニアとしての法然、そしてそれを仏教理論に基づいて体系化した親鸞。二人が出られたので浄土真宗がある。このことの意義を再確認したい。

また、『教行信証』を学ぶことによって、法然と親鸞の微妙な違いはどこから生じるのか、少しずつわかってきた。このほか、仏教全体の中での浄土教の位置づけや、神祇信仰など異なる宗教との関わり方などたくさんのことを学ばせていただいた。

このたび述べた私の『教行信証』についての捉え方は、執筆時の見方である。これからも多くの人たちとの出遇いや、さまざまな書籍などからの新たな発見があると思われる。それらの影響のもと、私の『教行信証』に対する考え方は、今後も変わり続けるであろうし、そのほうが新鮮である。私は、『教行信証』の学びを通して、人間の固定的な見方や、自分の信念なるものがいかに不確実であてにならないかを痛感した。『教行信証』の学びもこれが結論ではなく、一つの通過点だと思っている。本書で引用した東本願寺出版部の『真宗聖典』は初版本であるが、今春第二版が出たので、まずはそこから『教行信証』を読み直したい。『教行信証』こそ私の生涯をかけて課題にしたい書物であるし、人生においてそのような本と出遇えたことに喜びを禁じ得ない。

ここで、これまでご指導いただいた方々に感謝の気持ちを表したい。

まず私が所属している南溟寺の戸次公正住職。サラリーマン時代に親鸞の教えに出遇った私を、この寺の衆徒として温かく迎えてくださった。僧侶としてのお仕事をいただき、仏法を縁としてさまざまなことを考え自由に行動できる。そのような環境があったがゆえに、今回の上梓ができた。『教行信証』の解釈についてもよくご教示をいただいた。詩人のような感性をおもちの戸次住職の独創的な解釈は、私の学びへの刺激となり続けている。

戸次住職のみならず、南溟寺のご門徒の皆様や、この寺にご縁のある方々からも、仏事や聞法会などを通して、大切なことを学ばせていただいた。そのなかで聖典を常に開く習慣がつき学びが蓄積されたことを痛感する。

私が、『教行信証』を初めて読んだのは、岩波文庫によるが、現代語訳を読もうと手にしたのが、法藏館刊『真継伸彦現代語訳親鸞全集』である。ここから現代語訳にふれ、『教行信証』が身近になった。その後ご縁を得て参加したのが、西宮聞法道場での学習会で、真継伸彦さんが語られる『教行信証』の講義を聞かせていただいた。作家である真継さんのお話は、僧侶にはみられない独自の視点で、文学的視座が豊富な教行信証論であり、ユニークな親鸞像であった。参加者は、真宗門徒だけではなく、クリスチャンや、文学者、詩人など、信仰も職業も多彩であった。異なる分野の人々により語られる親鸞像に大きな刺激を受けた。西宮聞法道場を主宰されたのは望月廣三さん慶子さんご夫妻で、真継さんの講義の後は、望月廣三さんのお話を聞き、鍋を囲み深夜まで語り合った。

西宮聞法道場でお知り合いになった田島靖さんにも御礼申し上げたい。お連れ合いを早く亡くされて真宗の教えを聞かれるようになったという田島さんとは、その後いろいろな法座や研修の場を共にした。田島さんは、講義の内容をテープ起こしして有縁の方々に送付されるほどの熱心さで、そのお姿に頭が下がるとともに、その講義録から学ぶものは少なくなかった。

『教行信証』全六巻の内容が聞けたのは、明石書店刊『親鸞の教行信証を読み解く』のもととなった藤場俊基さんの講義である。親鸞が引用する経典や諸師が書かれた原文と親鸞独自の漢文の読み方との違いが明確に示され、親鸞のメッセージを発見する貴重な機会であった。特に「化身土巻」を詳しく話され、親鸞は「化身土巻」を述べたいがため、『教行信証』を書いたのであろうという藤場さんの指摘には大ききな衝撃を受け、「化身土巻」の大切さを教えられた。藤場さんはその後、執筆や講演などご多忙な活動をされて、お会いする機会も少なくなったが、四半世紀前に熱くしかも論理的に語られた講義は忘れられない。

この講義に誘ってくださったのは菱木政晴さんであった。菱木さんは、二〇二〇年春、新型コロナウイルス感染症拡大のため緊急事態宣言が出され、私自身が不安と孤立感でいっぱいのとき、オンラインで勉強会をしようと声をかけてくださった。菱木さんのおかげでふだんなかなか読めていない『浄土論註』が学べ、『教行信証』への理解が深まったと感謝している。

このほか、一九九〇年代の終わりから二〇〇〇年代にかけて参加し、毎年楽しみにしていた大地の会聞法会では、宮城顗先生の講題が「『教行信証』に学ぶ」であった。この講義は、『教行信証』を貫く本願の精神にふれるものであり、先生のご自坊で毎月行われた『大経』の講義とともに、学びの大きな糧となってきた。この会では門井斉さんはじめ多くの人たちとの出遇いがあった。門井さんからは聖典を丁寧に読むことと教えを「聞く」ということの大切さを教わり続けている。門井さんたちがなさっている和田稠先生の著書や講義録を輪読する「叫びの会」の皆様にも感謝の気持ちを表したい。

また真宗大谷派大阪教区の方々から、いろいろなかたちでご指導をいただいた。僧侶を育成する大阪真宗学院や研修院で学ばせていただいたほか、さまざまな研修会に足を運んだ。そうした場でご指導をいただいた先生方や友人たちに感謝するとともに、それらが縁となって関わらせていただいた教化委員会の実行委員会で知り合った人たちにも御礼を申し上げたい。そのような人たちとの結びつきが、学びを深めることにつながったからである。

浄土真宗本願寺派に属する方々にもお世話になった。特に、「聴石の会」の皆様である。この会でも『教行信証』を学ばせていただいた。講師は信楽峻麿先生で、先生は「教行証」の理論と大乗仏教の大きな流れの中から親鸞を学ぶべきであると常々仰っていた。先生が語られる、七高僧の思想をふまえた親鸞像に強く惹かれた。講義の後、会食することも多く、信楽先生からは念仏者としていかに生きるかをも教えられた。平和に対する信念溢れる言葉も、耳の底にとどまり続けている。信楽先生を紹介してくださったのは野世英水さんで、とても感謝している。

他宗との関係にもふれておきたい、私は神戸市兵庫区に生まれた。特に信仰があつい家庭とはいえないが、それでも毎朝仏壇に合掌することをもって一日が始まる。両親や祖父母のおかげでそうした習慣が身についた。僧侶による月忌参りのとき、私も三歳ぐらいから後ろに座って手を合わせていた。

近くには、祥福寺という禅寺があった。時折、多くの修行僧（雲水）が托鉢に回ってこられ、そのときは、お米を一合、修行僧にお供えするのだと祖父母に教えられた。子どものころ、祥福寺の境内は身近な遊び場であった。母は言った。「お寺の鐘が鳴ったら帰ってきなさい」と。童謡「夕焼小焼」の歌詞が私の日常であった。

祥福寺の住職が、山田無文さんという著名な禅僧で、私が高校生のとき、人生の進路に悩んで『臨済録』などに関する法話を聞き、座禅会にも参加した。私は真剣に聞き実践したが、身につくことはなかった。

けれども、そのような宗教的雰囲気を味わえたことは、人生の大きな素養となった。宗教はこういうところから始まる。私は「化身土巻」を読むたびにそう思う。法然が「諸行を捨て念仏に帰せよ」と言い、親鸞は「諸行」の中身を検証し、それが「仮門」として念仏への大切な道程になることを何度も書いているが、私の小さな体験からもそのことがうなずける。

大勢の有縁の人たちの助けと、先生方、諸先輩、友人たちの励ましによって、今日まで生きてこられたうえ、長い間課題にしてきた『教行信証』について一つのまとめができたことは望外の幸せである。これを一里塚としてさらに歩み続けたいと思う。

最後に、拙著を世に出してくださった仏教書の老舗出版社法藏館に御礼申し上げたい。特に編集部の満田みずささんには、『日本仏教を変えた　法然の先鋭性――親鸞にとっての「真宗」――』に続き、今回も編集の労をお取りいただいた。いつも丁寧な助言をいただき、よき編集者に恵まれたことを感謝している。

二〇二四年五月三日

根津　茂

根津　茂（ねづ　しげる）

1959年、神戸市に生まれる。

1982年、甲南大学法学部卒業。

以後12年間にわたって企業に勤務。主として、総務、人事、経理を担当する。この時期、『歎異抄』を通して親鸞の教えにふれ、浄土真宗の教えを学び始める。

1994年、東本願寺にて得度。真宗大谷派僧侶（大阪教区南溟寺所属）として現在に至る。

1996年より23年間甲南高等学校・中学校非常勤講師を兼ねた。

著書
『日本仏教を変えた　法然の先鋭性――親鸞にとっての「真宗」――』（法藏館）
『20世紀世界の「負の遺産」を旅して――戦争の惨禍から見えてきたもの――』（明石書店）
『「三悪趣」からの解放――憲法九条・二十条の持つ意味――』共著・念仏者九条の会編（自照社出版）

日本仏教を変えた　親鸞の独自性
――『教行信証』と『選択集』の比較から見えてきた、念仏の真価――

二〇二四年七月二八日　初版第一刷発行

著　者　根津　茂
発行者　西村明高
発行所　株式会社　法藏館
京都市下京区正面通烏丸東入
郵便番号　六〇〇-八一五三
電話　〇七五-三四三-〇〇三〇（編集）
〇七五-三四三-五六五六（営業）

装幀　名子　昇
印刷・製本　亜細亜印刷株式会社

ISBN978-4-8318-8801-3 C3015

日本仏教を変えた　法然の先鋭性　親鸞にとっての「真宗」　根津　茂著　一、三〇〇円

法然・親鸞にいたる浄土教思想　利他行としての往生　小谷信千代著　三、八〇〇円

親鸞聖人と『教行信証』の世界　「ひとりふたり‥」100号記念増刊号　田代俊孝編　五〇〇円

教行信証はなぜ書かれたか　宮城　顗著　二、二〇〇円

親鸞往生論争と教学の現況　草間法照著　二、六〇〇円

意訳　無量寿経　戸次公正訳　二、二〇〇円

法然とその時代　**法蔵館文庫**　田村圓澄著　坪井剛解説　一、二〇〇円

法藏館　価格は税別